中国教育学会中学语文教学专业委员会专家审定

ZIZHITONGJIAN

资治通鉴

【中国第一部编年体通史】

〔宋〕司马光 ◎ 著
《青少年经典阅读书系》编委会 ◎ 主编

首都师范大学出版社
CAPITAL NORMAL UNIVERSITY PRESS

图书在版编目(CIP)数据

资治通鉴/《青少年经典阅读书系》编委会主编.—北京：首都师范大学出版社,2011.12(2020年7月重印)
（青少年经典阅读书系.国学系列）
ISBN 978-7-5656-0618-2

Ⅰ.①资… Ⅱ.①青… Ⅲ.①中国历史:古代史-编年体-青年读物 ②中国历史:古代史-编年体-少年读物
Ⅳ.①K204.3-49

中国版本图书馆 CIP 数据核字(2011)第 256553 号

资治通鉴

《青少年经典阅读书系》编委会 主编

策划编辑	李佳健

首都师范大学出版社出版发行

地　　址	北京西三环北路 105 号
邮　　编	100048
电　　话	68418523（总编室）　68908110（发行部）
网　　址	www.cnupn.com.cn
印　　厂	汇昌印刷（天津）有限公司
经　　销	全国新华书店发行
版　　次	2012 年 9 月第 1 版
印　　次	2020 年 7 月第 4 次印刷
书　　号	978-7-5656-0618-2
开　　本	710mm×1000mm　1/16
印　　张	16
字　　数	240 千
定　　价	40.00 元

版权所有　违者必究
如有质量问题请与出版社联系退换

总 序
Total order

　　被称为经典的作品是人类精神宝库中最灿烂的部分，是经过岁月的磨砺及时间的检验而沉淀下来的宝贵文化遗产，凝结着人类的睿智与哲思。在滔滔的历史长河里，大浪淘沙，能够留存下来的必然是精华中的精华，是闪闪发光的黄金。在浩瀚的书海中如何才能找到我们所渴望的精华，那些闪闪发光的黄金呢？唯一的办法，我想那就是去阅读经典了！

　　说起文学经典的教育和影响，我们每个人都会立刻想起我们读过的许许多多优秀的作品——那些童话、诗歌、小说、散文等，会立刻想起我们阅读时的那种美好的精神享受的过程，那种完全沉浸其中、受着作品的感染，与作品中的人物，或者有时就是与作者一起欢笑、一起悲哭、一起激愤、一起评判。读过之后，还要长时间地想着，想着……这个过程其实就是我们接受文学经典的熏陶感染的过程，接受文学教育的过程。每一部优秀的传世经典作品的背后，都站着一位杰出的人，都有一颗高尚的灵魂。经常地接受他们的教育，同他们对话，他们对社会、对人生的睿智的思考、对美的不懈的追求，怎么会不点点滴滴地渗透到我们的心灵，渗透到我们的思想和感情里呢！巴金先生说："读书是在别人思想的帮助下，建立自己的思想。""品读经典似饮清露，鉴赏圣书如含甘饴。"这些话说得多么恰当，这些感

总 序
Total order

受多么美好啊！让我们展开双臂、敞开心灵，去和那些高尚的灵魂、不朽的作品去对话、交流吧，一个吸收了优秀的多元文化滋养的人，才能做到营养均衡，才能成为精神上最丰富、最健康的人。这样的人，才能有眼光，才能不怕挫折，才能一往无前，因而才有可能走在队伍的前列。

《青少年经典阅读书系》给了我们一把打开智慧之门的钥匙，会让我们结识世界上许许多多优秀的作家作品，会让这个世界的许多秘密在我们面前一览无余地展开，会让我们更好地去感悟时间的纵深和历史的厚重。

来吧！让我们一起品读"经典"！

国家教育部中小学继续教育教材评审专家
中国教育学会中学语文教学专业委员会秘书长

丛书编委会

丛书策划 复 礼
　　　　　王安石
主　　编 首 师
副主编 张 蕾
编　　委（排名不分先后）
　　　　张 蕾　李佳健　安晓东　石 薇　王 晶
　　　　付海江　高 欢　徐 可　李广顺　刘 朔
　　　　欧阳丽　李秀芹　朱秀梅　王亚翠　赵 蕾
　　　　黄秀燕　王 宁　邱大曼　李艳玲　孙光继
　　　　李海芸

阅 读 导 航

《资治通鉴》是北宋著名史学家、政治家司马光和他的助手刘攽、刘恕、范祖禹、司马康等人历时19年编撰而成的史学巨著，是我国第一部官修编年体通史，规模空前。在这部书里，编者总结出许多经验教训，供统治者借鉴，书名的意思是"鉴于往事，有资于治道"，即以历史的得失作为鉴诫来加强统治，所以叫《资治通鉴》。

主编简介

司马光（1019—1086），北宋时期著名政治家、史学家、文学家。北宋陕州夏县涑水乡（今山西夏县）人，出生于河南省光山县，原字公实，后改君实，原号迂夫，后改迂叟，世称涑水先生。司马光自幼嗜学，尤喜《春秋左氏传》。

北宋熙宁三年（1070年），司马光因反对王安石变法，出知永兴军。次年，判西京御史台，居洛阳十五年，专门从事《资治通鉴》的编撰。哲宗即位，还朝任职。元丰八年（1085年），任尚书左仆射兼门下侍郎，主持朝政，排斥新党，废止新法。数月后去世。追赠太师，温国公，谥文正，著作收在《司马文正公集》中。

司马光的主要成就反映在学术上。其中最大的贡献，莫过于主持编写《资治通鉴》。《资治通鉴》是我国最大的一部编年史，全书共294卷，通贯古今，上起战国初期韩、赵、魏三家分晋（公元前403年），下迄五代（后梁、后唐、后晋、后汉、后周）末年赵匡胤（宋太祖）灭后周以前（959年），共1362年。作者把这1362年的史实，依时代先后，以年月为经，以史实为纬，顺序记写；对于重大的历史事件的前因后果，与各方面的关联都交代得清清楚楚，使读者对史实的发展能够一目了然。

司马光一生大部分精力都奉敕编撰《资治通鉴》，共费时十九年，自英宗治平三年（1066年），至神宗元丰七年（1084年）。他在《进资治通鉴表》中说："日力不足，继之以夜""精力尽于此书"。

司马光著述颇多。除了《资治通鉴》，还有《通鉴举要历》八十卷、《稽古录》二十卷、《本朝百官公卿表》六卷。此外，他在文学、经学、哲学乃至医学方面都进行过钻研和著述，主要代表作有《翰林诗草》《注古文学经》《易说》《注太玄经》《注扬子》《书仪》《游山行记》《续诗治》《医问》《凉水纪闻》《类篇》《司马文正公集》等。在历史上，司马光曾被奉为儒家三圣之一（其余两人是孔子和孟子）。

内容概要

《资治通鉴》是中国古代著名的历史著作，历来为人们所重视和阅读学习。北宋时代，是一个有生气的时代，又是一个很苦闷的时代；是个前进的时代，又是个软弱的时代。当时，君主将相，志士仁人，平民百姓，多在考虑如何生活，寻找出路。于是，有主张以"柔道"治天下，说祖宗之法不可变的；有立志改革，而实行变法的；有生活困苦，被逼铤而走险，起义造反的。掌握文化知识的人们，特别是历史学家，如欧阳修、司马光、范祖禹等，往往面对现实而回顾历史，企图总结历史经验教训，借鉴历史，有助于治国安邦，更好地解决现实矛盾。其中，司马光主编《资治通鉴》的目的最突出，最具代表性。它是由"鉴前世之兴衰，考当今之得失"而得名。

《资治通鉴》以时间为"纲"，以事件为"目"，纲举则目张，时索则事叙。全书294卷，约300多万字，另有《考异》《目录》各三十卷。是我国编年史中包含时间最长的一部巨著。上起周威烈王二十三年（公元前403年），下迄后周显德六年（959年），前后共1362年。

限于篇幅，本书按朝代分为十五纪，即《周纪》《秦纪》《汉纪》《魏纪》《晋纪》《宋纪》《齐纪》《梁纪》《陈纪》《隋纪》《唐纪》《后梁纪》《后唐纪》《后晋纪》《后汉纪》。

《资治通鉴》的内容以政治、军事和民族关系为主，兼及经济、文化和历史人物评价，目的是通过对事关国家盛衰、民族兴亡的统治阶级政策的描述警示后人。

历史影响

《资治通鉴》自成书以来，历代帝王将相、文人骚客、各界要人争读不止。点评批注《资治通鉴》的帝王、贤臣、鸿儒及现代的政治家、思想家、学者不胜枚举、数不胜数。作为历代君王的教科书，对《资治通鉴》的称誉，除《史记》之外，几乎都不可以和《资治通鉴》媲美。

司马光的《资治通鉴》与司马迁的《史记》并列为中国史学的不朽巨著，所谓"史学两司马"。

司马光的思想对中国的影响巨大，他提出的天地是万物父母，人类是万物之灵，各民族平等，爱护生命的主张对中华民族的发展产生了进步作用。近代著名学者梁启超评价《资治通鉴》时说："司马温公《通鉴》，亦天地一大文也。其结构之宏伟，其取材之丰赡，使后世有欲著通史者，势不能不据以为蓝本，而至今卒未有能愈之者焉。温公亦伟人哉！"毛泽东自称曾十七次批注过《资治通鉴》，并评价说："一十七遍。每读都获益匪浅。一部难得的好书噢。恐怕现在是最后一遍了，不是不想读而是没那个时间啰……中国有两部大书，一曰《史记》，一曰《资治通鉴》，都是有才气的人，在政治上不得志的境遇中编写的……《资治通鉴》里写战争，真是写得神采飞扬，传神得很，充满了辩证法。"

目录

周纪

商鞅变法 / 2

围魏救赵 / 9

廉颇相如 / 13

长平之战 / 16

毛遂自荐 / 20

窃符救赵 / 23

秦纪

荆轲刺秦 / 31

大泽起义 / 36

破釜沉舟 / 39

汉纪

鸿门之宴 / 44

韩信拜将 / 53

垓下之围 / 59

韩信之死 / 64

飞将李广 / 68

目录

大将卫青 / 72

张骞出使 / 76

苏武牧羊 / 83

官渡之战 / 91

赤壁之战 / 96

魏纪

孔明殒身 / 105

竹林七贤 / 108

晋纪

谢安出山 / 112

苻坚拒谏 / 113

淝水之战 / 120

宋纪

笔尖忠心 / 128

齐纪

范缜论神 / 132

魏孝文帝 / 134

目录

梁纪

    骨肉情深 / 140

    萧统早逝 / 143

陈纪

    后主亡国 / 147

隋纪

    高颎被黜 / 153

    杨广伪善 / 159

    微言丧命 / 162

唐纪

    玄武之变 / 165

    魏征直谏 / 176

    则天女皇 / 181

    敬业反武 / 191

    黄巢起义 / 199

后梁纪

    叔侄之争 / 207

目录

承业进谏 / 211

后唐纪

巧谏庄宗 / 215

从珂遭诬 / 218

后晋纪

德钧之死 / 222

儿皇敬瑭 / 228

后汉纪

麻荅被逐 / 236

周 纪

商鞅变法

【注释】

①孝公:秦孝公。

②未遑:无力顾及。遑,闲暇。

③进:呈上,这里指(向国君)推荐重用(某人)。

④不可讳:三长两短。

⑤嘿然:沉默不语。然,……的样子,做后缀。

⑥嬖(bì)臣:受宠幸的近臣。嬖,受宠爱。

【原文】

周显王八年（庚中，公元前361年）

孝公令国中曰①："昔我穆公，自岐、雍之间修德行武，东平晋乱，以河为界，西霸戎翟，广地千里，天子致伯，诸侯毕贺，为后世开业甚光美。会往者厉、躁、简公、出子之不宁，国家内忧，未遑外事②。三晋攻夺我先君河西地，丑莫大焉。献公即位，镇抚边境，徙治栎阳，且欲东伐，复穆公之故地，修穆公之政令。寡人思念先君之意。常痛于心。宾客群臣有能出奇计强秦者，吾且尊官，与之分土。"于是卫公孙鞅闻是令下，乃西入秦。

公孙鞅者，卫之庶孙也，好刑名之学。事魏相公叔痤，痤知其贤，未及进③。会病，魏惠王往问之曰："公叔病如有不可讳④，将奈社稷何?"公叔曰："痤之中庶子卫鞅，年虽少。有奇才，愿君举国而听之!"王嘿然⑤。公叔曰："君即不听用鞅，必杀之，无令出境。"王许诺而去。公叔召鞅谢曰："吾先君而后臣，故先为君谋。后以告子。子必速行矣!"鞅曰："君不能用子之言任臣，又安能用子之言杀臣乎?"卒不去。王出。谓左右曰："公叔病甚，悲乎! 欲令寡人以国听卫鞅也! 既又劝寡人杀之，岂不悖哉!"卫鞅既至秦，因嬖臣景监以求见孝公⑥，说以富国强兵之术。公大悦，与议国事。

【译文】

周显王八年（庚申，公元前361年）

秦孝公在国中下令说："当年国君秦穆公，在岐山、雍地励精图治，向东平定了晋国之乱，以黄河划定国界，向西称霸于戎、翟等族，占地千里之阔，被周王委以重任，各诸侯国都来祝贺，所开辟的基业是多么伟大！只是后来历代国君厉公、躁公、简公及出子造成国内动乱不息，不得安宁，所以才无力顾及外事。魏、赵、韩三国夺去了先王所开创的黄河以西的领土，这是无比的耻辱。献公即位后，平定安抚边境，把都城迁到栎阳，并亲自前去治理，打算向东征讨，收复穆公时的旧地，重修穆公时的政策法令。我想到先君的未竟之志，常常痛心疾首。现在宾客群臣中谁能献上奇计，使秦国强大茂盛起来，我就赏他高官，封他土地。"卫国的公孙鞅听到这道命令，就西行投奔秦国。

公孙鞅是卫国宗族旁支子孙，喜好法家刑名的学说。他侍奉魏国相公叔痤的时候，公叔痤知道他是有才能的人，但还未来得及向国君推荐重用，就身患重病卧床不起了。魏惠王前来看望公叔痤，问道："您如果有个三长两短，国家大事该如何处置呢？"公叔痤说："我的中庶子公孙鞅，虽然年纪轻，却有奇才，希望国君把国家交给他来治理，并且信任他！"魏惠王默然不语。公叔痤又说："如果您不采纳我的建议而重用公孙鞅，那就必须杀了他，不能让他离开魏国。"魏惠王答应后离开。公叔痤又召见公孙鞅，深怀歉意地说："我必须先忠于君主，再照顾属下，所以先为国君出谋划策，再把详情告诉你。你赶快逃走吧！"公孙鞅回答："国君不听从您的意见重用我，又怎会听从您的意见杀我呢？"他最后还是没有逃走。魏惠王离开公叔痤以后，对左右近臣说："公叔痤病入膏肓，真是太可悲了！他先让我把国家交给公孙鞅去治理，一会儿又劝我杀了他。这岂不是前后矛盾了吗？"公孙鞅到了秦国，靠着一位叫景监的宠臣推荐，见到了秦孝公，并向秦孝公陈述了自己富国强兵的办法，孝公十分高兴，便和他一起商讨国事。

【原文】

卫鞅欲变法，秦人不悦。卫鞅言于秦孝公曰："夫民不可与虑①始，而可与乐成。论至德者不和于俗，成大功者不谋于众。是以圣人苟可以强国。不法其故。"甘龙曰："不然。缘法而治纪

【注释】

①虑：思考，谋划。
②什伍：古代户籍和军队的编制。户籍以五家

者。吏习而民安之。"卫鞅曰："常人安于故俗。学者溺于所闻。以此两者，居官守法可也，非所与论于法之外也。智者作法。愚者制焉；贤者更礼，不肖者拘焉。"公曰："善。"以卫鞅为左庶长，卒定变法之令。

令民为什伍而相收司、连坐②，告奸者与斩敌首同赏，不告奸者与降敌同罚。有军功者，各以率受上爵。为私斗者，各以轻重被刑大小。僇力本业③，耕织致粟帛多者，复其身。事末利及怠而贫者④，举以为收孥⑤。宗室非有军功论，不得为属籍⑥。明尊卑爵秩等级.各以差次名田宅、臣妾、衣服。有功者显荣，无功者虽富无所芬华。

为伍，十家为什；军队以五人为伍，二伍为什。
收司：纠发监察，互相监督。连坐：犯法牵连。
③僇力：即戮力，致力于……。本业：主要指农业。与后文的"末利"相对。
④末利：指工商业，形容不务正业。
⑤孥：妻子和儿女，泛指全家。
⑥属籍：宗属之籍，指原有的贵族地位。

【译文】

公元前359年，商鞅想实行变法改革，秦国很多人都不赞成。他对秦孝公说："跟自己的臣民，不能考虑开创事业，只能分享事业的成功。最高尚的人不必附和世俗的观念，想建大功的人也不必跟民众商讨。因此圣贤之人，只要能够强国，就不必拘泥于旧传统。"大夫甘龙反驳说："不对。按照过去的章程办事，官员才能熟练自如，百姓才能安定不乱。"商鞅说："普通人只知道安于传统，而学者们往往受所学知识的局限。这两种人，让他们做官守法可以，但与他们商讨旧法之外开创新事业的事，就不行了。聪明的人制定法规政策，愚笨的人只会循规蹈矩；贤德的人因时制宜，无能的人墨守成规。"秦孝公说："说得好。"于是任命商鞅为左庶长，制定变法的律令。

商鞅下令将百姓编为五家一伍、十家一什，互相监督，犯法连坐。举报奸邪的人，能获得与杀敌立功者同等的赏赐；隐瞒不报的人，和临阵降敌者受到同等的处罚；立军功的人，可以获得上等爵位；私下斗殴的人，根据情节轻重处以大小刑罚；致力于耕田织布的人，如果生产的粮食布匹多，就免除赋役；不务正业、因懒惰而贫困的人，全家充作国家的奴隶；王亲国戚没有获得军功的，不能再享有贵族的地位；确立由低到高的各级官阶等级，分别配给其田地房宅、奴仆侍女、衣饰器物。使有功劳的人尊贵荣耀，没有功劳的人即使富有也不光彩。

【原文】

令既具未布。恐民之不信，乃立三丈之木于国都市南门，募民有能徙置北门者予十金。民怪之，莫敢徙。复曰："能徙者予五十金！"有一人徙之。辄予五十金①。乃下令。令行期年，秦民之国都言新令之不便者以千数。于是太子犯法。卫鞅曰："法之不行，自上犯之。太子，君嗣也，不可施刑。刑其傅公子虔，黥其师公孙贾②。"明日，秦人皆趋令。行之十年，秦国道不拾遗，山无盗贼，民勇于公战，怯于私斗，乡邑大治。秦民初言令不便者，有来言令便。卫鞅曰："此皆乱法之民也！"尽迁之于边。其后民莫敢议令。

卫鞅言于秦孝公曰："秦之与魏，譬若人之有腹心之疾，非魏并秦③，秦即并魏。何者？魏居岭陀之西，都安邑，与秦界河，而独擅山东之利。利则西侵秦，病则东收地。今以君之贤圣，国赖以盛；而魏往年大破于齐，诸侯畔之。可因此时伐魏④。魏不支秦，必东徙⑤。然后秦据河山之固，东乡以制诸侯。此帝王之业也。"公从之，使卫鞅将兵伐魏。魏使公子卬将而御之⑥。

【注释】

① 辄：立即。

② 黥：也称墨刑，用刀刺刻额颊等处，再涂上墨，是一种酷刑。

③ 并：吞并，兼并。

④ 因此时：趁机。

⑤ 东徙：向东撤退、迁移。

⑥ 使：派。将：为将，作为大将军。

【译文】

法令详细地制定出来了，没有立刻公布。商鞅担心百姓不相信，便在国都的南门立了三丈长的一根木杆，并下令说，谁能将此木杆搬到北门去，便赏他十金。老百姓觉得此事很古怪，谁也不敢去搬动。商鞅又传令："能搬过去的，赏五十金！"后来有个人半信半疑地把木杆搬了过去，商鞅立即赏了五十金。商鞅这才颁布法令。在实施变法令的一年中，秦国数以千计的百姓到国都指责新法的不便。这时太子触犯了法令，商鞅说："新法之所以实施不畅，就在于上层人物带头违反！太子是国君的继承人，不能施以刑罚，把他的老师公子虔处刑，另一个老师公孙贾的脸上刺字。"第二天，秦国人都知道了这件事，于是每个人都小心翼翼地遵令行事。新法施行了十年，秦国被治理得路不拾遗、山无盗贼，人民勇于为国作战，不敢为私利斗殴，乡野和城镇都安定太平。这时，当初那些说新法不便的人中，有些人又改口称颂新法好。商鞅说："这些都是乱法的刁民！"于是把他们全部迁到边疆去住。从此以后，人民再也不敢议论法令的是非了。

商鞅对秦孝公说："秦国与魏国的关系，就像人有了心腹大患一样，不是魏国吞并秦国，就是秦国兼并魏国。为什么这样说呢？魏国东面是险山恶岭，建都于安邑城，与秦国以黄河为界，独自获得崤山以东的有利地形。它强盛的时候就向西侵入秦国，窘困时就向东收缩自保。现在秦国在您的贤明领导下，国势渐强，而魏国去年大败于齐国，各国都背弃了与它的盟约，我们可以乘机攻打魏国。魏国无法抵抗，必然向东撤退。那时秦国就占据了黄河、崤山的险要，向东可以制服各诸侯国，就奠定了称霸的大业。"秦孝公听从了商鞅的建议，派他率兵攻打魏国，魏国派公子卬为将军前来迎击。

【注释】

①始：当年。欢：交情很好。

②以为然：以为是这样，即信以为真。

③与会：与之会，指前来赴会。

④受：接纳。

⑤终烧正言：全部说出心里的意见和想法。终，全部。烧，使东西着火，比喻不留余地。

【原文】

军既相距，卫鞅遗公子卬书曰："吾始与公子欢①，今俱为两国将，不忍相攻，可与公子面相见盟，乐饮而罢兵，以安秦、魏之民。"公子卬以为然②，乃相与会③。盟已，饮，而卫鞅伏甲士，袭虏公子卬，因攻魏师，大破之。魏惠王恐，使使献河西之地于秦以和。因去安邑。徙都大梁。乃叹曰："吾恨不用公叔之言！"

秦封卫鞅商於十五邑。号曰商君。秦孝公薨。子惠文王立，公子虔之徒告商君欲反，发吏捕之。商君亡之魏。魏人不受④，复内之秦。商君乃与其徒之商於，发兵北击郑。秦人攻商君，杀之，车裂以徇，尽灭其家。

初，商君相秦，用法严酷，尝临渭沧囚，渭水尽赤。为相十年，人多怨之。赵良见商君。商君问曰："子观我治秦，孰与五投大夫贤?"赵良曰:"千人之诺诺,不如一士之谔谔。仆请终烧正言而无诛⑤,可乎?"商君曰"诺。"

【译文】

两军对垒,商鞅派人送信给公子卬,写道:"当年我与公子交情很好,如今都成为两军大将。我不忍心互相攻杀,想见面后互相起誓结盟,畅饮之后罢兵回国,使秦国、魏国两国以后相安无事。"公子卬信以为真,便前来赴会。两方盟誓结束,正饮酒时,商鞅事先埋伏好的士兵冲出来,俘虏了公子卬,又乘势攻击魏军,使其大败。魏惠王闻知败讯,十分惊恐,派人向秦国献出黄河以西一带的地方以求和。此后他离开安邑,迁都到大梁。这时,他才懊恼地说:"我真后悔当年不听公叔痤的话杀掉公孙鞅!"

秦国封给商鞅商、於等地的十五个邑,封号为商君。秦孝公去世后,其子即位为秦惠文王。因为公子虔的门下指控商鞅要谋反,就派官吏前去捕捉他。商鞅急忙逃往魏国,魏国人拒不接纳,把他送回秦国。商鞅只好与他的门徒来到封地商於,起兵向北攻打郑国。秦国军队进攻商鞅,将他斩杀,车裂分尸,全家老小也被杀光。

起初,商鞅在秦国做国相时,制定的法律极为严酷,他曾亲临渭河处决犯人,血流得河水都变红了。他担任国相十年,招致很多人的怨恨。一次,赵良来见商鞅,商鞅问他:"你看我治理秦国,与当年的五羖大夫百里奚谁更高明?"赵良说:"一千个人唯唯诺诺,不如有一个人敢于直言不讳。请允许我全部说出心里的意见,而您不加以怪罪,可以吗?"商鞅说:"好吧!"

【原文】

赵良曰:"五羖大夫,荆之鄙人也,穆公举之牛口之下。而加之百姓之上,秦国莫敢望焉。相秦六七年而东伐郑,三置晋君,一救荆祸。其为相也。劳不坐乘。暑不张盖。行于国中,不

【注释】

① 舂(chōng):把东西放在石臼或乳钵里捣,使其破碎或去壳。

【注释】

② 畜（xù）：通"蓄"，积累。

③ 之所以：所以。因此。收：报复。岂：如何，怎么。

从车乘，不操干戈。五羖大夫死，秦国男女流涕，童子不歌谣，舂者不相杵①。今君之见也，因嬖人景监以为主；其从政也，凌轹公族，残伤百姓。公子虔杜门不出已八年矣。君又杀祝欢而黥公孙贾。《诗》曰：'得人者兴，失人者崩。'此数者，非所以得人也。君之出也，后车载甲，多力而骈胁者为骖乘。持矛而操戟者旁车而趋。此一物不具，君固不出。《书》曰：'恃德者昌，恃力者亡。'此数者，非恃德也。君之危若朝露，而尚贪商於之富。宠秦国之政，畜百姓之怨②。秦王一旦捐宾客而不立朝，秦国之所以收君者岂其微哉③！"商君弗从。居五月而难作。

【译文】

赵良坦然而言："五羖大夫百里奚，原来是楚国的一个乡下人，秦穆公把他从卑贱的养牛郎提拔到万民之上、无人可及的崇高职位。他在秦国做国相六七年，向东讨伐了郑国，三次为晋国扶立国君，还有一次拯救楚国于危难之中。他做国相，劳累了不乘车，炎热的夏天也不打起伞盖。他在国中巡察，从没有众多车马随从，也不舞刀弄剑。他去世的时候，秦国的男女老少都痛哭流涕，连孩子也悲伤地不唱歌谣，舂米的人也不再唱舂杵的谣曲了，以此自觉遵守丧礼。现在再来看您，您靠着结交国君的宠臣景监才得以面见秦王，待到您掌权执政，就凌辱践踏贵族，残害百姓。弄得公子虔被迫闭门不出已经有八年之久。您又杀死祝欢，给公孙贾以刺面的刑罚。《诗经》中说：'得人心者兴旺，失人心者灭亡。'上述几件事，您可算不上得人心。您出行的时候，后面尾随大批车辆，孔武有力的侍卫在身边护卫，持矛操戟的武士在车旁疾驰。这些防卫措施缺了一样，您肯定不敢出门。《尚书》中说：'倚仗仁德者昌盛，凭借暴力者灭亡。'上述的几件事，可算不上以德服人。您的危险处境就像早晨的露水，很快就会消失了，却还贪恋商於的富庶收入，在秦国独断专行，积累百姓的怨恨。到时候一旦秦王舍弃宾客而不能当朝，秦国想要报复您的罪名会少吗？"商鞅没有听从赵良的劝告。五个月后就大难临头了。

围 魏 救 赵

[原文]

周显王十六年（戊辰，公元前353年）

初。孙膑与庞涓俱学兵法。庞涓仕魏为将军。自以能不及孙膑，乃召之。至，则以法断其两足而黥之①。欲使终身废弃。齐使者至魏，孙膑以刑徒阴见。说齐使者。齐使者窃载与之齐。田忌善而客待之，进于威王。威王问兵法。遂以为师。于是威王谋救赵。以孙膑为将，辞以刑余之人不可。乃以田忌为将而孙子为师，居辎车中，坐为计谋。

田忌欲引兵之赵。孙子曰："夫解杂乱纷纠者不控拳，救斗者不搏撠。批亢捣虚。形格势禁，则自为解耳。今梁、赵相攻，轻兵锐卒必竭于外，老弱疲于内。子不若引兵疾走魏都，据其街路，冲其方虚，彼必释赵以自救。是我一举解赵之围而收弊于魏也。"田忌从之。十月，邯郸降魏。魏师还，与齐战于桂陵，魏师大败。

魏庞涓伐韩。韩请救于齐。齐威王召大臣而谋曰："蚤救孰与晚救②？"成侯曰："不如勿救。"田忌曰："弗救则韩且折而入于魏③。不如蚤救之。"

[注释]

①黥：在脸上刺字的一种刑罚。

②蚤：通"早"。

③折：夭折，灭亡。入：被……入，即被……吞并。

[译文]

周显王十六年（戊辰，公元前353年）

当初，孙膑与庞涓一起研习兵法。庞涓到魏国做了将军，自己深知才能不如孙膑，便召孙膑前来魏国。孙膑刚到魏国，庞涓便设计以法砍断孙膑的双脚，并在他脸上刺字，想使他终身成为废人。齐国使者出使魏国，孙膑以受刑待罪人的身份暗中与他相见，说动了齐国的使者，齐使偷偷地把孙膑装在车上带回了齐国。齐国的大臣田忌把他奉为座上客，后又把他引荐给齐威王。

威王向他讨教兵法，于是请他当老师。这时齐威王打算出兵援救赵国，便任命孙膑为大将，孙膑以自己是个残疾人坚决推辞，齐威王便改以田忌为大将，孙膑为军师，让他坐在帷车里，为作战出谋划策。

田忌将要率兵前往赵国，孙膑说："排解双方的争斗，不能用拳脚将他们打开，更不能出手帮着一方打，只能因势利导，出其不意，紧张的形势受到禁锢，就自然会解除。如今两国攻战正激烈，精兵良将倾巢而出，国中只剩下老弱病残。您不如率兵突袭魏国都城，占据有利地势，冲击魏国空虚的后方，魏军一定会放弃攻打赵国而回兵援救。这样我们就能一举两得，既解了赵国之围。又给魏国以痛击。"田忌听从了孙膑的谋划。同年十月，赵国的邯郸城投降魏国。而魏军又急忙回师援救都城，在桂陵与齐国军队遭遇激战，结果魏军大败。

魏国的庞涓领兵攻打韩国，韩国派使者向齐国求援。齐威王便召集大臣商讨道："是早救好呢，还是晚救好呢？"成侯邹忌建议道："还不如不救好。"田忌不同意，说："如果我们坐视不管，韩国很快就会灭亡，被魏国吞并，还是早点儿出兵救援为好。"

【注释】

① 未弊：没有毛病、害处。即士气正旺。

② 阴许：暗中答应。阴，暗的，不见阳光的地方。

③ 蹶：损失。

④ 亡者：逃亡的，逃散的。

⑤ 度：猜测，估计。

⑥ 自刭（jīng）：自刎。到，用刀割脖子。

【原文】

孙膑曰："夫韩、魏之兵未弊而救之①。是吾代韩受魏之兵，顺反听命于韩也。且魏有破国之志，韩见亡，必东面而愬于齐矣。吾因深结韩之亲而晚承魏之弊，则可受重利而得尊名也。"王曰："善！"乃阴许韩使而遣之②。韩因恃齐，五战不胜，而东委国于齐。

齐因起兵。使田忌、田婴、田盼将之，孙子为师，以救韩，直走魏都。庞涓闻之，去韩而归。魏人大发兵，以太子申为将，以御齐师。孙子谓田忌曰："彼三晋之兵素悍勇而轻齐，齐号为怯。善战者因其势而利导之。《兵法》：'百里而趣利者蹶上将③，五十里而趣利者军半至。'"乃使齐军入魏地为十万灶。明日为五万灶，又明日为二万灶。庞涓行三日。大喜曰："我固知齐军怯，入吾地三日。士卒亡者过半矣④!"乃弃其步军,与其轻锐倍日并行逐之。孙子度其行⑤。暮当至马陵。马陵道狭而旁多阻隘,可伏兵。乃斫大树,白而书之曰:"庞涓死此树下!"于是令齐师善射者万弩夹道而伏,期日暮见火举而俱发。庞涓果夜到斫木下,见白书,以火烛之。读未毕,万弩俱发。魏师大乱相失。庞涓自知智穷兵败,乃自刭⑥,曰:"遂成竖子之名!"齐因乘胜大破魏师,虏太子申。

【译文】

孙膑却说:"如今韩国、魏国的军队士气正旺,我们前去救援,其实是我们代替韩国承受魏国的打击,反而显得我们听命于韩国了。这次魏国有一定要吞并韩国的野心,等到韩国感到亡国已经迫在眉睫时,必定会再向东恳求齐国,那时我们再发兵,一方面可以加深与韩国的亲密关系,另一方面则可以趁魏国军队的疲弊给以痛击,这正是一石二鸟之举,名利兼收。"齐威王说:"说得好!"于是就暗中答应韩国使臣的求救,让他先回去,却迟迟不发兵。韩国自恃有齐国的援救,便奋力抵抗,但经过五次大战都以失败而终,不得已只好把国家全部希望寄托在齐国身上。

齐国这时才发兵,任田忌、田婴、田盼为将军,孙膑为军师,前去救援韩国,他们仍旧采用老办法,直捣魏国的都城。庞涓听说后,急忙放弃攻打韩国,而回兵援救国都。魏国集中了所有兵力,任太子申为将军,抵抗齐国军队。孙膑对田忌说:"魏、赵、韩一带的兵士素来彪悍勇猛,轻视齐国士兵,不过齐国士兵的口碑也确实不佳。善于指挥作战的将军必须做到因势利导,取长补短。《孙子兵法》说:'从一百里外去奔袭会损失上将军,从五十里外去奔袭则只有一半军队能到达。'"于是就下令齐国军队进入魏国地界后,做饭修造十万个灶,第二天则减为五万个,第三天再减为两万个。庞涓率兵追击齐军三天,见到如此情形,便大喜过望,说道:"我早就知道齐兵生性胆怯,刚进入我国境内三天时间，士兵就已逃散了一多半。"于是舍弃步兵，亲自率领精锐轻兵日夜兼程追击齐军。孙膑估计魏军当晚将到达马陵。马陵这个地方道路狭窄而多险关隘口，可以埋伏重兵。孙膑于是派人刮去一棵大树的树皮，在白白的树干上写上几个大字："庞涓死于此树下！"又从齐国军队中挑选万名优秀射箭手沿路埋伏，相约天黑后看见有火把亮光就万箭齐发。庞涓果然在夜里赶到了那棵树下，看见白树干上隐隐约约有字，便令人举火把照看，还未读完，便见两边矢如雨下，突遭乱箭，魏军顿时乱作一团，溃不成军。庞涓深知大势已去，便拔剑自刎，临死前叹息道："到底让孙膑这小子出头了！"齐军趁机痛击魏军，俘虏了魏国大将太子申。

廉颇相如

[原文]

周赧王中三十二年（戊寅，公元前283年）

赵王得楚和氏璧，秦昭王欲之，请易以十五城①。赵王欲勿与，畏秦强；欲与之，恐见欺②。以问蔺相如。对曰："秦以城求璧而王不许，曲在我矣③；我与之璧而秦不与我城，则曲在秦。均之二策④，宁许以负秦。臣愿奉璧而往⑤；使秦城不入⑥。臣请完璧而归之。"赵王遣之。相如至秦，秦王无意偿赵城。相如乃以诈绐秦王⑦，复取璧，遣从者怀之，间行归赵⑧，而以身待命于秦。秦王以为贤而弗诛，礼而归之。赵王以相如为上大夫。

赧王中三十六年（壬午。公元前279年）

秦王使使者告赵王，愿为好会于河外渑池。赵王欲毋行，廉颇、蔺相如计曰："王不行，示赵弱且怯也。"赵王遂行，相如从。廉颇送至境。与王诀曰："王行，度道里会遇之礼毕⑨，还，不过三十日；三十日不还，则请立太子以绝秦望。"王许之。

[注释]

①易：交换。

②恐见欺：害怕被欺骗。

③曲：理亏。

④均：比较。

⑤奉：通"捧"，携带。

⑥使：假使，如果。

⑦绐：欺哄，欺骗。

⑧间行：抄小路行走。间，小路。

⑨度：估计，揣度。

[译文]

周赧王中三十二年（戊寅，公元前283年）

赵王得到了楚国的宝物和氏璧，秦昭王想拥有，提出用十五座城池来跟赵国交换。赵王不想给他，但又畏惧秦国的强大；想给他。又恐怕上当受骗。于是便前去征求蔺相如的意见，蔺相如回答说："秦国用城池来换和氏璧而大王不同意，是我们理亏；我们给秦和氏璧，但秦不给我们城池，是秦国理亏。权衡这两种策略，我倒宁肯让秦国在道义上有负于我们。我愿意护送和氏璧前往，假如秦国不把城池交出来，我保证能够完璧归赵。"赵王便派他前往。蔺相如到了秦国，看出秦王并不是真心用城池来换赵国的宝玉，他就哄骗秦王，从秦王手上取回了和氏璧，并让随从藏在怀中,从小路潜回了赵国,而他自己则留下来听任秦王处置。无奈之际,秦王只好盛赞蔺相如的贤能,不但没有杀他,反而以礼相待,放他回国。回到赵国,赵王便封蔺相如为上大夫。

公元前279年,秦王遣使者告知赵王。表示愿意在黄河外的渑池与赵王举行和谈。赵王本不想赴会,但是廉颇、蔺相如建议道:"大王如果不去,就显得赵国懦弱而又胆怯。"赵王于是决定前往,由蔺相如做随行。廉颇送他们来到边境,与赵王告别时说:"大王这一去,估计加上赶路的时间,到会议仪式全部结束回来,前后不会超过三十天。如果超过三十天您还没有回来,那么请允许我们立太子为赵王,以断绝秦国的非分之想。"赵王准许。

【注释】

①刃:用刀杀。

②怿:高兴。

③宣言:扬言。宣扬。

④引:掉转车头。

⑤驽:劣马,比喻才能低下。愚鲁。

⑥肉袒负荆:袒露着上身,背负着荆条。

⑦刎颈之交:指生死与共的朋友。

【原文】

会于渑池。王与赵王饮,酒酣,秦王请赵王鼓瑟。赵王鼓之。蔺相如复请秦王击缶,秦王不肯。相如曰:"五步之内。臣请得以颈血溅大王矣!"左右欲刃相如①。相如张目叱之,左右皆靡。王不怿②,为一击缶。罢酒,秦终不能有加于赵;赵人亦盛为之备,秦不敢动。赵王归国,以蔺相如为上卿,位在廉颇之右。

廉颇曰:"我为赵将,有攻城野战之功。蔺相如素贱人。徒以口舌而位居我上。吾羞,不忍为之下!"宣言曰③:"我见相如,必辱之!"相如闻之,不肯与会;每朝,常称病,不欲争列。出而望见,辄引车避匿④。其舍人皆以为耻。相如曰:"子视廉将军孰与秦王?"曰:"不若。"相如曰:"夫以秦王之威而相如廷叱之,辱其群臣。相如虽驽⑤,独畏廉将军哉!顾吾念之,强秦之所以不敢加兵于赵者,徒以吾两人在也。今两虎共斗,其势不俱生。吾所以为此者,先国家之急而后私仇也。"廉颇闻之,肉袒负荆至门谢罪⑥,遂为刎颈之交⑦。

【译文】

渑池相会后,秦王与赵王饮酒,酒酣耳热,秦王让赵王为他表演鼓瑟助兴，赵王便演奏了。蔺相如也请秦王敲击瓦盆助兴，秦王却不肯。蔺相如厉声说道："在五步之内，我就可以血溅大王！"秦王左右的卫士想上前杀掉蔺相如，蔺相如怒目呵叱，左右人都畏缩不前。秦王只好极不情愿地敲了一下瓦盆。直到酒宴结束，秦国始终没能对赵国有什么非分之举。再加上赵国人也早有兵力防备，秦国到底也没敢轻举妄动。赵王顺利回国后，加封蔺相如为上卿，地位高于大将廉颇。

廉颇不满道："我作为赵国的大将，有攻城掠地的赫赫战功，而蔺相如本是下层小民，只凭口舌功夫就位居我之上，我感到非常羞耻，不甘心居于他之下！"便对人宣称："我遇到蔺相如，一定要当面羞辱他一番！"蔺相如知道后，便避免和他遇见。每逢上朝，常常称病不去，不和廉颇去争排列位次。出门在外，远远地望见廉颇的车驾，便令自己的车回避藏匿。蔺相如的门客都为此感到羞耻。蔺相如却对他们说："你们觉得廉将军的威严和秦王比怎么样？"都回答说："比不上。"蔺相如说："面对威风凛凛的秦王，我都敢在他的朝廷上叱责他，羞辱他的臣子。我蔺相如虽然愚鲁，难道就独独怕廉将军吗？我是考虑到，强横的秦国之所以还不敢大举入侵赵国，就是因为顾忌到我和廉将军在。现在我们两虎相争，必有一伤。我之所以避让，是先考虑到国家的利益而把个人的恩怨放在后边啊！"廉颇听说了这番话后十分惭愧，便赤裸着上身背负着荆条亲自到蔺相如府上来请罪，两人从此结为生死之交。

长平之战

【注释】

① 数（shuò）：屡次，多次。

② 让：责备。

③ 应侯：指范雎。

④ 马服君：即赵奢。

⑤ 胶柱鼓瑟：瑟上有柱张弦，用以调节声音。柱被粘住，音调就不能调换。比喻拘泥不知变通。

⑥ 当：相比。

⑦ 事：服侍，照顾。

⑧ 异心：心思迥异，性情不同。

⑨ 置之：废置此事。置，停止。

【原文】

周赧王下五十五年（辛丑。公元前260年）

秦左庶长王龁攻上党，拔之。上党民走赵。赵廉颇军于长平。以按据上党民。王龁因伐赵。

秦数败赵兵①，廉颇坚壁不出。赵王以颇失亡多而更怯不战。怒，数让之②。应侯又使人行千金于赵为反间③，曰："秦之所畏。独畏马服君之子赵括为将耳④！廉颇易与，且降矣！"赵王遂以赵括代颇将。蔺相如曰："王以名使括。若胶柱鼓瑟耳⑤。括徒能读其父书传，不知合变也。"王不听。

初。赵括自少时学兵法，以天下莫能当⑥；尝与其父奢言兵事。奢不能难，然不谓善。括母问其故，奢曰："兵，死地也，而括易言之。使赵不将括则已；若必将之，破赵军者必括也。"及括将行，其母上书，言括不可使。王曰："何以？"对曰："始妾事其父⑦，时为将。身所奉饭而进食者以十数，所友者以百数，王及宗室所赏赐者，尽以与军吏士大夫；受命之日。不问家事。今括一旦为将，东乡而朝，军吏无敢仰视之者；王所赐金帛。归藏于家。而日视便利田宅可买者买之。王以为如其父，父子异心⑧，愿王勿遣！"王曰："母置之⑨，吾已决矣！"母因曰："即如有不称。妾请无随坐。"赵王许之。

【译文】

周赧王下五十五年（辛丑，公元前260年）

秦国派左庶长王龁率兵进攻上党，攻破后，上党百姓被迫逃往赵国。赵国便派廉颇率军驻守在长平，以接应上党逃难的百姓。王龁于是就挥师讨伐赵国。

秦军屡屡打败赵军，廉颇便下令赵兵坚城固守。赵王以为廉颇损失惨重后更加胆怯，不敢迎战，愤怒之余，就多次斥责他。这时应侯范雎又派人带上千金去赵国施行反间计，到处散布谣言说："秦国所畏惧的，只是马服君赵奢的儿子赵括做大将。廉颇极易对付，而且他也就快投降了！"赵王很快中计，任用赵括代替廉颇为大将。蔺相如劝阻道："大王因为赵括有名望就重用他，这就像是粘住调弦的琴柱再弹琴呀！赵括只知道死读他父亲留下的兵书，而不知道在战场上随机应变。"赵王不听。

当初，赵括从小习读兵法时，就自以为天下无人能够与之相比；他曾经与父亲赵奢探讨兵法，赵奢也难不住他，但始终不肯说他有才干。赵括的母亲询问缘故，赵奢说："领兵作战，是提着脑袋做事，而赵括谈起来却轻松自如。赵国不用他做大将也就罢了，假如一定要用他，那么灭亡赵军的必定是赵括。"侍到赵括即将出发，他的母亲上书赵王，指明赵括不可重用。赵王问："为什么？"赵母回答道："当年我服侍赵括的父亲，他做大将的时候，亲自捧着饭碗前去招待的将士有数十位，他的朋友有数百人。大王和贵族宗室给他的赏赐，他全部都分发给手下将士；他自接受命令之日起，就不再过问家事。而赵括刚刚成为大将，就向东高坐，接受朝拜，大小军官没有人敢抬头正眼看他；大王赏给他的金银绢帛，全部都搬回家藏起来，每天只是忙于查看哪里有良田美宅可买的就买下。大王您以为他像他的父亲一样，其实他们父子是心思迥异的两个人，还望大王千万不要派他去！"赵王却说："老太太你不要再说了，我已经决定了！"赵括母亲因此说："万一赵括出了什么差错，我请求大王不要连累我治罪。"赵王同意了她的请求。

[原文]

秦王闻括已为赵将，乃阴使武安君为上将军而王龁为裨将①，令军中："有敢泄武安君将者斩！"赵括至军，悉更约束②，易置军吏。出兵击秦师。武安君佯败而走，张二奇兵以劫之③。赵括乘胜追造秦壁，壁坚拒不得入；奇兵二万五千人绝赵军之

[注释]

①裨（pí）：辅佐的，副。

②悉更约束：全部更改原来的规章制度。约束，规定、规章。

③张：陈设，布置。
④扞蔽：屏障。
⑤瓮（wèng）：陶制盛器，小口大腹。
⑥却：退却，抵抗。
⑦挟诈：连哄带骗。坑杀：以坑杀之，即活埋。
⑧震：震惊。

后，又五千骑绝赵壁间。赵军分而为二，粮道绝。武安君出轻兵击之，赵战不利，因筑壁坚守以待救至。

秦王闻赵食道绝，自如河内发民年十五以上悉诣长平，遮绝赵救兵及粮食。齐人、楚人救赵。赵人乏食。请粟于齐，齐王弗许。周子曰："大赵之于齐、楚，扞蔽也④，犹齿之有唇也，唇亡则齿寒；今日亡赵，明日患及齐、楚矣。救赵之务，宜若奉漏瓮沃焦釜然⑤。且救赵，高义也；却秦师⑥，显名也；义救亡国，威却强秦。不务为此而爱粟，为国计者过矣！"齐王弗听。

九月，赵军食绝四十六日，皆内阴相杀食。急来攻秦垒，欲出为四队。四，五复之，不能出。赵括自出锐卒搏战，秦人射杀之。赵师大败，卒四十万人皆降。

武安君曰："秦已拔上党，上党民不乐为秦而归赵。赵卒反覆，非尽杀之，恐为乱。"乃挟诈而尽坑杀之⑦；遗其小者二百四十人归赵。前后斩首虏四十五万人，赵人大震⑧。

【译文】

秦王听说赵括已经升任为大将，便暗地里派武安君白起为上将军，而改王龁为副将，并在军中下令："有谁胆敢泄露白起为上将军的消息，一律处死！"赵括来到军中，全部废除原来的规定，更换军官，下令出兵攻打秦军。白起佯装战败逃走，却预先布置下两支奇兵准备截击。赵括不知中计，乘胜追击，直捣秦军营垒，秦军坚守不出，赵军无法攻克；这时，秦军的一支二万五千人的奇兵已经切断了赵军的后路，另外一支五千人的骑兵也堵截住赵军返回营垒的通道。赵军被一分为二，粮道也被断绝。武安君白起趁势下令精锐轻军前去袭击，赵军仓促提兵，迎战失利，只好坚筑营垒等待援兵。

秦王听说赵军的粮草通道已经被切断，便亲自到河内征发十五岁以上的男子全部调往长平，阻断赵国的救兵及粮运。齐国、楚国增援赵国。赵军缺乏粮草，请求齐国救济，齐王不同意。周子说："赵国对于齐国、楚国而言，是一道屏障，就像牙齿外面的嘴唇一样，唇亡则齿寒；今天赵国一旦灭亡，明天灾祸就会降临到齐国、楚国头上。因此救援赵国这件事，就应该像捧着漏瓦罐去浇烧焦了的铁锅那样，刻不容缓。更何况救援赵国表现出的是高尚的道义；抵抗秦军，更是显示威名的好事；必须主持正义救援亡国，以显示兵威击退强大的秦国。不为此事倾尽全力反而爱惜粮食，这样为国家谋划真是个大错！"齐王仍旧不听。

到了九月份，赵军已经断粮四十六天，赵军开始暗中互相残杀，互相吞食。赵括心急如焚，便下令赵军进攻秦军营垒，想派出四队人马，轮番进攻，但到第五次，仍无法突围出去。无奈，赵括只好亲自率领精兵上前肉搏，被秦兵射死箭下。赵军于是大败，四十万士兵全部投降秦国。

白起说："当初秦军已攻克上党，上党百姓却不愿归顺秦国而去投奔赵国。赵国士兵多反复无常，如果现在不全部杀掉，恐怕会有后患。"于是连哄带骗把赵国降兵全部活埋，只放出二百四十个年岁较小的回到赵国。前后共杀死赵兵四十五万人，赵国因此大为震惊。

毛遂自荐

【注释】

①赵王：指赵孝成王，名丹，在位21年。
②文武备具：文武全才。
③颖：某些细长东西的尖锐部分。

【原文】

周赧王五十七年（癸卯，公元前258年）

赵王使平原君求救于楚①，平原君约其门下食客文武备具者二十人与之俱②，得十九人，余无可取者。毛遂自荐于平原君。平原君曰："夫贤士之处世也，譬若锥之处囊中，其末立见。今先生处胜之门下三年于此矣。左右未有所称诵，胜未有所闻，是先生无所有也。先生不能，先生留！"毛遂曰："臣乃今日请处囊中耳！使遂蚤得处囊中，乃颖脱而出③，非特其末见而已。"平原君乃与之俱，十九人相与目笑之。

平原君至楚，与楚王言合从之利害，日出而言之，日中不决。毛遂按剑历阶而上。谓平原君曰："从之利害，两言而决耳！今日出而言，日中不决，何也？"楚王怒叱曰："胡不下！吾乃与而君言，汝何为者也？"

【译文】

周赧王五十七年（癸卯，公元前258年）

赵王派平原君前往楚国求援，平原君打算集合门下文武兼备的食客二十人同行，但是只挑到十九人，其他的人都不足取。就在这时，毛遂站出来亲自向平原君做自我推荐。平原君说："一个人的才能，就像把锥子放在囊中一样，它的尖锐之处，应该早就会显露出来，被人发现了。现在你在我的门下都有三年了，而左右并没有人夸赞过你，我也从没听说过你有什么才能。这说明你还是没有才能，所以你还是留下吧。"毛遂说："那现在就请您把我放到囊中去！假如早些把我放到袋子里，我也早就脱颖而出了。"平原君只得允许他一同前往，于是其余十九个人都嘲笑他。

平原君一行到了楚国，和楚王谈合纵的好处以及不合纵的弊端，从早晨一直谈到中午，也没谈出个结果。于是毛遂手按长剑，一步一步登上台阶，对平原君说："合纵的利害关系，两句话就可以说清楚了，可是现在从日出开始到中午仍然没有结果，这到底是为什么呢？"楚王怒目呵斥道："赶紧下去！我正在和你的主人商谈，你上来做什么？"

【原文】

毛遂按剑而前曰："王之所以叱遂者，以楚国之众也。今十步之内，王不得恃楚国之众也！王之命悬于遂手。吾君在前，叱者何也？且遂闻汤以七十里之地王天下，文王以百里之壤而臣诸侯，岂其士卒众多哉？诚能据其势而奋其威也。今楚地方五千里，持戟百万，此霸王之资也。以楚之强，天下弗能当。白起，小竖子耳，率数万之众，兴师以与楚战。一战而举鄢，郢①，再战而烧夷陵，三战而辱王之先人，此百世之怨而赵之所羞，而王弗知恶焉。合从者为楚，非为赵也。吾君在前，叱者何也？"

楚王曰："唯唯，诚若先生之言，谨奉社稷以从②。"毛遂曰："从定乎？"楚王曰："定矣。"毛遂谓楚王之左右曰："取鸡、狗、马之血来！"毛遂奉铜盘而跪进之楚王曰："王当歃血以定从③，次者吾君，次者遂。"遂定从于殿上。毛遂左手持盘血则右手招十九人曰："公相与歃此血于堂下！公等录录④，所谓因人成事者也。"平原君已定从而归，至于赵。曰："胜不敢复相天下士矣！"遂以毛遂为上客。

【注释】

① 鄢：春秋莒邑，又名鄢陵、安陵。郢：春秋战国时楚国都城。
② 社稷：古代帝王、诸侯所祭祀的土神和谷神，后代指国家。
③ 歃血：口含血，古代订立盟约时表示信誓的一种仪式。
④ 录录：同"碌碌"，平庸。

【译义】

毛遂手按长剑，上前道："君王现在之所以叱骂我毛遂，无非就是仗着楚国人多。现在在十步以内，大王您就无法凭借人多势众的优势了。现在君王的性命就掌握在我的手中。我的主人在我面前，你呵斥什么？我听说商汤凭借方圆七十里的土地而称王天下，周文王凭借方圆百里的土地而称霸诸侯。这难道能说是仗着人数众多吗？说到底都是看准形势，发扬其威。现在楚国方圆五千里。拥有兵士百万余众，这是称霸于天下的资本。以楚国的强大。天下没有哪个国家能够相抗衡。但如今白起一个无名小卒，却敢率领数万人和楚国作对，一战就占领了楚国的鄢、郢，再战则烧毁了夷陵，三战焚烧了楚国的宗庙，这真是天大的仇恨，你难道就不感到羞耻吗？合纵联合就是为了楚国，并不是为了赵国的私利。我的主人在面前，你呵斥什么？"

楚王说："是，是，正如先生所说，我现在就举国追随赵国而去。"毛遂说："您真的打算合纵了吗？"楚王说："我答应了。"毛遂于是便对楚王的左右近臣说："拿鸡、狗、马的血来。"毛遂双手捧着铜盘，跪着献给楚王说："君王您应该首先歃血为盟，其次才是我的主人，最后轮到我毛遂。"于是楚、赵两国就在大殿上定好了合纵之约。毛遂左手托着装血的铜盘，右手则向殿下的十九人招呼道：'诸位就在殿下歃血吧！你们都是碌碌无为之辈，只能是所谓因人成事的人罢了。"平原君这次合纵成功，回到赵国以后说："我从现在开始，再也不敢胡乱品评人才了！"随即以毛遂为上宾。

窃符救赵

【原文】

周赧王五十七年（癸卯。公元前258年）

于是楚王使春申君将兵救赵，魏王亦使将军晋鄙将兵十万救赵。秦王使谓魏王曰："吾攻赵，旦暮且下，诸侯敢救之者，吾已拔赵，必移兵先击之！"魏王恐，遣人止晋鄙。留兵壁邺，名为救赵，实挟两端。又使将军新垣衍间入邯郸①，因平原君说赵王，欲共尊秦为帝，以却其兵。

齐人鲁仲连在邯郸，闻之。往见新垣衍曰："彼秦者，弃礼义而上首功之国也②。彼即肆然而为帝于天下，则连有蹈东海而死耳，不愿为之民也！且梁未睹秦称帝之害故耳，吾将使秦王烹醢梁王③！"新垣衍怏然不悦，曰："先生恶能使秦王烹醢梁王？"鲁仲连曰："固也，吾将言之。昔者九侯、鄂侯、文王，纣之三公也。九侯有子而好。献之于纣，纣以为恶，醢九侯；鄂侯争之强，辩之疾，故脯鄂侯④；文王闻之，喟然而叹，故拘之牖里之库百日，欲令之死。今秦，万乘之国也；梁，亦万乘之国也。俱据万乘之国，各有称王之名，奈何睹其一战而胜，欲从而帝之，卒就脯醢之地乎！且秦无已而帝⑤，则将行其天子之礼以号令于天下。则且变易诸侯之大臣，彼将夺其所不肖而与其所贤，夺其所憎而与其所爱。彼又将使其子女谗妾为诸侯妃姬，处梁之宫，梁王安得晏然而已乎！而将军又何以得故宠乎！"新垣衍起，再拜曰："吾乃今知先生天下之士也！吾请出⑥，不敢复言帝秦矣！"

【注释】

①间：暗中，秘密地。

②上首功：崇尚杀人立功。上，通"尚"，崇尚。

③烹醢（hǎi）：煮成肉酱。醢，古代把人剁成肉酱的酷刑。

④脯（fǔ）：肉干。

⑤无已：没有任何阻止。已，停止，阻止。

⑥请出：告辞。

【译文】

周赧王五十七年（癸卯，公元前258年）

盟约签订后。楚王便派春申君黄歇领兵前去救赵国，魏王也派大将晋鄙率十万大军前来救赵国。这时秦王派使者对魏王说："我攻打赵国，早晚会攻下的，各诸侯国之中有谁敢来救援赵国，等我一灭了赵国，必定调动大军首先攻击它！"魏王害怕了，赶紧派人去让晋鄙停止前行，屯兵在邺城坚守，名义上是来救赵，实际上却是脚踏两只船。魏王还派将军新垣衍秘密潜入赵国邯郸，想通过平原君去劝说赵王，打算共同尊秦王为帝，以此来使秦国罢兵。

当时齐人鲁仲连正好在邯郸，听说这事后，就来见新垣衍说："那秦国是抛弃礼义伦常而崇尚杀人立功的国家。如果让这样的国家肆无忌惮地统治全天下，那我鲁仲连只有跳东海而死了，绝不会去做秦国的臣民！更何况，魏国还没有看到秦王称帝以后将给它带来的危害，我会让秦王把魏王煮成肉酱！"新垣衍怏怏不快地问道："先生如何使秦王把魏王煮成肉酱呢？"鲁仲连说："的确可以，不信听我慢慢讲来。当年九侯、鄂侯、文王三人是商纣王朝廷里的三公。九侯有个女儿，长得非常漂亮，于是将她献给纣王，纣王却非常厌恶她，因此就把九侯剁成了肉酱；鄂侯极力为九侯辩解，疾声鸣冤，所以他也被纣王做成了肉干；周文王听说后，只是慨然长叹，就也被拘押在牖里的仓库长达一百天，想让他也死掉。如今的秦国，是拥有万乘兵车的大国，魏国也是同样的大国，两国都拥有雄厚的国家实力，各自都有称王的名望，却为何看到秦国打了一次胜仗，就想听从它的指挥，尊奉秦王为帝，从而把自己置于被人宰割做成肉酱的境地呢！如果秦王未受到任何阻止而称帝，就将行施天子的礼仪，对天下各国发号施令。并且将调换各国君主的大臣，剥夺自己看不起的人职位，转授给他所器重的人；他将剥夺自己憎恶的人的职位，转授给他所宠爱的人；他又将把秦国的女子和喜欢搬弄是非的妾姬，指令婚配给各国的君主。设想一下，这些人在大梁的后宫中，那魏王还能泰然处之吗？而将军您又有什么办法能保住自己在君主面前的旧日恩宠呢？"新垣衍听完后感到心惊胆战，起身拜了又拜，说道：

"我今天才知道先生实在是天下的高人啊！我这就告辞回国，不会再提及尊秦为帝的话了。"

[原文]

初，魏公子无忌仁而下士，致食客三千人。魏有隐士曰侯嬴，年七十，家贫，为大梁夷门监者①。公子置酒大会宾客，坐定，公子从车骑虚左自迎侯生②。侯生摄敝衣冠③，直上载公子上坐不让④，公子执辔愈恭。侯生又谓公子曰："臣有客在市屠中，愿枉车骑过之⑤。"公子引车入市，侯生下见其客朱亥。睥睨，故久立，与其客语，微察公子，公子色愈和；乃谢客就车，至公子家。公子引侯生坐上坐，遍赞宾客，宾客皆惊。

及秦围赵，赵平原君之夫人，公子无忌之姊也，平原君使者冠盖相属于魏⑥。让公子曰："胜所以自附于婚姻者⑦，以公子之高义，能急人之困也。今邯郸旦暮降秦而魏救不至，纵公子轻胜弃之。独不怜公子姊邪⑧？"公子患之，数请魏王救晋鄙令救赵，及宾客辩士游说万端。王终不听。公子乃属宾客⑨，约车骑百余乘，欲赴斗以死于赵；过夷门，见侯生。

[注释]

① 大梁夷门监者：魏都大梁夷门的守门的官员。

② 从车骑：使车骑从，意思是带着手下车马随从。虚左：空着左边的位子当时是以右为尊的。"虚右"的意思是主人亲自赶马车，把左边的客席留给尊贵的客人。

③ 摄敝衣冠：戴着破帽子，穿着旧衣服。摄，提起。敝，破旧，破败。

④ 坐：通"座"。

⑤ 枉：降低身份，屈尊相访。

⑥ 冠盖相属：车马接连不断。冠盖，官员的服饰和车乘。属，连接，连续。

⑦ 婚姻：亲家，有亲戚关系。

⑧ 独不怜公子姊邪：难道您不可怜您的姐姐吗？独……邪，是固定句式，意为"难道……吗"。

⑨ 属(zhǔ)：聚集。

[译文]

起初，魏国的公子魏无忌为人仁厚而礼贤下士，门下供养了三千食客。魏国有个隐士名叫侯嬴，当时已经七十岁了，家中极度贫穷，在魏都大梁做夷门守门人。有一次，公子魏无忌召开盛大酒宴，宴请宾客，来客都已经坐好，魏无忌却吩咐手下准备车马，并虚空着左边的客席，亲自驾车去接侯嬴。侯嬴就随便穿戴着旧衣破帽，直接上了马车，昂然上坐，毫不谦让。魏无忌亲自驾车，更显得毕恭毕敬。半路上，侯嬴又对魏无忌说："我有个朋友是集市上的屠户，请让车子绕到他那里去一下。"魏无忌于是驾车进了集市，侯嬴下车去见朋友朱亥，故意长久地站在那里与他谈话；同时还偷偷地斜视魏无忌，只见魏无忌态度依然和颜悦色，于是就辞别朋友登上了马车，到了魏无忌的府第。魏无忌引侯嬴坐到上宾的位置上，并向所有宾客介绍称赞他，宾客们都对魏无忌如此礼遇侯嬴感到很惊讶。

　　这时秦军围困赵国的国都邯郸，赵国平原君赵胜的夫人是魏无忌的姐姐，赵胜派到魏国求援的使者车马接连不断，赵胜因此指责魏无忌道："我赵胜之所以能与您结为姻亲，就是仰慕您的高尚人格以及能够急人之危的作风。可是现在邯郸旦夕就要落入秦国手中，而魏国的救兵却迟迟不到，纵使您轻视我、鄙弃我，难道也不可怜您的姐姐吗？"魏无忌听后万分焦急，多次请求魏王命令大将晋鄙发兵救赵，还派门下能言善辩的宾客万般游说，但是魏王始终不为所动。无奈之下，魏无忌只好聚集门下宾客百余乘车马，准备赴赵国拼死相救。当他路过夷门时，进去见侯嬴。

【注释】

① 佗端：任何办法。

② 五伯之功：即五霸之功。伯，通"霸"。

③ 与俱：即为"与之俱"，与您一同前往。

④ 归养：回家侍奉父母。

【原文】

　　侯生曰："公子勉之矣，老臣不能从！"公子去，行数里，心不快，复还见侯生。侯生笑曰："臣固知公子之还也！今公子无佗端而欲赴秦军①，譬如以肉投馁虎，何功之有！"公子再拜问计。侯嬴屏人曰："吾闻晋鄙兵符在王卧内，而如姬最幸，力能窃之。尝闻公子为如姬报其父仇，如姬欲为公子死无所辞，公子诚一开口，则得虎符，夺晋鄙之兵，北救赵，西却秦，此五伯之功也②。"公子如其言，果得兵符。

　　公子行，侯生曰："将在外，君令有所不受。有如晋鄙合符而不授兵，复请之，则事危矣。臣客朱亥，其人力士，可与俱③。晋鄙若听，大善；不听，可使击之！"于是公子请朱亥与俱。至邺，晋鄙合符，疑之，举手视公子曰："吾拥十万之众屯于境上，国之重任。今单车来代之，何如哉？"朱亥袖四十斤铁椎，椎杀晋鄙，公子遂勒兵下令军中曰："父子俱在军中者，父归；兄弟俱在军中者，兄归；独子无兄弟者，归养④。"得选兵八万人，将之而进。

【译文】

侯嬴说:"公子您就好自为之吧,我老了也不可能一同前往了!"魏无忌离去后,走了数里,心中始终闷闷不乐,于是就又掉头去见侯嬴。侯嬴笑着说:"我早就知道公子还会回来的!现在您没有任何办法而亲自去迎战秦军,这就好比是用肉去打饿虎,能有什么结果呢!"魏无忌于是下车再拜,请教计策。侯嬴便让他屏退左右随从,悄声对他说道:"我听说晋鄙的调兵兵符就在魏王的卧室里,如姬是他最宠爱的妃子,肯定有办法偷出来。我曾听说公子您帮如姬报过杀父之仇,如姬发誓愿意为您办事,万死不辞。现在只要公子一开口,马上就可以得到调兵的虎符,夺去晋鄙的兵权,北上救赵,西抗强秦,建立五霸的功业了。"魏无忌随即照他的办法去做,果真拿到了兵符。

临行前,侯嬴又对公子说:"大将征战在外,君王的命令可以不听从。如果晋鄙以此合验兵符后仍不肯交出兵权,反而再向魏王请示,那事情就危险了。我的朋友朱亥是个勇士,可以与您一同前往。晋鄙如果听从,那最好不过。如果不听从,就可以让朱亥打死他!"于是魏无忌又去邀请朱亥同行。到了邺城,晋鄙合验过兵符后,仍表示怀疑,举手直视魏无忌说:"我率领十万大军驻扎在边境上,而现在你只孤身单车前来替代我。到底是怎么回事呢?"这时朱亥立即从袖中取出四十斤重的铁锥,一下子就把晋鄙打死了。魏无忌于是整编军队,下令说:"有父子两人都在军队中的,父亲可以回去;兄弟两人都在军队中的,哥哥可以回去;独子一个没有兄弟的,可以回去侍奉父母!'于是选定了八万士兵,挥师前进。

【原文】

魏公子无忌大破秦师于邯郸下,王龁解邯郸围走。郑安平为赵所困,将二万人降赵,应侯由是得罪。公子无忌既存赵,遂不敢归魏,与宾客留居赵,使将将其军还魏。赵王与平原君计,以五城封公子。赵王扫除自迎①,执主人之礼,引公子就西阶。公

【注释】

①除:台阶。

②以:因为。退让:谦让。

③浆:酒浆。

④非之：对此不以为然。非，不以为然。

⑤为装：整理行装。

子侧行辞让，从东阶上，自言罪过，以负于魏，无功于赵。赵王与公子饮至暮，口不忍献五城，以公子退让也②。赵王以鄗为公子汤沐邑。魏亦复以信陵奉公子。公子闻赵有处士毛公隐于博徒，薛公隐于卖浆家③，欲见之。两人不肯见，公子乃间步从之游。平原君闻而非之④。公子曰："吾闻平原君之贤，故背魏而救赵。今平原君所与游，徒豪举耳，不求士也。以无忌从此两人游，尚恐其不我欲也，平原君乃以为羞乎？"为装欲去⑤。平原君免冠谢，乃止。平原君欲封鲁连，使者三返，终不肯受。又以千金为鲁连寿，鲁连笑曰："所贵于天下之士者，为人排患释难解纷乱而无取也。即有取者，是商贾之事也，而连不忍为也！"遂辞平原君而去。终身不复见。

[译文]

魏无忌率军在邯郸城下大破秦军，王龁从邯郸撤走围军。另有一秦将郑安平陷入赵军包围，于是率领二万秦军投降赵国，当初重用郑安平的范雎因此被秦王治罪。魏无忌解了赵国之围后，也不敢再回魏国去了，便与门客留在赵国居住，并派将军指挥魏国军队回国。赵王便与平原君赵胜商量，用五座城池来赐封魏无忌。赵王亲自参与布置打扫，并亲自前去迎接魏无忌，以主人的礼节相待，引他从西面台阶登上大殿。魏无忌侧着身子表示辞让，然后从降一等级的东面台阶走上，自己口中还不停地说着"罪过罪过，已经辜负了魏国，对赵国也没有什么功劳"。赵王与魏无忌饮酒一直到天黑，因为魏无忌坚持谦让，所以赵王始终不好意思把送给他五个城的事说出口。最后，赵王只把鄗城送给了魏无忌，作为汤沐邑。后来，魏国把魏无忌的原封地信陵送还给他。魏无忌听说赵国有个居士毛公隐匿在赌徒当中，还有个薛公隐居在卖酒之家，便想与他们会面。可是两人都不肯见他，魏无忌于是徒步前去拜访，并随同他们一起出游。平原君赵胜听说以后，很不以为然。魏无忌便说："我听说平原君是个贤德之人，所以才背弃了魏国前来援救赵国。现在看来你与一些人结交出游，只不过是显阔的举动，而不是为了遍访人才。我魏无忌跟随毛、薛二位贤士出游，心里还生怕他们不肯接纳我，可是平原君竟然认为这是羞耻！"于是魏无忌便整备行装，准备离开赵国。赵胜急忙摘下帽子上前谢罪，魏无忌这才留下。平原君又想对鲁仲连进行封赏，派使者三次前往，他都不肯接受。赵胜又派人送去千金为鲁仲连祝寿，鲁仲连笑着说："天下名士的可贵之处，在于为别人排忧解难、解决纷乱而别无所求。如果有所图谋，那就是商人的作风了，而我鲁仲连是不会那样做的！"于是就告别平原君赵胜而离去，终生再也没来见过他。

秦　纪

荆 轲 刺 秦

【原文】

昭襄王十九年（癸酉，公元前228年）

初，燕太子丹尝质于赵，与王善。王即位，丹为质于秦，王不礼焉。丹怒，亡归。

燕太子丹怨王，欲报之，以问其傅鞠武。鞠武请西约三晋，南连齐、楚，北媾匈奴以图秦①。太子曰："太傅之计，旷日弥久，令人心惛然②，恐不能须也③。"顷之，将军樊於期得罪，亡之燕；太子受而舍之。鞠武谏曰："夫以秦王之暴而积怒于燕，足为寒心，又况闻樊将军之所在乎！是谓委肉当饿虎之蹊也④。愿太子疾遣樊将军入匈奴。"太子曰："樊将军穷困于天下，归身于丹，是固丹命卒之时也，愿更虑之！"鞠武曰："夫行危以求安，造祸以为福，计浅而怨深，乃连结一人之后交，不顾国家之大害，所谓资怨而助祸矣⑤。"太子不听。

太子闻卫人荆轲之贤，卑辞厚礼而请见之。谓轲曰："今秦已虏韩王，又举兵南伐楚，北临赵。赵不能支秦，则祸必至于燕。燕小弱，数困于兵，何足以当秦！诸侯服秦，莫敢合从⑥。丹之私计愚，以为诚得天下之勇士使于秦，劫秦王，使悉反诸侯侵地，若曹沫之与齐桓公，则大善矣；则不可，因而刺杀之，彼大将擅兵于外而内有乱，则君臣相疑，以其间，诸侯得合从，其破秦必矣。唯荆卿留意焉！"荆轲许之。于是舍荆卿于上舍，太子日造门下⑦，所以奉养荆轲，无所不至。及王翦灭赵，太子闻之惧，欲遣荆轲行。

【注释】

①媾（gòu）：求和。

②惛（hūn）：神志不清。

③须：等待。

④蹊（xī）：小路。

⑤资：帮助。

⑥合从：即合纵，指联合。

⑦造：到。

【译文】

昭襄王十九年（癸酉，公元前228年）

当初，燕太子丹曾经在赵国做过人质，与嬴政非常要好。后来嬴政即位之后，燕太子丹又在秦国做人质，嬴政这时却对他非常无礼。太子丹恼羞成怒，于是就从秦国逃跑回来了。

太子丹非常怨恨秦王，便想方设法予以报复，于是去问他的师傅鞠武。鞠武便让他向西联合韩、赵、魏三国，向南联合齐国和楚国，向北就和匈奴结交，以此强大联盟来抵抗秦国。太子丹说："师傅的计划，旷日持久，那样让人心都涣散了，恐怕还不能解决当前的问题。"没过多久，将军樊於期得罪了秦国，逃亡到了燕国。太子丹收留了他。鞠武劝谏太子道："像那残暴的秦王向来就对燕国积怨已深，本来已经够让人胆战心惊了，更何况再听说樊将军在这里呢？这简直是拿肉扔到饥饿的老虎跟前的路上啊！我希望太子还是赶紧把樊将军送到匈奴那里去吧！"太子回答道："樊将军已经走投无路到这种地步，所以才来归附我的，而我也正是用人的时候，希望您再考虑一下其他办法吧！"鞠武说："做危险的事情来企求安宁，用造祸的事情来企望降福，谋略浅薄以致于积怨加深，为了结交一个朋友而不顾国家的安危，这就是所谓的增加怨愤而助长灾祸啊！"太子丹并没有听从他的意见。

太子丹听说卫国有个荆轲是个贤士，便谦卑地备厚礼前去拜访他。太子丹对荆轲说："如今秦国已经俘虏了韩国国君，现又举兵攻打楚国，并向北方入侵赵国。赵国如果抵挡不住秦国的进攻，那么灾祸必然降临到燕国头上。我们燕国势单力薄，几次打仗都没有取得过胜利，更不用说对付秦国这样的虎狼之师了！而各诸侯国又一心归附秦国，没有哪个敢合纵抗秦的。我这个人生性愚钝，谋略也不是很好，我真心希望能够得到一位勇士出使秦国从而劫持秦王，逼迫他悉数归还各国的土地，如果能够像当年曹沫劫持齐桓公那样当然最好。如果不行就干脆刺杀他，秦国的大将都领兵在外，因而必定会有内乱，于是就会君臣相疑，再从中施行离间，到那时候各国再联合起来，攻破秦国就指日可待了！您认为这个谋划怎么样？"荆轲同意了。于是太子丹招待荆轲住进了最上等的馆舍，太子每天都亲自到馆舍进行拜访，凡是用来招待奉养荆轲的,没有不尽善尽美的。等到王翦灭了赵国,太子丹听说后惊惧不已,于是便想送荆轲前行。

[原文]

荆轲曰:"今行而无信,则秦未可亲也。诚得樊将军首与燕督亢之地图,奉献秦王,秦王必说见臣①,臣乃有以报。"太子曰:"樊将军穷困来归丹,丹不忍也!"荆轲乃私见樊於期曰:"秦之遇将军,可谓深矣,父母宗族皆为戮没!今闻购将军首,金千斤,邑万家,将奈何?"於期太息流涕曰:"计将安出?"荆卿曰:"愿得将军之首以献秦王,秦王必喜而见臣,臣左手把其袖,右手揕其胸②,则将军之仇报而燕见陵之愧除矣!"樊於期曰:"此臣之日夜切齿腐心也!"遂自刎③。太子闻之,奔往伏哭,然已无奈何,遂以函盛其首④。太子豫求天下之利匕首,使工以药焠之⑤,以试人,血濡缕,人无不立死者。乃装为遣荆轲,以燕勇士秦舞阳为之副,使入秦。

秦始皇二十年,荆轲至咸阳⑥,因王宠臣蒙嘉卑辞以求见,王大喜,朝服,设九宾而见之。荆轲奉图以进于王,图穷而匕首见⑦,因把王袖而揕之;未至身。王惊起,袖绝。荆轲逐王,王环柱而走。

[注释]

① 说:通"悦"。

② 揕:刺进。

③ 自刎(wěn):割颈自杀。

④ 函:匣子。这里指用盒子装上。

⑤ 焠(cuì):漫染。

⑥ 咸阳:今陕西咸阳。

⑦ 图:地图。穷:尽。

[译文]

荆轲说:"我现在前往秦国,但没有能让秦王信任我的理由,这样就未必能接近秦王。如果能得到樊将军的头颅和燕国督亢的地图奉献给秦王,那么秦王必定很乐意召见我。到那时我才能够刺杀他以回报您。"太子丹说:"樊将军在走投无路的时候前来投奔我,我实在是不忍心杀他啊!"荆轲于是私下里会见了樊於期说道:"秦国对待将军您,可以说是残酷到了极点,您的父母、宗族都被诛杀或没收为官奴!现在听说秦国正在悬赏千斤黄金、万户封地购买您的头颅,您有什么打算?"樊於期痛哭流涕地说道:"我能有什么办法呢?"荆轲说:"我希望能得到将军您的头颅献给秦王，秦王见此一定会非常高兴地召见我，到那时我就左手拉住他的袖子，右手持匕首直刺他的胸膛。这样一来，不但您的深仇大恨可以报了，而且就连燕国遭受欺凌的耻辱也可以消除了！"樊於期说："这正是我日思夜想切齿烂心地渴求实现的事情啊！"当即拔剑自刎。太子丹闻讯急奔过来，伏在樊於期的尸体上大哭，但也无可奈何，于是就让人用匣子盛装起樊於期的头颅。在这之前，太子丹已经预先求取到了天下最锋利的匕首，并让工匠把匕首烧红浸入毒药之中，又拿这染毒的匕首试着刺人，只需渗出一丁点儿血，人就没有不立即毙命的。于是便准备行装送荆轲出发，又派燕国的勇士秦舞阳当他的副手，二人作为使者一同前往秦国。

荆轲一行抵达秦国的都城咸阳，通过秦王嬴政的宠臣蒙嘉，以谦卑的言辞得以求见秦王。秦王嬴政大喜过望，特意穿上君臣朝会时的礼服，安排朝会大典接见荆轲。荆轲手捧地图匣进献给秦王，等到图卷全部展开，匕首就出现了，荆轲于是趁势抓住秦王的袍袖，举起匕首刺向他的胸膛。但是还未等荆轲近前，秦王嬴政已经惊恐地一跃而起，挣断了袍袖。荆轲于是追逐秦王，秦王则环绕柱子奔跑。

【注释】

①卒：通"猝"。

②兵：武器。

③负：背。

④摘（zhì）：投掷。

⑤徇：示众。

⑥孰：什么。

⑦或：某人，有的人。

⑧靡（mǐ）：顺风倒下，喻指死亡。

【原文】

群臣皆愕，卒起不意①。尽失其度。而秦法，群臣侍殿上者不得操尺寸之兵②，左右以手共搏之，且曰："王负剑③！负剑！"王遂拔以击荆轲，断其左股。荆轲废，乃引匕首擿王④，中铜柱。自知事不就，骂曰："事所以不成者，以欲生劫之，必得约契以报太子也！"遂体解荆轲以徇⑤。王于是大怒，益发兵诣赵，就王翦以伐燕，与燕师、代师战于易水之西，大破之。

臣光曰：燕丹不胜一朝之忿以犯虎狼之秦，轻虑浅谋，挑怨速祸，使召公之庙不祀忽诸，罪孰大焉⑥！而论者或谓之贤⑦，岂不过哉！

荆轲怀其豢养之私，不顾七族，欲以尺八匕首强燕而弱秦不亦愚乎！故扬子论之，以要离为蛛蝥之靡⑧，聂政为壮士之靡，荆轲为刺客之靡。皆不可谓之义。又曰："荆轲。君子盗诸！"善哉！

【译文】

　　这时，殿上的群臣都惊愕了，事情发生得太出人意外了，群臣全都失去了常态，不知所措。因为秦国的法律规定，在殿上侍从的群臣不得携带任何武器。因此群臣便徒手上前与荆轲搏斗，并喊道："大王，把剑推到背上！"于是秦王嬴政便将剑推到了背上。并使剑套倾斜，剑柄向前，随即拔出剑来回击荆轲，砍断了他的左大腿。荆轲肢体残废后无法再追秦王，便拿匕首向秦王投掷过去，但却只击中了铜柱。荆轲知道行刺的事情已经无法完成，于是就大骂道："这件事之所以没能成功，就是因为想活捉你然后逼迫你订立契约，归还你所兼并的土地，以此来回报燕太子丹啊！"荆轲很快被分尸示众。秦王为此勃然大怒，随即增派军队前往赵国，和王翦的大军一起攻打燕国。秦军与燕军和代王的军队在易水以西展开激战，不久便大败燕、代之兵。

　　司马光认为：燕太子丹不能忍受一时的激愤而去冒犯如狼似虎的秦国，这样考虑事情太过轻率，谋划太过浅薄，以致于挑起怨愤，加速了灭亡的灾祸，使供奉燕国始祖召公的宗庙祭祀忽然被中断，恐怕没有比这更大的罪过了！而有的人还把燕太子丹评论成是德才兼备的人，这岂不是太过分了吗？

　　荆轲怀着报答太子丹豢养的私情，却不顾及全家七族之人都会因此遭受牵连，一心想要用一把短小的匕首使燕国强大、秦国削弱，这难道不是愚蠢至极吗！所以扬雄会对此做如下评论：要离的死是蜘蛛、螯虫之死，聂政的死是壮士之死，荆轲的死是刺客之死，这些都不能称作"义"。他又说："荆轲，用君子的道德观念来衡量，其实就是盗贼之辈！"此话说得实在太好了！

大泽起义

【注释】

①七月:应是夏历七月,这是秋天的第一个月。

②度:估计。

③为:筑土成为。

④徇:带兵攻取,占领。

⑤比:等到。

【原文】

二世皇帝元年(壬辰,公元前209年)

秋,七月①,阳城人陈胜、阳夏人吴广起兵于蕲。是时,发闾左戍渔阳,九百人屯大泽乡,陈胜、吴广皆为屯长。会天大雨,道不通。度已失期②。失期,法皆斩。陈胜、吴广因天下之愁怨,乃杀将尉。召令徒属曰:"公等皆失期当斩,假令毋斩,而戍死者固什六七。且壮士不死则已,死则举大名耳!王侯将相宁有种乎!"众皆从之。

乃诈称公子扶苏、项燕。为坛而盟③,称大楚;陈胜自立为将军,吴广为都尉。攻大泽乡,拔之。收而攻蕲,蕲下。乃令符离人葛婴将兵徇蕲以东④。攻铚、酂、苦、柘、谯,皆下之。行收兵。比至陈⑤,车六七百乘,骑千馀,卒数万人。攻陈,陈守、尉皆不在,独守丞与战谯门中,不胜;守丞死,陈胜乃入据陈。

【译文】

二世元年(壬辰,公元前209年)

刚刚入秋,七月份,阳城人陈胜、阳夏人吴广在蕲县聚众起义。当时,秦王朝征召闾左一带的平民百姓赶往渔阳戍边,这九百人中途屯驻在大泽乡,陈胜、吴广均被指派为屯长。当时刚好赶上天降大雨,道路泥泞不通,他们推测已经无法按规定的期限赶到渔阳防地。而按秦朝的法令规定,延误戍期,将一律问斩。于是陈胜、吴广便趁着天下百姓长期遭受压榨、对秦王积怨很深之际,杀掉了前来押送他们的将尉,召集戍卒号令说:"你们已经延误了戍期,按照秦法当被斩首。即使不被斩首,但因长久在外戍边而死去的人也要占到十之六七。那么壮士不死则已,要死就要图大事!王侯将相难道是天生的吗?"众人听后全都积极响应。

陈胜、吴广于是便假称是已死的扶苏和已故楚国的大将项燕的部下，培土筑坛，登到上面盟誓，号称"大楚"。陈胜自立为将军，吴广为都尉。起义军随即攻破大泽乡，接着又招收义兵扩军。进攻蕲。起义军攻陷蕲后，随即令符离人葛婴领兵攻掠蕲以东的地区，相继进攻铚、酂、苦、柘、谯等地，全都攻了下来。义军沿路不断招兵买马，等到到达陈地时，起义军已经有战车六七百辆，骑兵千余人，步兵数万人，当起义军攻打陈城时，郡守和郡尉都不在，只有留守的郡丞在谯楼下的城门中迎击义军，陈地的官兵没能取胜，郡丞被打死；陈胜于是率领义军入城，占据陈地。

【原文】

初，大梁人张耳、陈馀相与为刎颈交。秦灭魏，闻二人魏之名士，重赏购求之。张耳、陈馀乃变名姓，俱之陈，为里监门以自食。里吏尝以过笞陈馀，陈馀欲起，张耳蹑之，使受笞。吏去，张耳乃引陈馀之桑下，数之曰①："始吾与公言何如？今见小辱而欲死一吏乎！"陈馀谢之。陈涉既入陈，张耳、陈馀诣门上谒。陈涉素闻其贤。大喜。陈中豪杰父老请立涉为楚王②。涉以问张耳、陈馀。耳、馀对曰："秦为无道，灭人社稷，暴虐百姓。将军出万死之计③，为天下除残也。今始至陈而王之，示天下私。愿将军毋王，急引兵而西。遣人立六国后，自为树党④，为秦益敌。敌多则力分，与众则兵强。如此，则野无交兵，县无守城，诛暴秦，据咸阳，以令诸侯。诸侯亡而得立，以德服之，如此则帝业成矣。今独王陈，恐天下懈也⑤。"陈涉不听，遂自立为王，号"张楚"。

当是时，诸郡县苦秦法⑥，争杀长吏以应涉。谒者从东方来，以反者闻⑦。二世怒，下之吏。后使者至，上问之，对曰："群盗鼠窃狗偷，郡守、尉方逐捕，今尽得，不足忧也。"上悦。

【注释】

① 数：数落，责备。

② 父老：古代乡里中管理公共事务的有声望的老人。

③ 万死之计：指与吴广率领部下举行大泽乡起义。万死，九死一生，形容极其危险。

④ 自为树党：即"为自树党"，为自己培养党羽。

⑤ 懈：松懈。

⑥ 苦秦法：即"苦于秦法"。因秦朝法令的残酷苛刻而困苦不堪。

⑦ 以反者闻：把反叛的情况（上奏给秦二世）。闻，听见的事情或消息。

【译文】

当初，大梁人张耳、陈馀相约结为刎颈之交。秦国灭魏国时,听说魏国有这两个名士,便悬重金通缉他们。张耳、陈馀于是改名换姓,一起隐匿到陈地,充任里门看守以养家糊口。管理里巷的官吏曾经因陈馀出了点小差错而鞭笞他。陈馀想与那官吏抗争,张耳却暗中踩他的脚,暗示让他接受鞭笞。等到那个小官离去后,张耳便将陈馀拉到桑树下,数落他道:"当初我是怎么跟你说的?如今遇到一点儿小侮辱,就想跟一个小官吏拼命!"陈馀于是为此道歉。等到陈胜率义军进驻陈地。张耳、陈馀便前往陈胜的驻地通名求见。陈胜平素听说他俩很贤能,所以见到他们后非常高兴。恰巧陈地中有声望的地方人士和乡官父老联名请求立陈胜为楚王,陈胜就拿这件事来征求张耳、陈馀的意见。二人回答道:"秦王朝暴虐无道,毁灭别人的国家,欺凌百姓。如今将军您冒万死的危险起兵反抗的目的,不就是要为天下百姓除害吗?现在您才刚刚到达陈地就要称王,是向天下人昭示您的私心。因此希望您不要急于称王,而应该火速领兵向西,派人去扶持六国国君的后裔。好替自己培植党羽,从而为秦王朝增树敌人。秦朝的敌人多了,那么兵力就会分散,大楚联合的国家多了,兵力就自然会强大。这样一来,在野外军队无须交锋,在县了,兵力就自然会强大。这样一来,在野外军队无厢交锋,在县城没有兵丁为秦守城。便可以一举铲除残暴的秦政权,占领咸阳,发号施令于各诸侯国。等到灭亡的诸侯国得到复兴,您再施行德政使他们归服,您的帝王大业就可以完成了!如今你在一个陈县就称王,恐怕会使天下人的斗志因此松懈。"可是陈胜并没有采纳他们的意见,马上自立为楚王,号称"张楚"。

在当时,各郡县的百姓都苦于秦朝法令的残酷苛刻,因此争相诛杀当地官吏,以响应陈胜。秦王朝的宾赞官谒者从东方返回朝廷,把反叛的情况上奏给秦二世。秦二世听后勃然大怒,当即将谒者交给司法官吏问罪。这样,后来回来的使者,当二世向他们询问情况时,他们便回答道:"一群盗贼不过是鼠窃狗偷之辈,郡守、郡尉正在对他们进行追捕,现在都已经全部抓获,不值得为此担忧了。"秦二世于是颇为高兴。

破釜沉舟

【原文】

秦二世皇帝二年（癸巳，公元前208年）

章邯已破项梁，以为楚地兵不足忧。乃渡河①，北击赵，大破之。引兵至邯郸，皆徙其民河内，夷其城郭。张耳与赵王歇走入巨鹿城，王离围之。陈馀北收常山兵，得数万人，军巨鹿北②。章邯军巨鹿南棘原。赵数请救于楚③。

高陵君显在楚。见楚王曰："宋义论武信君之军必败，居数日，军果败。兵未战而先见败徵④，此可谓知兵矣！"王召宋义与计事而大说之。因置以为上将军，项羽为次将，范增为末将，以救赵。诸别将皆属宋义，号为"卿子冠军"。

秦二世皇帝三年，宋义行至安阳，留四十六日不进⑤。项羽曰："秦围赵急，宜疾引兵渡河；楚击其外，赵应其内，破秦军必矣。"宋义曰："不然。夫搏牛之虻，不可以破虮虱。今秦攻赵，战胜则兵疲，我承其敝⑥；不胜，则我引兵鼓行而西，必举秦矣。故不如先斗秦、赵⑦。夫被坚执锐，义不如公；坐运筹策，公不如义。"因下令军中曰："有猛如虎。狠如羊。贪如狼。强不可使者。皆斩之！"乃遣其子宋襄相齐⑧，身送之至无盐，饮酒高会。天寒。大雨，士卒冻饥。项羽曰："将戮力而攻秦，久留不行。今岁饥民贫，士卒食半菽，军无见粮，乃饮酒高会；不引兵渡河，因赵食，与赵并力攻秦，乃曰'承其敝'。夫以秦之强，攻新造之赵，其势必举。赵举秦强，何敝之承！且国兵新破，王坐不安席，扫境内而专属于将军，国家安危。在此一举。今不恤士卒而徇其私。非社稷之臣也！"

【注释】

①乃：于是。

②军：驻军,屯驻。

③数：多次，屡次。

④徵（zhēng）：通"征"，表露出来的迹象,现象。

⑤留：滞留。

⑥承：通"乘"，趁机。敝：衰败。

⑦斗：使……斗。

⑧相齐：去齐国做丞相。

【译文】

秦二世皇帝二年（癸巳，公元前208年）

章邯已经彻底打败了项梁的队伍，于是就认为楚地的兵力根本不值得担忧，随即渡过黄河，北上攻打赵国，大破赵军。随后又率军抵达邯郸，将城中的老百姓全部都迁徙到了河内，并且还将邯郸的城郭夷为平地。张耳与赵王歇一块儿逃入了巨鹿城，秦将王离率军团团围住巨鹿城。陈馀北上常山招募兵士，得到了数万兵力，屯驻在巨鹿北面；章邯则驻军巨鹿南面的棘原。赵国因此多次向楚国请求救援。

　　恰逢齐国的使者高陵君显此时正出使楚国，于是就求见楚怀王说道："宋义推论武信君的军队必败；结果没过几天，项军果然兵败。军队尚未开战就能预料到败亡的征候，这可以称得上颇懂得兵法了！"于是楚怀王当即召宋义前来商谈政事，对他喜爱有加，因此以他为上将军，以项羽为次将，范增为末将，率军前去救援赵国。各路部队的将领也都归宋义统领，他被号称为"卿子冠军"。

　　秦二世皇帝三年，宋义率领军队抵达安阳，在那里滞留了四十六天还不进兵。项羽就说："秦军围困赵军形势紧急，理应火速引兵渡过黄河；这样楚军在外攻击，赵军在内接应，那打败秦军就是必然的事情了！"宋义却说道："不对。我们要拍打叮咬牛身的大虻虫，而不是消灭牛虱中的小虮虱。如今秦军攻打赵国，打了胜仗，军队就会成为疲惫之师，我们就可以乘秦军疲惫之时发起攻势；打不胜，您和我就赶紧率军擂鼓西进，这样就一定能够攻克秦。所以不如先让秦、赵两军相互争斗。身披铠甲、手持锐利的武器到战场上厮杀，我比不过您；但运筹帷幄、谋略策划，您却比不过我。"因此在军中下达命令道："凡是猛如虎、狠如羊、贪如狼、倔强不听从命令的人，一律斩首！"宋义接着又派他的儿子宋襄去齐国为相，还亲自把他送到无盐县，大摆宴席招待宾客。当时天气寒冷，持续大雨，士兵们饥寒交迫。项羽便说道："本应该合力攻秦，却长时间滞留不前。而如今年岁不好、到处闹饥荒，百姓生活困苦，士兵吃的都是蔬菜拌杂豆子，军中没有余粮，竟然还要大摆宴席招待宾客，不领兵渡过黄河，征用赵地的粮食做军粮，与赵军合力抗秦，反而说什么'乘秦军疲惫之时发动进攻'。以秦国的强大来攻打新建立的赵国，势必攻克。赵国被攻占，秦军只会更加强大，哪里还会有什么疲敝的机会可乘！何况我军新近刚刚败绩，楚王现在坐立不安，集中了全国的兵力交付给将军。国家的安危，在此一举。而如今将军您不体恤士兵，却屈就于一己私利，您真不是以国家利益为重的忠臣啊！"

【原文】

十一月，项羽晨朝将军宋义，即其帐中斩宋义头。出令军中曰："宋义与齐谋反楚，楚王阴令籍诛之①！"当是时，诸将皆慑服。莫敢枝梧②，皆曰："首立楚者，将军家也，今将军诛乱。"乃相与共立羽为假上将军③。使人追宋义子，及之齐，杀之。使桓楚报命于怀王。怀王因使羽为上将军。

项羽已杀卿子冠军，威震楚国，乃遣当阳君、蒲将军将卒二万渡河救巨鹿。战少利，绝章邯甬道。王离军乏食。陈馀复请兵。项羽乃悉引兵渡河，皆沈船④，破釜、甑，烧庐舍，持三日粮，以示士卒必死，无一还心。于是至则围王离，与秦军遇，九战，大破之，章邯引兵却。诸侯兵乃敢进击秦军，遂杀苏角，虏王离；涉间不降，自烧杀⑤。当是时，楚兵冠诸侯军。救巨鹿者十馀壁，莫敢纵兵。及楚击秦，诸侯将皆从壁上观；楚战士无不一当十，呼声动天地，诸侯军无不人人惴恐。于是已破秦军，项羽召见诸侯将；诸侯将入辕门，无不膝行而前，莫敢仰视。项羽由是始为诸侯上将军；诸侯皆属焉。

【注释】

①阴令：密令。籍：个人对组织的隶属关系。此处指"我"。
②枝梧：同"支吾"。
③假：代理。
④沈（chén）：通"沉"，凿沉。
⑤自烧杀：自焚身亡。杀，死亡。

【译文】

十一月，项羽早晨起来去朝见上将军宋义时，便在营帐中斩了宋义的头。出帐后就向军中发布号令道："宋义与齐国合谋反楚，楚王密令我杀了他！"当时，众将领都慑于项羽的恩威而屈服了，没有人敢表示异议，异口同声说道："最先拥立楚王的是将军您的家人，现在又是您铲除了乱臣贼子。"于是就一同推举项羽为代理上将军。项羽随即派人前去追赶宋义的儿子宋襄，追到齐国将他杀了。同时派桓楚去向怀王汇报情况，怀王因此让项羽担任了上将军。

项羽因为杀了"卿子冠军"宋义，顿时声名威震楚国，于是他派当阳君黥布和蒲将军率军两万引渡黄河援救巨鹿。战事稍微有利于楚国，项羽随即截断了章邯所修的甬道，阻断了王离的军队的粮道，使得他们粮食短缺。陈馀这时又请求增援兵力。项羽便率领全部兵力渡过黄河，他们凿沉所有船只，砸毁所有锅、甑，烧掉营寨，只带够了三天的口粮，以此表明军队将誓死抗战、只进不退之意。因此，楚军一到巨鹿便包围了王离，与秦军交战，经过九个回合，终于大败秦军，章邯不得不领兵退却。各诸侯国的援兵这时才敢进击秦军，遂即杀了苏角，俘虏了王离。涉间不肯投降，自焚身亡。当时，楚军的威名冠盖诸侯军；援救巨鹿的诸侯军有十余座营寨，却没有敢发兵进击的。等到楚军出击秦军的时候，诸侯军的将领都在营壁上观战。看见楚军将士无不以一当十，喊杀声撼天动地，诸侯军无不惊恐万分。等到楚军攻克秦军后，项羽便召见各诸侯军将领。诸侯将领们进入辕门时，无不匍匐前进的，没有人敢抬起头来仰视。项羽由此成了各诸侯军的上将军，各路诸侯统统归于他的部下。

汉 纪

鸿门之宴

【注释】

①组:一种有花纹的丝织阔带子。

②西:向西。

③阨:通"厄",险要的地方。

④缟素为资:应该以朴素为本。缟素,素色的衣服。

【原文】

太祖高皇帝上之上元年(乙未,公元前206年)

冬,十月,沛公至霸上。秦王子婴素车、白马。系颈以组①,封皇帝玺、符、节。降轵道旁。诸将或言诛秦王。沛公曰:"始怀王遣我,固以能宽容。且人已降,杀之不祥。"乃以属吏。

沛公西入咸阳②,诸将皆争走金帛财物之府分之。萧何独先入收秦丞相府图籍藏之,以此沛公得具知天下阨塞、户口多少、强弱之处③。沛公见秦宫室、帷帐、狗马、重宝、妇女以千数,意欲留居之。樊哙谏曰:"沛公欲有天下耶,将为富家翁耶?凡此奢丽之物。皆秦所以亡也。沛公何用焉!愿急还霸上。无留宫中!"沛公不听。张良曰:"秦为无道,故沛公得至此。夫为天下除残贼,宜缟素为资④。今始入秦,即安其乐,此所谓'助纣为虐'。且忠言逆耳利于行,毒药苦口利于病,愿沛公听樊哙言!"沛公乃还军霸上。

【译文】

太祖高皇帝上之上元年(乙未,公元前206年)

入冬十月,沛公刘邦率起义军抵达霸上。秦王子婴乘素车、驾白马,脖子上系着有花纹丝带,手上捧着已封存的皇帝玉玺和符节,跪在轵道亭旁向刘邦投降。众将领中有人提议诛杀秦王。刘邦却说:"当初怀王之所以会派我前来,本来就是因为看重我能宽容人这一点。现在况且人家已经投降了,如果再行诛杀,这样做是很不吉利的。"于是便将秦王子婴交给了主管官吏处置。

刘邦率军向西进入咸阳,众将领都争先恐后地奔向秦朝贮藏金帛财物的府库分赃,只有萧何率先入宫寻得了秦朝丞相府的地理图册、文书、户籍簿等档案典藏起来,刘邦借此得以全面了解天下的山川要塞、户口多少以及财力强弱的分布。刘邦看到秦王朝的宫室、帷帐以及名种狗马、贵重宝物和宫女数以千计，便想从此留在这里坐享清福。樊哙便劝谏道："您是想拥有天下，还是只想做一个富翁呢？这些奢侈华丽的物品，都是导致秦朝灭亡的东西，您要它们有什么用呀！我希望您能尽快返回霸上，不要滞留在宫中！"刘邦不听他的劝阻。张良因此也劝说道："秦朝是因为没有施行仁政，所以您才能够来到这里。而替天下人除暴安良，就应该像丧服在身，而把抚慰百姓作为根本。现在您刚刚进入秦国的都城，就要安享其乐，这就是所谓的'助纣为虐'吧。何况忠言逆耳利于行，良药苦口利于病，望您能悉心听取樊哙的忠告啊！"刘邦于是领兵重返霸上。

[原文]

十一月，沛公悉召诸县父老、豪桀①，谓曰："父老苦秦苛法久矣！吾与诸侯约，先入关者王之。吾当王关中。与父老约法三章耳：杀人者死，伤人及盗抵罪。馀悉除去秦法②，诸吏民皆案堵如故③。凡吾所以来，为父老除害，非有所侵暴，无恐！且吾所以还军霸上，待诸侯至而定约束耳④。"乃使人与秦吏行县、乡、邑，告谕之。秦民大喜。争持牛、羊、酒食献飨军士。沛公又让不受⑤，曰："仓粟多，非乏。不欲费民。"民又益喜，唯恐沛公不为秦王⑥。

或说沛公曰："秦富十倍天下，地形强。闻项习习号章邯为雍王，王关中，今则来⑦，沛公恐不得有此。可急使兵守函谷关，无内诸侯军⑧；稍征关中兵以自益。距之⑨。"沛公然其计，从之。

已而项羽至关，关门闭。闻沛公已定关中，大怒，使黥布等攻破函谷关。十二月，项羽进至戏。沛公左司马曹无伤使人言项羽曰："沛公欲王关中，令子婴为相，珍宝尽有之。"欲以求封。项羽大怒，飨士卒，期旦日击沛公军。当是时，项羽兵四十万，号百万，在新丰鸿门；沛公兵十万，号二十万，在霸上。

[注释]

①豪桀：即豪杰。

②馀：此外。悉：全部，尽数，统统。

③案堵：通"安堵"，安定，定居。

④约束：法令、规章、规定。

⑤让：推辞，辞让。

⑥王：称王。

⑦则：表示假设，相当于"假如"。

⑧内：通"纳"。

⑨距：通"拒"。

范增说项羽曰："沛公居山东时，贪财，好色。今入关，财物无所取，妇女无所幸，此其志不在小。吾令人望其气，皆为龙虎，成五采，此天子气也。急击勿失！"

【译文】

十一月，刘邦召集各县的父老和所有有声望的人，对他们说道："父老乡亲们遭受秦朝的严刑苛政已经很久了！我曾经与各路诸侯相约，先入驻关中的人为王，因此我理应在关中称王。现如今我与父老乡亲们约法三章：杀人者处死，伤人者和盗窃者抵罪。除此之外，秦朝的法令统统都被废除，众官吏和百姓都还像以前一样安定不动。我之所以到这里来，就是为了替父老乡亲们除害，而并非来残害你们。所以请你们不要害怕！况且如今我之所以领兵返回霸上，不过是为了等候各诸侯军到来后共同订立一个约束大家行为的规章罢了。"于是便派人和秦朝的官吏一道巡行各县、乡、城镇，向人们说明道理。秦地的百姓都大喜过望，争相拿出牛、羊、酒食来犒劳刘邦的部队。刘邦又推辞不肯接受，说道："仓库中的存粮还有很多，并不匮乏，所以不想让老百姓破费。"百姓们听后更是高兴，生怕刘邦不在秦地称王。

有人劝说刘邦道："关中地区十倍富足于天下其他地方，而且地势险要。听说项羽已经封章邯为雍王，让他在关中称王。如今一旦他来了，您恐怕就不能得到这个地方了。您可以火速提兵把守函谷关，阻止诸侯军前进，并逐步征召关中兵力，充盈自己的实力，以抵御各诸侯军的进攻。"刘邦对此计表示认同，于是就依计而行。

没过多久，项羽便率军抵达函谷关，但是却见关门紧闭。后又听说刘邦已经平定了关中，项羽不禁勃然大怒，派黥布等人攻破了函谷关。到了十二月，项羽领兵进军至戏。刘邦的左司马曹无伤派人转告项羽说："沛公打算在关中称王，以秦王子婴为相，奇珍异宝应有尽有。"想要据此得到项羽的封赏。项羽听后怒不可遏，于是就让士兵们饱餐了一顿，打算于第二天攻打刘邦的军队。当时,项羽手下有四十万兵力,号称百万大军,屯驻在新丰县的鸿门;而刘邦仅仅拥兵十万,号称二十万,驻扎在坝上。范增劝说项羽道:"刘邦居住在崤山之东时,贪财好色。如今进驻关中,却没有搜取财物,也没有宠幸女色,这样看来他的志向不小哇!我曾令人察看过他那边的云气,都显示出龙虎的形状,出现五彩云,这些可都是天子之气啊!应该赶快进攻他,不要错过了良机啊!"

[原文]

楚左尹项伯者,项羽季父也,素善张良,乃夜驰之沛公军,私见张良,具告以事,欲呼与俱去,曰:"毋俱死也!"张良曰:"臣为韩王送沛公。沛公今有急,亡去不义,不可不语。"良乃入,具告沛公①。沛公大惊。良曰:"料公士卒足以当项羽乎②?"沛公默然曰:"固不如也。且为之奈何?"张良曰:"请往谓项伯,言沛公之不敢叛也。"沛公曰:"君安与项伯有故?"张良曰:"秦时与臣游,尝杀人,臣活之。今事有急,故幸来告良。"沛公曰:"孰与君少长③?"良曰:"长于臣。"沛公曰:"君为我呼入,吾得兄事之。"

张良出,固要项伯④;项伯即入见沛公。沛公奉卮酒为寿,约为婚姻⑤,曰:"吾入关,秋毫不敢有所近,籍吏民,封府库而待将军。所以遣将守关者,备他盗之出入与非常也。日夜望将军至,岂敢反乎!愿伯具言臣之不敢倍德也⑥。"项伯许诺,谓沛公曰:"旦日不可不蚤自来谢⑦。"沛公曰:"诺。"于是项伯复夜去,至军中,具以沛公言报项羽,因言曰:"沛公不先破关中,公岂敢入乎!今人有大功而击之,不义也。不如因善遇之。"项羽许诺。

[译文]

楚国的左尹项伯是项羽的叔父,素来与张良交好,于是连夜奔驰到刘邦军中,私下里会见了张良,将所有情况一五一十地告

[注释]

①具:通"俱",全部。

②料:料想,估计。

③孰与·与……比(谁更怎么样)。

④固要:坚持邀请。要,通"邀"。

⑤婚姻:儿女亲家。指通婚。

⑥具:具体,详细地。倍德:背信弃义。倍,通"背",背弃。

⑦蚤:通"早"。

诉了张良，想要让张良同他一起离去，他说道："可不要陪刘邦一块儿死啊！"张良说："我为韩王伴送沛公，如今沛公遭遇灾难，我却独自逃跑，这可是不义的举动，我不能不告诉他。"于是张良便进去将项伯的话全都告诉了刘邦。刘邦大为吃惊。张良说："您估计一下您的兵力足以抵挡项羽的吗？"刘邦沉默了一会儿说道："确实不如他。这可如何是好呢？"张良说道："请让我去告诉项伯，说您是绝对不敢反叛项羽的。"刘邦问："您是怎么与项伯成为故交的啊？"张良回答说："在秦朝的时候，项伯与我有来往，他曾经杀过人，是我救了他。现在事情紧急，所以还多亏他前来告诉我。"刘邦问："你和他谁年长？"张良道："他比我年龄大。"刘邦便说："您替我唤他进来，我将把他当作兄长来看待。"

张良于是出来，坚持邀请项伯入内；项伯随即进去拜见刘邦。只见刘邦手捧酒杯向项伯敬酒祝福，并与他相约结为儿女亲家，说道："我入驻关中，连毫毛般微小的东西都不敢碰。只是登记官民，封存府库，就等待着项羽上将军的到来。之所以会派将领把守函谷关，只是为了防备其他盗贼出入和不测遭遇。我是日日夜夜都在盼望着将军的大驾，哪里敢反叛啊！希望您能把我不敢忘恩负义的情况详尽地转述给项将军。"项伯便答应了，他对刘邦说道："你明日不可不早些亲自来向项王道歉啊。"刘邦说："好的。"于是项伯连夜赶回了驻地，抵达军营后，便将刘邦的话原封不动地报告给了项羽，并趁机说道："要不是刘邦先攻克关中，您又哪里敢进来呀！如今人家立了大功却还要派兵去攻打人家，这是不义的举动。倒不如就因此善待他。"项羽答应了。

【原文】

　　沛公旦日从百余骑来见项羽鸿门，谢曰："臣与将军戮力而攻秦，将军战河北，臣战河南。不自意能先入关破秦，得复见将军于此。今者有小人之言，令将军与臣有隙。"项羽曰："此沛公左司马曹无伤言之，不然，籍何以至此！"项羽因留沛公与饮。

【注释】

①若属：你们这些人。

②迫：危急。

③跽：长跪，挺直上身两膝着地。指站起身。

范增数目项羽，举所佩玉玦以示之者三。项羽默然不应。范增起，出，召项庄，谓曰："君王为人不忍。若入前为寿，寿毕，以剑舞，因击沛公于坐，杀之。不者，若属皆且为所虏①！"庄则入为寿，寿毕，曰："军中无以为乐，请以剑舞。"项羽曰："诺。"项庄拔剑起舞。项伯亦拔剑起舞，常以身翼蔽沛公，庄不得击。

于是张良至军门见樊哙。哙曰："今日之事何如？"良曰："今项庄拔剑舞，其意常在沛公也。"哙曰："此迫矣②，臣请入，与之同命！"哙即带剑拥盾入。军门卫士欲止不内，樊哙侧其盾以撞，卫士仆地。遂入，披帷立，瞋目视项羽，头发上指，目眦尽裂。项羽按剑而跽曰③："客何为者？"张良曰："沛公之参乘樊哙也。"项羽曰："壮士！赐之卮酒！"则与斗卮酒。哙拜谢，起，立而饮之。项羽曰："赐之彘肩④！"则与一生彘肩。樊哙覆其盾于地，加彘肩其上，拔剑切而啖之。项羽曰："壮士能复饮乎？"樊哙曰："臣死且不避，卮酒安足辞！夫秦有虎狼之心，杀人如不能举，刑人如恐不胜；天下皆叛之。怀王与诸将约曰：'先破秦入咸阳者，王之。'今沛公先破秦入咸阳，毫毛不敢有所近，还军霸上以待将军。劳苦而功高如此，未有封爵之赏，而听细人之说，欲诛有功之人，此亡秦之续耳，窃为将军不取也！"项羽未有以应，曰："坐！"樊哙从良坐。

④ 彘（zhì）肩：猪腿。彘，猪。

[译文]

第二天一早，刘邦便带领一百余骑随从人员前来鸿门拜见项羽，当面道歉道："我与将军您合力抗秦，您在黄河以北作战，而我在黄河以南作战，没想到我能先进入关中破秦，得以在这里与将军您重新相见。现在有小人妖言惑众，使将军您和我之间产生了隔阂。"项羽说道："这都是您的左司马曹无伤散布的谣言，不然的话，我何必要这样啊！"项羽于是便留刘邦和他一起饮酒。范增多次向项羽示眼色，并三次举起他所佩带的玉玦暗示，项羽却一直默然不语，毫无反应。范增不得已便起身出去招呼项庄，对他说:"项王做人心慈手软。不如你进去上前给刘邦敬酒祝福,等到敬完酒,你就请求为刘邦表演剑术,然后乘势袭击在坐席上的刘邦,杀了他。否则,你们这些人将来都会成为他的阶下囚!"项庄随即入内为刘邦祝酒,敬酒完毕,项庄说道:"军营中没有什么好娱乐的,现在就请允许我来为你们舞剑助兴吧。"项羽说:"好。"于是就见项庄拔剑起舞。项伯见状也起身拔剑起舞,并时常用身子遮挡刘邦,使得项庄不能对刘邦行刺。

恰逢这时张良来到军门会见樊哙。樊哙问道:"今天的事情是否顺利?"张良便说:"现在项庄正拔剑起舞,他的用意却时常在沛公身上啊!"樊哙说道:"事情如此紧迫,我请求入内,与他拼命!"樊哙当即带剑持盾闯入军门。守卫军门的卫士想要阻止他入内,于是樊哙就侧过盾牌相撞,卫士顿时扑倒在地。樊哙于是得以入内,掀开帷帐直挺挺地站在那里,怒目瞪视项羽,头发根根直竖,连两边的眼角都睁裂开了。项羽双手按剑,站起身,喝道:"来人是做什么的?"张良说:"这是沛公的陪乘卫士樊哙。"项羽道:"这真是一位壮士啊!赏他一杯酒喝!"于是左右的侍从当即给了他一大杯酒。樊哙拜谢后,起身站着一饮而尽。项羽又说道:"再赐给他猪腿吃!"侍从们于是又拿给他一条生猪腿。樊哙将他的盾牌倒扣在地上,把猪腿放在上面,拔出剑来切开就开始大口吃起来。项羽问:"壮士,你还能再喝酒吗?"樊哙回答道:"我连死都不逃避,难道一杯酒足以让我推辞吗!秦王有狠如虎狼一样的心肠,杀人唯恐不能杀尽,用刑惩罚人唯恐不够折磨人,所以招致全天下人的反叛。怀王曾经与各路将领相约道:'先打败秦军攻入咸阳城的人,就在关中为王。'如今沛公最先击溃秦军,攻入咸阳,却连毫毛般微小的东西都不敢沾染,而仍旧率军返回霸上等待将军您的到来。他这样的劳苦功高,您非但没有给予封地、爵位的犒赏,反而还听信小人的谗言,要诛杀有功之人。这简直就是在重蹈秦朝灭亡的覆辙呀,我私下里认为您的这种做法是不可取的!"项羽无言以对,只得说:"请坐吧。"樊哙于是就在张良的身边坐下了。

【原文】

坐须臾，沛公起如厕，因招樊哙出。公曰："今者出，未辞也，为之奈何？"樊哙曰："如今人方为刀俎，我方为鱼肉，何辞为！"于是遂去。鸿门去霸上四十里，沛公则置车骑，脱身独骑；樊哙、夏侯婴、靳强、纪信等四人持剑、盾步走，从骊山下道芷阳①，间行趣霸上②。留张良使谢项羽，以白璧献羽，玉斗与亚父。沛公谓良曰："从此道至吾军，不过二十里耳。度我至军中③，公乃入。"沛公已去，间至军中，张良入谢曰："沛公不胜杯杓，不能辞，谨使臣良奉白璧一双，再拜献将军足下；玉斗一双，再拜奉亚父足下。"项羽曰："沛公安在？"良曰："闻将军有意督过之，脱身独去，已至军矣。"项羽则受璧，置之坐上。亚父受玉斗，置之地。拔剑撞而破之，曰："唉！竖子不足与谋④！夺将军天下者，必沛公也。吾属今为之虏矣！"沛公至军，立诛杀曹无伤。

居数日，项羽引兵西，屠咸阳。杀秦降王子婴。烧秦宫室，火三月不灭。收其货宝、妇女而东⑤。秦民大失望。韩生说项羽曰："关中阻山带河，四塞之地，地肥饶，可都以霸。"项羽见秦宫室皆已烧残破，又心思东归，曰："富贵不归故乡，如衣绣夜行，谁知之者！"韩生退曰："人言楚人沐猴而冠耳，果然！"项羽闻之，烹韩生。

【注释】

①道：取道。
②趣（cù）：通"促"，急驰，急奔。
③度：估计，揣测。
④竖子：小子，对人的蔑称。
⑤东：向东。

【译文】

刚坐下片刻，刘邦起身上厕所，趁机招呼樊哙一同出去。刘邦说道："我现在出来，没有告辞，这可怎么办？"樊哙说道："如今对方好比是屠刀和砧板，而我们则是鱼肉，像这样的情势还告什么辞啊！"于是遂即离去。鸿门与霸上相距四十里，刘邦于是撇下车马，抽身独自骑马前行，樊哙、夏侯婴、靳强、纪信等四人手持剑和盾牌，快步紧随其后，从骊山下，取道芷阳，抄小路疾驰霸上。只留下张良，让他向项羽辞谢，并将一双白璧进献给项羽，大玉杯送给亚父范增。刘邦临行前交代张良道："从这条道到我们的军营,只不过二十里的路程。您估摸着我们已经抵达驻地时,再进去。"刘邦一行离去,抄小道回到军中,张良这才进去谢罪道:"沛公因不胜酒力,所以不能亲自前来告辞,谨派微臣张良献上白璧一双,以连拜两次的隆重礼节敬献给将军您;另外还有大玉杯一双,敬献给亚父。"项羽问道:"沛公他现在哪里呀?"张良回答道:"他听说将军您有要责怪他的意思,便独自抽身离去,现在已经回到驻地了。"于是项羽就接受了白璧,放到了坐席上。亚父范增接过玉杯后搁在地上,拔剑将它们击得粉碎,怒声说道:"唉!这小子不值得与他共图大业!夺取项将军天下的人,非刘邦莫属。如今我们这些人眼看着就要成为刘邦的俘虏了!"刘邦抵达军中后,立即诛杀了曹无伤。

没过几天,项羽率军西进,把咸阳城洗劫屠戮一空,杀了已投降的秦王子婴,并放火焚烧了秦朝宫室,大火燃烧了三个月也没有熄灭。还下令搜罗秦朝的金银财宝和妇女向东而去。秦地的百姓因此大失所望。韩生劝说项羽道:"关中依傍山川河流为屏障,是四面都有险要可守的地方,土地肥沃,您可以在此建立霸业。"项羽却一方面看着秦王朝的宫室都已经被烧得残破不堪,一方面又惦念着返回东方的老家,便说道:"富贵了却不返回故乡,就好像身穿绫罗绸缎在夜间出行,谁能够看得到啊!"韩生退下去后说道:"人家说楚人就像是戴上人的帽子的猕猴,果真如此啊!"项羽听到这话后,立即将韩生活活煮死。

韩信拜将

【原文】

汉高帝元年（乙未，公元前206年）

初，淮阴人韩信，家贫。无行①。不得推择为吏，又不能治生商贾②，常从人寄食饮，人多厌之。信钓于城下，有漂母见信饥，饭信③。信喜，谓漂母曰："吾必有以重报母。"母怒曰："大丈夫不能自食，吾哀王孙而进食④，岂望报乎！"淮阴屠中少年有侮信者曰："若虽长大，好带刀剑，中情怯耳。"因众辱之曰："信能死，刺我⑤；不能死，出我胯下！"于是信孰视之。俛出胯下⑥。蒲伏⑦。一市人皆笑信，以为怯。

及项梁渡淮，信杖剑从之。居麾下，无所知名。项梁败，又属项羽，羽以为郎中。数以策干羽⑧，羽不用。汉王之入蜀，信亡楚归汉，未知名。为连敖⑨。坐当斩。其辈十三人皆已斩。次至信，信乃仰视，适见滕公。曰："上不欲就天下乎？何为斩壮士？"滕公奇其言，壮其貌，释而不斩；与语，大说之，言于王。王拜以为治粟都尉，亦未之奇也。

【译文】

汉高帝元年（乙未，公元前206年）

起初，淮阴人韩信，从小家境贫寒，没有养成好的德行，所以不能被推选去做官，又不懂得经商做生意糊口，所以就常常跟着别人吃闲饭，人们大都十分讨厌他。韩信曾经到城下钓鱼，有位在水边漂洗丝绵的老太太看到他饿了，便把自己的饭拿给他吃。韩信于是非常高兴，对那位老太太说道："我一定会重重地回报您老人家。"老太太听后十分生气地说："男子汉大丈夫却不能自食其力！我不过是可怜你才给你饭吃。难道是图能得到什么报答吗？"淮阴县的屠户中有个青年侮辱韩信道："你虽然长得高

【注释】

①无行（xíng）：品行不好。

②治生商贾：做买卖来维持生活。

③饭信：给韩信饭吃。

④王孙：古代贵族子弟的通称。

⑤信能死，刺我：韩信，你能不怕死就用刀剑杀了我。

⑥俛（fǔ）：俯下身子。

⑦蒲伏：即"匍匐"。

⑧数以策干羽：多次献计向项羽谋求功名。数，多次。干，求取。

⑨连敖：战国时楚国官名，执掌民族事务，接待来访的宾客等。

大，喜欢挂刀带剑，其实内心却是十分胆怯。"并乘机当众羞辱他道："韩信你要果真不怕死，就来杀我。如果怕死，那就得从我的胯下钻过去！"韩信于是认真地审视了那青年一会儿，便俯下身子，匍匐在地，从他的两腿之间钻了过去。这时整个街市的人都嘲笑韩信，认为他胆小怕事。

等到项梁渡过淮河北上之时，韩信持剑前去投奔他，于是留作项梁的部下，在那里一直默默无闻。后来项梁兵败后，韩信又归顺项羽，项羽让他做了郎中。韩信曾先后多次献计策给项羽以求重用，可是项羽都不予采纳。汉王刘邦入驻蜀中，韩信便又从楚军逃离归顺了汉王，在那里依旧名不见经传，只做了个接待宾客的小官。后来韩信触犯了法令，应判处以斩刑，与他同案的十三个人均已被斩首，当轮到韩信时，他抬头仰望，恰好看见了滕公夏侯婴，便说道："汉王难道真的不想夺取天下吗？为何要斩杀壮士啊！"滕公认为他的话不同凡响，又看见他长得虎背熊腰的。就把他释放了，没有处斩，并与他谈话。感到十分高兴，于是就将具体情况奏报给了刘邦。刘邦于是任命韩信为治粟都尉，但仍然不认为他有什么奇特之处。

【注释】

①亡：逃亡。

②国士：国家的奇士，天下无双的杰出人才。

③郁郁：忧伤，沉闷，郁郁寡欢。

④虽：虽然，即使。

⑤一军：全军。

【原文】

信数与萧何语，何奇之。汉王至南郑，诸将及士卒皆歌讴思东归。多道亡者①。信度何等已数言王，王不我用。即亡去。何闻信亡，不及以闻，自追之。人有言王曰："丞相何亡。"王大怒，如失左右手。居一二日，何来谒王。王且怒且喜，骂何曰："若亡，何也？"何曰："臣不敢亡也，臣追亡者耳。"王曰："若所追者谁？"何曰："韩信也。"王复骂曰："诸将亡者以十数。公无所追。追信，诈也！"何曰："诸将易得耳。至如信者。国士无双②。王必欲长王汉中，无所事信，必欲争天下，非信无可与计事者。顾王策安所决耳。"

王曰："吾亦欲东耳，安能郁郁久居此乎③！"何曰："计必欲东。能用信。信即留；不能用信。终亡耳。"王曰："吾为公以为将。"何曰:"虽为将④,信不留。"王曰:"以为大将。"何曰:"幸甚!"于是王欲召信拜之。何曰:"王素慢无礼。今拜大将,如呼小儿,此乃信所以去也。王必欲拜之,择良日。斋戒,设坛场,具礼,乃可耳。"王许之。诸将皆喜,人人各自以为得大将。至拜大将,乃韩信也,一军皆惊⑤。

【译文】

　　韩信多次与萧何交谈,萧何感觉他不同凡响。等到汉王到达南郑时,众将领和士兵都唱着思念东归故乡的歌,有许多人半道上就逃跑了。韩信估摸着萧何等人已经多次向汉王举荐过他,但是汉王仍然没有重用他,于是也逃亡而去。萧何听说韩信逃走的消息,来不及向刘邦报告,便亲自去追赶韩信。有人告诉刘邦说:"丞相萧何也逃跑了。"刘邦听后勃然大怒,好像失掉了左右手一样。过了一两天,萧何前来拜见刘邦。刘邦喜怒交加,接着就骂萧何道:"你为什么要逃跑呀?"萧何便说:"我不敢逃跑,我是去追逃跑的人啊。"汉王于是问道:"那你追赶的人是谁呀?"萧何回答道:"是韩信。"汉王因此又骂道:"众将领中逃跑的已是十位数以上了,你都不去追,却说是追韩信,纯粹是撒谎!"萧何说道:"那些将领都很容易得到。而像韩信这样的人才,的确是天下无双的杰出人才啊。大王您如果打算长久地称王于汉中,那肯定没有用得着韩信的地方了;假如您想要夺取天下,除了韩信,我看就没有人能够与您图谋大业了。现在就看您做什么抉择了!"

　　刘邦说:"我当然想东进了,怎么能够郁郁寡欢地久留于此地呀!"萧何乘机说道:"如果您决心向东发展,能重用韩信,韩信就会留下来;如果不能重用他,他最终还是要逃的。"刘邦说道:"那我现在就看在你的面子上任用他为将军吧。"萧何说道:"即使是做将军,韩信仍然不会留下来的。"刘邦说道:"那就让他做大将军吧。"萧何高兴地说道:"太好了!"于是刘邦就想召韩信前来授予他官职。萧何说:"大王您平素狂傲无礼,如今要拜任大将军了，却好像招呼小孩子一样，这就是韩信之所以要离开的原因啊。大王您如果打算授予他官职，那就请选择一个黄道吉日，例行斋戒，设置拜将用的封坛和广场，准备各种拜将用的礼仪设施，这样才可以啊。"刘邦一一答应了萧何的请求。众将领听到消息后都很高兴，每个人都以为得到大将军职位的肯定是自己。可是等到任命大将军的时候，竟然发现是韩信，全军都为此吃惊不小。

【注释】

①因：趁机。

②尝事之：曾经在他手下当过差。

③暗噁叱咤：怒声呵斥。

④呕呕：形容体贴。

⑤刓敝：棱角磨损。

⑥散：打垮，击溃。

⑦大王王秦者：大王您在关中称王。

⑧给：供给。

【原文】

信拜礼毕，上坐。王曰："丞相数言将军，将军何以教寡人计策？"信辞谢，因问王曰："今东乡争权天下①，岂非项王耶？"汉王曰："然。"曰："大王自料，勇悍仁强孰与项王？"汉王默然良久，曰："不如也。"信再拜贺曰："惟信亦以为大王不如也。然臣尝事之②，请言项王之为人也。项王暗噁叱咤③，千人皆废，然不能任属贤将；此特匹夫之勇耳。项王见人，恭敬慈爱，言语呕呕④，人有疾病，涕泣分食饮；至使人，有功当封爵者。印刓敝⑤，忍不能予；此所谓妇人之仁也。项王虽霸天下而臣诸侯，不居关中而都彭城；背义帝之约，而以亲爱王诸侯，不平；逐其故主而王其将相。又迁逐义帝置江南；所过无不残灭，百姓不亲附，特劫于威强耳。名虽为霸，实失天下心，故其强易弱。今大王诚能反其道，任天下武勇，何所不诛！以天下城邑封功臣，何所不服！以义兵从思东归之士，何所不散⑥！且三秦王为秦将，将秦子弟数岁矣。所杀亡不可胜计；又欺其众降诸侯，至新安，项王诈坑秦降卒二十馀万，唯独邯、欣、翳得脱。秦父兄怨此三人，痛入骨髓。今楚强以威王此三人，秦民莫爱也。大王之入武关，秋毫无所害；除秦苛法，与秦民约法三章；秦民无不欲得大王王秦者⑦。于诸侯之约，大王当王关中，民咸知之；大王失职入汉中，秦民无不恨者。今大王举而东，三秦可传檄而定也。"于是汉王大喜，自以为得信晚，遂听信计，部署诸将所击。留萧何收巴、蜀租，给军粮食⑧。

[译文]

拜任韩信的仪式进行完毕后,刘邦回到座位上说道:"丞相多次向我夸赞您,将军您将拿什么计策来指教我啊?"韩信先是谦让了一番,接着趁机问汉王道:"现在向东去争夺天下,您的对手难道不是项羽吗?"刘邦说:"是他。"韩信又说:"大王您自己揣度一下,在勇敢、强悍、仁德、刚强等方面,与项羽比怎么样呢?"刘邦沉默了很久,说道:"我不如他。"韩信于是拜了两拜,赞许道:"我也认为大王您在这些方面不如他。然而我曾经在项羽手下当过差,现在就请让我来说说他的为人吧!项羽怒声呵斥人的时候,有数以千计的人都被吓得呆在一边,但是他却不能任用贤德的将领;这就是所谓的匹夫之勇。项羽待人恭敬慈爱,言语温润体贴,别人生病了,他会跟着流眼泪,把自己的食物分给病人;可是当所任用的人立了功,应该予以爵位封赏时,他却把早已刻好的印紧握在手里,摩挲得没了棱角还是舍不得授给人家,这就是人们所说的妇人之仁啊!项羽虽然称霸天下而使诸侯称臣,但不据守关中而是建都彭城;背弃和义帝怀王的约定,而把自己亲信宠爱的将领都分封为王,诸侯们因此愤愤不平;他还把原来的诸侯国君主统统都驱逐出境,而改任诸侯国的将相为王,还把义帝驱逐移置到江南;他率军所经过的地方没有不遭受荼毒毁灭的;老百姓都不愿亲近依附于他,只不过是被他的威势压倒而勉强归附罢了。种种迹象,致使他名义上虽然是个霸主,实际上却已经失掉了天下人的心,所以他的强大是很容易被弱化的。如今大王您如果真的能反其道而行之,任用天下英勇善战的人才,哪里还有什么对手不能被铲除的啊!把天下的城邑封赏给有功之臣,哪里还有什么人会不心悦诚服呢!用正义的军事行动去顺从惦念东归的将士们,哪里还有什么敌人不能被打垮、击溃的呢!更何况分封在秦地的三个王先前都是秦朝的将领,他们率领秦朝子民已经作战好多年了,被杀死和逃亡的部下多得数不胜数;后来他们又蒙骗自己的部下,投降了诸侯军,结果等到抵达新安时,遭到项羽诈骗而被活埋的秦军兵将就有二十多万人,只有章邯、司马欣、董翳得以脱身。秦地的父老兄弟们没有不怨恨这三个人的，恨得简直痛彻骨髓。如今项羽却倚仗自己的威势，强行把这三个人分封为王，秦地的百姓没有谁会爱戴他们。大王您进军武关时，秋毫无所侵犯，还废除了秦朝的苛刻法令，与秦地的老百姓约法三章，秦地的老百姓没有不想让您在关中称王的。况且按照原来与诸侯的约定，大王您在关中称王也是理所当然的事情，这一点关中的百姓人人皆知。您丢掉了应得的王位而去了汉中，秦地的百姓对此没有不表示怨恨的。现在大王您向东发兵，只要往三秦之地发布一道征讨的文书就可以轻易平定了。"刘邦因此大喜过望，切身体会到得到韩信这个人才太晚了，当即就听从韩信的计谋，部署众将领所要完成的任务，只留下萧何收取巴、蜀两郡的租税，为军队补充供给。

垓下之围

【原文】

太祖高皇帝中五年（己亥，公元前202年）

十二月，项王至垓下，兵少，食尽，与汉战不胜，入壁①；汉军及诸侯兵围之数重。项王夜闻汉军四面皆楚歌，乃大惊曰："汉皆已得楚乎？是何楚人之多也？"则夜起，饮帐中。悲歌慷慨。泣数行下；左右皆泣. 莫能仰视。于是项王乘其骏马名骓，麾下壮士骑从者八百馀人，直夜②，溃围南出驰走。平明③，汉军乃觉之，令骑将灌婴以五千骑追之。项王渡淮，骑能属者才百馀人。至阴陵，迷失道，问一田父，田父绐曰④："左。"左。乃陷大泽中。以故汉追及之。

项王乃复引兵而东。至东城，乃有二十八骑；汉骑追者数千人。项王自度不得脱，谓其骑曰："吾起兵至今。八岁矣；身七十余战。未尝败北，遂霸有天下。然今卒困于此，此天之亡我，非战之罪也。今日固决死，愿为诸君快战，必溃围，斩将，刈旗⑤，三胜之，令诸君知天亡我，非战之罪也。"乃分其骑以为四队。四乡。汉军围之数重。项王谓其骑曰："吾为公取彼一将。"令四面骑驰下，期山东为三处⑥。于是项王大呼驰下，汉军皆披靡，遂斩汉一将。

【译文】

太祖高皇帝中五年（己亥，公元前202年）

十二月份，项羽率军抵达垓下，这时已是兵少粮尽，见与汉军交战不能战胜，便坚守营垒不出。汉军和诸侯的军队于是便将项羽的军营团团包围。到了晚上，项羽能听到四面八方传来汉军唱的楚歌，于是大为惊叹道："汉军已经攻取楚国的所有土地了吗？为何楚人一下子多了这么多呀？"于是便起身下床，在帐中

【注释】

①壁：军营。

②直：通"至"。

③平明：天亮的时候，清晨。

④绐(dài)：哄骗，欺骗。

⑤刈：斩杀。

⑥期：约定。

独自饮酒,慷慨悲歌,泪流满面,左右侍从见此情景也都纷纷大哭,以致于连头都抬不起来。于是项羽骑上他那匹名叫骓的骏马,带上骑马追随他的八百名壮士,趁着天黑,杀出汉军的包围向南飞驰而去。等到天色大亮的时候,汉军才发觉项羽所部已经逃走,刘邦于是命令骑将灌婴率领五千骑兵一路追击。项羽率军渡过淮河,相随的骑兵到目前为止还能跟得上他的只有一百多人了。抵达阴陵后,项羽一行迷路了,于是他们就向一个农夫问路,农夫欺骗他们说:"往左走。"项羽一行人便真的向左走了,结果却陷进了大沼泽地里。汉军于是便追上了他们。

项羽不得已又领兵向东逃去,抵达东城时,身后已经只剩下二十八个骑兵跟随了。而这时前来追赶他们的汉骑兵就有数千人,项羽自己知道是不能够脱逃了,便对追随他的骑兵们说:"我从起兵到现在,已经有八年时间了,亲身经历七十多次战争,却从来不曾失败过,因此才得以称霸天下。然而今天竟然困于此地,这是天意要亡我,而非我用兵有什么过错!今天固然死到临头了,但临死前,我愿为你们奋力拼杀,一定击溃汉军的重围,斩杀汉将、砍倒汉旗,连胜汉军三次,让大家知道是上天要亡我,而非我用兵有什么过错啊!"说罢便将二十八骑兵分四路,奔向四面冲杀汉军。但汉军已将他们包围了好几层。项羽于是便对骑兵们说:"看我去为你们斩杀一员汉将!接着命令他的骑兵向四面奔驰而下,相约在山的东边分三处会合。这时只听项羽大声呼喝着策马飞驰而下,汉军顿时被冲得溃败散乱,项羽趁乱斩杀了一员汉将。

【注释】

① 辟易:避开,退避。辟,通"避"。

② 檥(yǐ):通"舣",使船靠岸。

③ 被:遭受。

【原文】

是时,郎中骑杨喜追项王。项王瞋目而叱之,喜人马俱惊。辟易数里①。项王与其骑会为三处,汉军不知项王所在,乃分军为三,复围之。项王乃驰,复斩汉一都尉,杀数十百人。复聚其骑,亡其两骑耳。乃谓其骑曰:"何如?"骑皆伏曰:"如大王言!"于是项王欲东渡乌江,乌江亭长檥船待②,谓项王曰:"江东虽小，地方千里，众数十万人，亦足王也。愿大王急渡！今独臣有船，汉军至，无以渡。"项王笑曰："天之亡我，我何渡为！且籍与江东子弟八千人渡江而西，今无一人还；纵江东父兄怜而王我，我何面目见之！纵彼不言，籍独不愧于心乎！"乃以所乘骓马赐亭长，令骑皆下马步行，持短兵接战。独籍所杀汉军数百人。身亦被十余创③。顾见汉骑司马吕马童，曰："若非吾故人乎？"马童面之④，指示中郎骑王翳曰⑤："此项王也！"项王乃曰："吾闻汉购我头千金，邑万户；吾为若德⑥。"乃刎而死。王翳取其头，馀骑相蹂践争项王⑦。相杀者数十人。最其后，杨喜、吕马童及郎中吕胜、杨武各得其一体；五人共会其体，皆是，故分其户⑧，封五人皆为列侯。

④面之：背对他。即转过头去。
⑤指示：指给……看。
⑥德：恩惠。
⑦蹂践：踩踏。
⑧户：这里指封地。

【译文】

就在这时，汉军郎中骑杨喜前来追击项羽，项羽掉头怒目呵斥他，杨喜连人带马都受了惊，狼狈地退避了数里地。项羽于是和他的骑兵分三处相会合，搞得汉军一时弄不明白项羽究竟在哪里，只好也分兵三路，再一次把项羽和他的手下包围起来。项羽再度奔驰冲杀，又杀掉了汉军的一个都尉，并且杀死汉军近百人，重新聚集他的骑兵。而项羽只不过损失了两名骑士而已。项羽便对他的骑兵们说："怎么样？"骑兵们无不被他的举动折服，异口同声地说道："正如大王您所说那样！"于是项羽打算东渡乌江，乌江亭长把船靠岸停泊等待项羽一行上船，并对项羽说道："江东虽然小了点，但是土地方圆也足有千里，有好几十万的民众，足够让大王您做个一方之王了。希望大王您能赶紧渡江！如今只有我有船，等到汉军追来，便没有船可以渡江。"项羽笑道："这是老天要灭我项羽，我何必再渡江呢！况且我与八千江东子弟一起渡江西征，如今却没有一人生还；纵然是江东的父老痛惜我，而愿意拥立我为王，我又有什么脸面再去面对他们啊！纵使他们不说什么，难道我项籍就不感到内心有愧吗？"于是就把他自己所骑的骓马赠送给了亭长，并且下令让他手下骑兵统统下马步行，与汉军短兵相接。仅项羽一个人就杀死了数百名汉军，但项羽自己也受伤十多处。这时项羽回过头看到了汉军骑司马吕马童，便对他说："你不是我的老朋友吗？"吕马童赶紧背过脸，指着项羽向中郎骑王翳说道："这就是项王！"项羽于是说道："我听说汉王悬赏千两黄金和万户封地要取我的头颅，我现在就留给你们一些恩惠吧！"说罢拔剑自刎而死。王翳随即割下项羽的头颅。其余的骑兵则相互践踏着争夺项羽的身体，相互残杀而死的就有数十人。等到最后，杨喜、吕马童和郎中吕胜、杨武分别夺得项羽肢体的一部分。五个人回去后把项羽的肢体重又拼凑到一块，正好是一个完整的整体，刘邦于是把原来悬赏的万户封地分封给了这五个人，并把五个人都封为列侯。

【注释】

① 下：投降。

② 陇亩（mǔ）：田野。亩。通"亩"。

③ 出：发布，颁布。

④ 矜：夸耀。

⑤ 师古：学习古人。师，向……学习。

⑥ 觉寤（wù）：觉悟、自责。寤，通"悟"。

【原文】

楚地悉定，独鲁不下①；汉王引天下兵欲屠之。至其城下，犹闻弦诵之声，为其守礼义之国。为主死节。乃持项王头以示鲁父兄，鲁乃降。汉王以鲁公礼葬项王于谷城，亲为发哀，哭之而去。诸项氏枝属皆不诛。封项伯等四人皆为列侯，赐姓刘氏；诸民略在楚者皆归之。

太史公曰：羽起陇亩之中②，三年，遂将五诸侯灭秦，分裂天下而封王侯，政由羽出③；位虽不终。近古以来未尝有也！及羽背关怀楚，放逐义帝而自立；怨王侯叛己，难矣！自矜功伐④。奋其私智而不师古⑤，谓霸王之业，欲以力征经营天下。五年，卒亡其国。身死东城。尚不觉寤而不自责⑥。乃引"天亡我，非用兵之罪也"，岂不谬哉！

【译文】

楚地各个地方悉数被平定后，唯独鲁县仍然不肯投降。刘邦率领全天下的兵马，打算屠城。等到大军抵达城下的时候。仍然能够听到城中礼乐管弦的声音。由于鲁县素来是礼仪之邦，一定要为自己的君主尽忠守节，刘邦于是便让手下拿出项羽的头颅呈给鲁县的父老看，鲁县这才投降。刘邦于是用埋葬鲁公的礼仪把项羽安葬在穀城，并亲自为项羽举哀发丧，哭了好一阵子才走。汉军没有诛杀项羽的任何宗族亲属。还封项伯等四人为列侯，并赐予他们刘姓，把过去被俘虏到楚地的百姓仍旧交给他们管辖。

太史公司马迁说道：项羽发迹于田野之中，仅仅用了三年的时间就率领齐、赵、韩、魏、燕五个诸侯国的军队消灭了强大的秦国，分封天下并且封授王侯，政令全部由项羽发布；他的王位虽然最终没有被确立，却已经是近古以来所未曾有过的了！可是后来等到项羽背弃了关中而怀恋楚国故土，流放义帝而自立为王，这时再怨恨各诸侯国君背叛自己，可就很难说得过去了！还自我夸耀战功，只知道彰显个人的小聪明而不知道虚心地学习古人。自以为霸王的功业，就是要用武力征讨来平定经营天下。结果才过了五年的时间，就最终亡掉了自己的国家，而自己也死在了他乡东城，依旧不觉悟、不自责，反而自欺欺人地说什么"上天要亡我，而并非我用兵的过错"，这岂不是非常荒谬吗！

韩信之死

【注释】

①亟:赶快。

②趣:通"促",督促,催促。

③云梦:今湖北江汉平原上的古湖泊群的总称。

④械系:用镣铐枷锁锁住。

【原文】

汉高帝六年(己亥,公元前201年)

冬,十月,人有上书告楚王信反者。帝以问诸将,皆曰:"亟发兵①,坑竖子耳!"帝默然。又问陈平。陈平曰:"人上书言信反,信知之乎?"曰:"不知。"陈平曰:"陛下精兵孰与楚?"上曰:"不能过。"平曰:"陛下诸将,用兵有能过韩信者乎?"上曰:"莫及也。"平曰:"今兵不如楚精而将不能及,举兵攻之,是趣之战也②。窃为陛下危之!"上曰:"为之奈何?"平曰:"古者天子有巡狩。会诸侯。陛下第出。伪游云梦③。会诸侯于陈。陈,楚之西界;信闻天子以好出游,其势必无事而郊迎谒;谒而陛下因禽之,此特一力士之事耳。"帝以为然,乃发使告诸侯会陈:"吾将南游云梦。"上因随以行。

楚王信闻之。自疑惧,不知所为。或说信曰:"斩钟离眛以谒上,上必喜,无患。"信从之。十二月,上会诸侯于陈,信持眛首谒上;上令武士缚信,载后车。信曰:"果若人言:'狡兔死,走狗烹;高鸟尽,良弓藏;敌国破,谋臣亡。'天下已定,我固当烹!"上曰:"人告公反。"遂械系信以归④,因赦天下。

【译文】

汉高帝六年(己亥,公元前201年)

进入冬季,十月份,有人上书告发楚王韩信想要谋反。当时已是汉高祖的刘邦便征询众将领的意见,人人都说:"赶紧发兵,把这家伙给活埋了!"高祖默不作声。他又征询陈平的意见。陈平说道:"有人上书告韩信谋反,这件事韩信本人知道吗?"高祖说:"不知道。"陈平又说:"陛下的兵力和楚王的相比怎么样呢?"高祖说道:"我的兵力比不过楚王的。"陈平说:"那陛下手下的将领们，在用兵方面有比得过韩信的吗？"高祖说道："没有能赶得上他的。"陈平说："如今陛下的军队不如楚国的精锐，将领又不能跟韩信相比，却要举兵讨伐他，这是在催促他起兵谋反呀！我心里很为陛下担心。"高祖道："那要怎么办才好呢？"陈平说："在古代天子有时会巡游诸侯镇守的地方，会见诸侯。陛下尽管出来巡游，装作巡游云梦这个地方，然后在陈地会见各诸侯。而陈地正好在楚国的西部边界；韩信听说天子怀着友好会见诸侯的心情巡游，想到肯定是全国安稳无事，必然会毫无戒备地到郊外拜见陛下；他拜见陛下之时您就趁机将他拿下，这件事只需一个力士就可以办到了。"高祖觉得陈平说得很有道理；于是就派使者去通知诸侯到陈地聚会，交代道："我将南巡云梦。"高祖随即开始南行。

楚王韩信得知消息后，自然是疑心重重、颇为惊惧，不知道如何是好。这时有人劝说韩信道："斩杀钟离眜去拜见皇上，皇上肯定会非常高兴，这样就没有什么祸患了。"韩信依从其计。到了十二月，高祖在陈地会见诸侯，韩信便提着钟离眜的人头前来拜见。高祖立刻命令武士将韩信捆绑起来，囚在随皇帝车驾出行的副车上。韩信说："果然就像人们所说的那样：'狡猾的兔子死了，奔跑的猎狗就会被烹煮；高飞的鸟儿没了，优良的弓箭就会被收藏起来；相敌对的国家被攻破了，谋臣就要遭灭亡。'现在天下已经安定，我被烹煮也是理所当然的事情啊！"高祖说道："有人告发你想谋反。"随即用镣铐枷锁把韩信锁得结结实实地带回了国都，接着下诏大赦天下。

【原文】

上还，至洛阳，赦韩信，封为淮阴侯。信知汉王畏恶其能，多称病，不朝从；居常鞅鞅①，羞与绛、灌等列②。尝过樊将军哙。哙跪拜送迎，言称臣，曰："大王乃肯临臣！"信出门，笑曰："生乃与哙等为伍！"

上尝从容与信言诸将能将兵多少。上问曰："如我能将几

【注释】

①鞅鞅：同"怏怏"，郁闷不乐。

②羞：感到羞耻。等列：地位同等。

③袭：袭击。

④傥:通"倘",如果。
⑤方斩:被斩杀之前。方,正当。

何?"信曰:"陛下不过能将十万。"上曰:"于君何如?"曰:"臣多多而益善耳。"上笑曰:"多多益善,何为为我禽?"信曰:"陛下不能将兵而善将将,此乃信之所以为陛下禽也。且陛下,所谓'天授,非人力'也。"

汉高祖十一年。淮阴侯信称病,不从击豨,阴使人至豨所,与通谋。信谋与家臣夜诈赦诸官徒、奴,欲发以袭吕后、太子③;部署已定,待豨报。其舍人得罪于信,信囚,欲杀之。春,正月,舍人弟上变。告信欲反状于吕后。吕后欲召,恐其傥不就④;乃与萧相国谋,诈令人从上所来,言豨已得。死,列侯、群臣皆贺。相国绐信曰:"虽疾,强入贺。"信入,吕后使武士缚信,斩之长乐钟室。信方斩⑤,曰:"吾悔不用蒯彻之计,乃为儿女子所诈,岂非天哉!"遂夷信三族。

【译文】

　　高祖归来,一回到洛阳,便赦免了韩信,并封他为淮阴侯。韩信深知刘邦惧怕并厌恶他的才能,于是屡次称病,不上朝也不随侍出行。他平常在家里也总是闷闷不乐的,为自己与绛侯周勃、将军灌婴这样的人地位同等而感到羞耻。韩信曾去拜见樊哙将军。樊哙用跪拜的礼节送迎,口中不住地称臣子,说道:"大王竟肯光临臣下这里!"韩信出门后,仰天大笑道:"我活着竟然要与樊哙等人为伍了!"

　　高祖曾经和韩信闲聊,提及将领们能领多少兵。高祖问道:"像我这样的能率领多少士兵呀?"韩信回答道:"陛下您不过能领十万的兵。"高祖又问道:"那对于你来说如何呢?"韩信回答道:"我当然是越多越好了!"高祖大笑着问道:"那么越多越好,却为何还是被我擒住了呀?"韩信说道:"陛下虽然不怎么能领兵却善于驾驭将领,这就是我韩信能被陛下擒住的原因了。更何况陛下的才能,是所谓的'这是上天授予的,并非人力所能够获得'啊!"

　　汉高祖十一年,淮阴侯韩信假装生病,不跟随高祖去讨伐陈豨，却暗地里派人到陈豨住处，打算与他勾结谋反。韩信准备与家臣在夜间伪造诏书赦免官府的有罪功臣和奴隶，并打算发动他们前去袭击吕后、太子。韩信等人已经准备就绪，就等着陈豨的消息了。那时候，韩信有个门客因为得罪韩信，被囚禁起来，等着处死。到了春季，正月，那个门客的弟弟上书举报，把韩信想要谋反的具体情况一一告诉了吕后。吕后打算把韩信召来，又恐怕他不来，便与相国萧何谋划，令人假装是刚刚从高祖那里回来。说陈豨已经被逮住处死。列侯和群臣听到消息后都前去朝中祝贺。萧何也欺骗韩信道："您虽然生病了，也应该强撑着前来道贺。"韩信一到朝廷，吕后马上派武士将他捆了起来，准备在长乐宫钟室内将其斩杀。韩信在被斩杀前，慨叹道："我真后悔没有采用蒯彻的计策，如今竟然上了小辈和妇人的当，这怎么能说不是天意呢？"吕后于是下令诛灭了韩信的三族。

飞将李广

【注释】

①卒:通"猝",突然。

②且:靠近。

③即:一旦,如果。

④ 引兵:领兵。去:离开。

【原文】

世宗孝武皇帝上之下元朔元年(癸丑,公元前128年)

陇西李广为上郡太守.尝从百骑出,卒遇匈奴数千骑①。见广,以为诱骑,皆惊,上山陈。广之百骑皆大恐,欲驰还走。广曰:"吾去大军数十里,今如此以百骑走,匈奴追射我立尽。今我留,匈奴必以我为大军之诱,必不敢击我。"广令诸骑曰:"前!"未到匈奴阵二里所,止。令曰:"皆下马解鞍!"其骑曰:"虏多且近②,即有急③,奈何?"广曰:"彼虏以我为走;今皆解鞍以示不走,用坚其意。"于是胡骑遂不敢击。有白马将出,护其兵;李广上马,与十余骑奔,射杀白马将而复还,至其骑中解鞍,令士皆纵马卧。是时会暮,胡兵终怪之,不敢击。夜半时,胡兵亦以为汉有伏军于旁,欲夜取之,胡皆引兵而去④。平旦,李广乃归其大军。

【译文】

世宗孝武皇帝上之下元朔元年(癸丑,公元前128年)

陇西人李广担任上郡太守,曾经带领一百名骑兵外出,突然遭遇了匈奴骑兵数千骑。匈奴人看见李广一行,还以为是汉军大部队派来的诱兵,都吃惊不小,随即上到山上摆开阵势。李广手下的一百名骑兵很害怕,都打算骑马逃跑,李广劝阻他们说道:"我们距离大军足有数十里远,如今仅仅依靠这一百名骑兵往回跑,一旦匈奴人追杀射击,我们可就立马完了。如果我们留在这里不走,匈奴人一定会把我们当作大军的诱敌队伍,必定不敢轻易进击我们。"说罢,李广便命令骑兵们说:"前进!"于是就去到距离匈奴阵地不到二里的地方,停了下来,李广命令道:"统统下马,解下马鞍!"他手下的骑兵都说:"现在大敌当前,一旦有什么紧急情况发生，我们怎么办？"李广说道："敌人本以为我们会逃跑；我现在下令都解下马鞍，就是向他们表示我们不会逃跑的，好以此来坚定他们认为我们是诱敌部队的想法。"于是匈奴骑兵果真不敢进攻他们。这时从匈奴队伍里冲出一位骑白马的将领来，监护他的军队。李广见状飞身上马，带上十几个骑兵奔向前去，射杀了那位白马将军后，重新返了回来，抵达他的百骑阵营中后，马上解下马鞍，命令战士们解开战马，躺倒休息。当时，正好将近黄昏，匈奴骑兵始终对李广部队的行为感到奇怪，不敢轻易出击。到了半夜，匈奴军队依旧认为附近有汉朝大军埋伏，准备在夜间突袭他们，所以吓得都领兵撤离了。等到黎明时，李广才率军返回到汉军大营。

[原文]

世宗孝武皇帝上之下元朔元年（癸丑，公元前128年）秋，匈奴二万骑入汉，杀辽西太守，略二千馀人①，围韩安国壁；又入渔阳、雁门，各杀略千馀人。安国益东徙，屯北平②；数月，病死。天子乃复召李广③，拜为右北平太守。匈奴号曰"汉之飞将军"，避之，数岁不敢入右北平④。

世宗孝武皇帝中之上元狩四年（壬戌，公元前119年）大将军青既出塞，捕虏知单于所居，乃自以精兵走之，而令前将军广并于右将军，出东道。东道回远而水草少，广自请曰："臣部为前将军，今大将军乃徙令臣出东道。且臣结发而与匈奴战，今乃一得当单于，臣愿居前，先死单于⑤。"大将军亦阴受上诫，以为"李广老，数奇，毋令当单于，恐不得所欲"。而公孙敖新失侯，大将军亦欲使敖与俱当单于，故徙前将军广。广知之，固自辞于大将军，大将军不听。广不谢而起行⑥，意甚愠怒。

[注释]

①略：夺取，此处指俘虏。

②屯：驻扎。

③复召：再次起用。

④入：入侵。

⑤先死：率先与……拼个你死我活。

⑥谢：辞别。

[译文]

公元前128年秋季，匈奴出动两万骑兵入侵汉境，杀死了辽西郡的太守，俘虏了两千多人，包围了韩安国守卫的汉军壁垒；

又进犯渔阳和雁门两地，在两个地方都杀害、俘虏了一千多人。韩安国不得已率军迁往更远的东边，屯驻北平；没过几个月，就病死了。于是武帝不得不再次起用李广，让他做右北平太守。匈奴曾经送李广一个称号为"汉朝的飞将军"，可见他们十分畏惧李广，所以就有意躲避他，连续数年都不敢轻易入侵右北平郡。

公元前119年，大将军卫青出塞后，从匈奴俘虏口中得知单于的住地，于是就亲自领精兵挺进，而且还命令前将军李广与右将军赵食其合兵一处，从东路进军。李广因为东路迂回遥远，而且水草稀少，于是就主动请求说道："我的部队是前将军的部队，现在大将军却将我部改为东路军。我从刚开始做一名士兵就与匈奴作战，一直到今天才终于有机会正面对抗单于，所以我很愿意做前锋，率先和单于拼个你死我活。"卫青出征前曾暗中受到汉武帝的告诫，认为："李广年纪已老，多次背运，所以千万不要让他与单于正面交锋，担心他会在擒拿单于过程中出什么差错。"而公孙敖刚刚失去侯爵的爵位，卫青想让他同自己一道正面和单于对抗立功，所以才将前将军李广调为东路。李广得知内情后，坚决向卫青推辞，却遭到了卫青的拒绝。李广于是没有向卫青辞别就动身前行，心中的恼怒自不必说。

【注释】

①无导：没有人做向导。
②惑失道：在路上迷路了。
③自刭：割颈自杀。
④乏绝：疲乏绝境。
⑤垂涕：伤心落泪。

【原文】

前将军广与右将军食其军无导①，惑失道②，后大将军，不及单于战。大将军引还，过幕南，乃遇二将军。大将军使长史责问广、食其失道状，急责广之幕府对簿。广曰："诸校尉无罪，乃我自失道。吾今自上簿至莫府。"广谓其麾下曰："广结发与匈奴大小七十馀战，今幸从大将军出接单于兵，而大将军徙广部行回远，而又迷失道，岂非天哉！且广年六十馀矣，终不能复对刀笔之吏！"遂引刀自刭③。广为人廉。得赏赐辄分其麾下，饮食与士共之，为二千石四十余年，家无馀财。猿臂，善射，度不中不发。将兵，乏绝之处见水④，士卒不尽饮，广不近水，士卒不尽食，广不尝食。士以此爱乐为用。及死，一军皆哭。百姓闻之，知与不知,无老壮皆为垂涕⑤。而右将军独下吏,当死,赎为庶人。

【译文】

前将军李广与右将军赵食其率领的东路军因为没有人做向导,于是在沙漠中迷路了,落到了大将军卫青的后面,没来得及参与和单于的那一场战争。一直到卫青率部班师回营,经过沙漠南部时才碰上了迷路的李广、赵食其所部。卫青派长史责问二人迷路的具体情况,并责令李广立刻到大将军处听候发落。李广说道:"众校尉都没有错,是我自己迷失了方向,我现在就一个人到大将军的幕府去听候处置。"说罢又对他的部下说:"我从年少时作战到现在和匈奴大大小小有过七十多场战争,如今好不容易有了和匈奴首领单于当面交锋的机会,大将军却把我部从前锋调到东路,路途本来就曲折遥远,后来又迷失了道路,这一切难道不是天意吗?何况我已经六十多岁了,哪里还能再去面对那些刀笔小吏?"于是便拔刀自刎。李广一生为人清廉,一得到赏赐就会马上分给部下,与部下吃住在一起,做了四十多年二千石俸禄的官,家里却没有任何多余的财产。他的手臂像长臂猿的手臂一样又长又灵活,尤其擅长射箭,如果预料到射不中目标,就不放箭。他率领军队,在绝境中找到水源,如果士兵们没有全部喝过,李广就不会沾水;士兵们没有全部吃过食物,李广就不会进食。士兵们因此很乐意做他的部下。李广自刎而死后,全军都为之痛哭流涕。百姓听到他的死讯,知道他的和不知道他的,无论年老的还是年轻的,没有不为他伤心落泪的。而右将军赵食其一人被交付幕府审判,其罪当死,后来赎了身成为平民。

大将卫青

【注释】

① 恚：怒，恼怒。

② 篡取之：把他抢了过来。

③ 既而：不久。

【原文】

汉武帝建元二年（公元前139年）

汉武帝建元二年，上祓霸上，还，过上姊平阳公主，悦讴者卫子夫。子夫母卫媪，平阳公主家僮也；主因奉送子夫入宫，恩宠日隆。陈皇后闻之，恚①，几死者数矣；上愈怒。

子夫同母弟卫青，其父郑季，本平阳县吏，给事侯家，与卫媪私通而生青，冒姓卫氏。青长，为侯家骑奴。大长公主执囚青，欲杀之；其友骑郎公孙敖与壮士篡取之②。上闻，乃召青为建章监、侍中，赏赐数日间累千金。既而以子夫为夫人③，青为太中大夫。

【译文】

公元前139年，汉武帝去霸上举行祓除仪式，回宫的路上，顺便去探访他的姐姐平阳公主，看中了平阳公主府中的歌女卫子夫。卫子夫的母亲卫媪，本是平阳公主的家奴；平阳公主于是就把卫子夫送入后宫，卫子夫从此日益得到武帝的宠幸。陈皇后知道后，十分恼怒，寻死觅活了好几次，武帝因此对陈皇后也越来越恼怒。

卫子夫和卫青是同母异父的兄妹，卫青的父亲郑季，原本是平阳县的县吏，后来到平阳侯家里侍奉当差，和卫媪私通后生了卫青，并让他冒充卫姓。后来卫青长大了，就在平阳侯家中做骑奴。大长公主刘嫖把卫青囚禁了起来，打算杀掉他；多亏卫青的好友骑郎公孙敖和勇士把他从公主那里给抢了回来。汉武帝得知消息后，便召见卫青，并以他为建章宫的宫监，还赐予他侍中的官衔，给卫青的赏赐几天之内就高达千金。没过多久，汉武帝封卫子夫为夫人，并让卫青做了太中大夫。

【原文】

汉武帝元朔五年。匈奴右贤王数侵扰朔方。天子令车骑将军青将三万骑出高阙，卫尉苏建为游击将军。左内史李沮为强弩将军，太仆公孙贺为骑将军，代相李蔡为轻车将军，皆领属车骑将军，俱出朔方；大行李息、岸头侯张次公为将军。俱出右北平；凡十馀万人，击匈奴。右贤王以为汉兵远，不能至，饮酒，醉。卫青等兵出塞六七百里，夜至，围右贤王。右贤王惊，夜逃。独与壮骑数百驰，溃围北去①。得右贤裨王十馀人，众男女万五千余人，畜数十百万，于是引兵而还。

至塞，天子使使者持大将军印②，即军中拜卫青为大将军，诸将皆属焉。夏，四月，乙未，复益封青八千七百户，封青三子伉、不疑、登皆为列侯。青固谢曰③："臣幸得待罪行间④，赖陛下神灵，军大捷，皆诸校尉力战之功也。陛下幸已益封臣青；臣青子在襁褓中，未有勤劳，上列地封为三侯，非臣待罪行间所以劝士力战之意也。"天子曰："我非忘诸校尉功也。"乃封护军都尉公孙敖为合骑侯，都尉韩说为龙𫖮侯，公孙贺为南窌侯，李蔡为乐安侯，校尉李朔为涉轵侯，赵不虞为随成侯，公孙戎奴为从平侯，李沮、李息及校尉豆如意皆赐爵关内侯。

【注释】

①溃：击溃，突破。北：向北。

②使使者：派使臣。

③固：坚持。

④待罪行间：以待罪之身在军中效力。

【译文】

汉武帝元朔五年，匈奴右贤王屡次率兵侵扰朔方郡。汉武帝命令车骑将军卫青率领三万骑兵从高阙出塞，并任卫尉苏建为游击将军，左内史李沮为强弩将军，太仆公孙贺为骑将军，代相李蔡为轻车将军，他们都归属车骑将军统率，一同领兵从朔方出塞；令大行李息、岸头侯张次公为将军，一道从右北平出塞，总共调集了十几万人一同进击匈奴。匈奴右贤王一直以为汉军距离自己路途遥远，一时半会儿不可能到达，所以就喝得酩酊大醉，毫不防备。卫青等将领率军走出边塞六七百里，连夜赶到，团团包围了右贤王的大营。右贤王大为吃惊，乘夜潜逃，仅仅率领了数百名精壮骑兵冲出汉军包围圈向北奔逃。这一战汉军共俘虏右贤王手下各部将领十多人，匈奴男女部众一万五千多人，牲畜近百万头。这次大捷让汉军很快就班师回朝。

卫青率大军刚返回到边塞，汉武帝就已经派使臣带着大将军的印信到来，于是就在军中拜卫青为大将军，各路将领全部归卫青统领。夏季，四月初八，又加封给卫青八千七百户的食邑，还把他的三个儿子卫伉、卫不疑、卫登都分封为列侯。卫青坚决辞谢道："我有幸能够待在军中效力，完全是仰仗陛下您的神灵，如今出师大捷，也是众校尉奋力作战的功劳。我现在已经很有幸地得到了陛下加封的食邑，况且我的儿子们都还在襁褓之中，并无任何功劳，陛下却要分封土地给他们三人为侯，这并非我所以效力军中、鼓励众将士奋力杀敌的本意了。"汉武帝说："我也并不是忘记了各位校尉的功劳呀。"于是，他封护军都尉公孙敖为合骑侯，都尉韩说为龙颔侯，公孙贺为南窌侯，李蔡为乐安侯，校尉李朔为涉轵侯，赵不虞为随成侯，公孙戎奴为从平侯，李沮、李息以及校尉豆如意都被封为关内侯。

【注释】

① 与亢礼：即"与之亢礼"。对他行礼不卑不亢。
② 疑：疑难大事。
③ 加于平日：比别人尊重得多。加于，比……更。
④ 踞厕：坐在床边。

【原文】

于是青尊宠，于群臣无二，公卿以下皆卑奉之，独汲黯与亢礼①。人或说黯曰："自天子欲群臣大将军，大将军尊重，君不可以不拜。"黯曰："夫以大将军有揖客，反不重邪！"大将军闻，愈贤黯，数请问国家朝廷所疑②，遇黯加于平日③。大将军虽贵，有时侍中，上踞厕而视之④；丞相弘燕见，上或时不冠；至如汲黯见，上不冠不见也。上尝坐武帐中，黯前奏事，上不冠，望见黯，避帐中，使人可其奏。其见敬礼如此。

【译文】

当时，汉武帝对卫青的尊宠超过了朝中任何一位大臣，王公贵族以及各级官员都对卫青卑躬屈膝，唯独汲黯始终对卫青不卑不亢。于是就有人劝汲黯道："皇上有意让群臣都居于大将军之下，大将军的地位如此尊贵，你不可以不下拜。"汲黯说："以大将军的身份而有长揖不拜的客人，大将军反而会因此不尊贵吗！"卫青知道这件事后，越来越欣赏汲黯的贤明，先后多次向汲黯请教国家和朝廷的众多疑难大事，待汲黯要比别人尊重得多。卫青虽然地位显贵，但有的时候入宫侍奉，汉武帝会坐在床边接见他；丞相公孙弘在汉武帝空闲的时候谒见，汉武帝有时会不戴帽子；可是等到汲黯谒见时，汉武帝没有戴好帽子是不会出来接见他的。一天，汉武帝刚好坐在陈列兵器的帐中，这时汲黯前来奏事，汉武帝没有戴帽子，远远地望见汲黯前来，慌忙躲进了后帐，并派人传出话来，批准汲黯所奏之事。由此可见，汲黯受到汉武帝的尊重和礼遇是非同一般的。

张骞出使

【注释】

①应募:应征。

②得之:捉住他。

③岁:年。

④乡:通"向"。

⑤为发导译:"为之发导译",为他安排了向导和翻译。

⑥土著:世代常居一地,不迁徙。

⑦右方:西边,即面朝南时的右方。

⑧鬲:通"隔",阻隔。

⑨行国:游牧国。

⑩身毒:古代的天竺国。

【原文】

汉武帝元狩元年(公元前122年)

元朔三年,匈奴降者言:"月氏故居敦煌、祁连间,为强国,匈奴冒顿攻破之。老上单于杀月氏王,以其头为饮器。余众遁逃远去,怨匈奴,无与共击之。"上募能通使月氏者,汉中张骞以郎应募①,出陇西,径匈奴中;单于得之②,留骞十馀岁③。骞得间亡,乡月氏西走④,数十日,至大宛。大宛闻汉之饶财。欲通不得,见骞,喜,为发导译抵康居⑤,传致大月氏。大月氏太子为王,既击大夏,分其地而居之,地肥饶,少寇,殊无报胡之心。骞留岁馀,竟不能得月氏要领,乃还;并南山,欲从羌中归,复为匈奴所得,留岁馀。会伊稚斜逐于单,匈奴国内乱,骞乃与堂邑氏奴甘父逃归。上拜骞为太中大夫,甘父为奉使君。骞初行时百馀人,去十三岁,唯二人得还。

初,张骞自月氏还,具为天子言西域诸国风俗:"大宛在汉正西,可万里。其俗土著⑥,耕田;多善马,马汗血;有城郭、室屋,如中国。其东北则乌孙,东则于窴。于窴之西。则水皆西流注西海,其东,水东流注盐泽。盐泽潜行地下,其南则河源出焉。盐泽去长安五千里。匈奴右方居盐泽以东⑦,至陇西长城,南接羌,鬲汉道焉⑧。乌孙、康居、奄蔡、大月氏,皆行国⑨,随畜牧,与匈奴同俗。大夏在大宛西南,与大宛同俗。臣在大夏时,见邛竹杖、蜀布,问曰:'安得此?'大夏国人曰:'吾贾人往市之身毒⑩。'身毒在大夏东南可数千里,其俗土著,与大夏同。以骞度之,大夏去汉万二千里,居汉西南;今身毒国又居大夏东南数千里,有蜀物,此其去蜀不远矣。今使大夏,从羌中,险,羌人恶之;少北,则为匈奴所得;从蜀,宜径,又无寇。"

【译文】

汉武帝元狩元年（公元前122年）

公元前126年，匈奴投降汉朝的人说："月氏原本居住在敦煌和祁连山之间。是一个强大的国家，匈奴的冒顿单于攻破了它。老上单于杀了月氏国国王，并把他的头骨做成了一个饮酒的器皿。于是其余的月氏部众便逃到了很远的地方，与匈奴结怨很深，但是没有可以和他们联合去进攻匈奴的军队。"汉武帝于是就征募能出使月氏国的人。汉中人张骞凭着郎官的身份应征，于是他率领一行人从陇西郡出发，径直来到匈奴的腹地；匈奴首领单于捉住了张骞，把他囚禁了十多年。张骞终于得到机会逃了出来，继续向着月氏国所在的西方走去，几十天过后，来到大宛国。大宛国早就听说了中原的富饶，一直想通使结好却都未能实现，如今见到张骞，自然十分高兴，便替他安排了向导和翻译，于是张骞一行又抵达康居国，后来才辗转来到大月氏国。大月氏国原来的太子做了国王，因为攻克了大夏国，分割了大夏国的土地才得以安居下来，那里土地富饶肥沃，几乎没有外敌入侵，他们已丝毫没有向匈奴报仇的打算了。张骞在那里滞留了一年多的时间，却始终不知道月氏人到底有什么打算，不得不打道回府；张骞一行沿着南山走，打算从羌人的居住地返回，不幸又被匈奴人捉住了。这次被拘留了一年多。当时恰逢伊稚斜驱逐于单，匈奴国内正发生混乱，张骞于是就和堂邑氏的奴隶甘父趁乱逃了回来。汉武帝因此封张骞为太中大夫，甘父为奉使君。张骞一行当时出发的时候有一百多人，中间隔了十三年，现在只有他们二人得以生还。

起初，张骞刚从月氏国回到汉朝，详细地向汉武帝介绍了西域各国的风土人情，说道："大宛国在我国的正西方，离这里大约有一万里。全是本地人在那居住，他们主要靠耕种生活。那里盛产汗血宝马；其中城郭、房屋，和我们中原大致相同。大宛国的东北边是乌孙国，它的东面就是于阗国。于阗以东，河水都向西注入西海；以东的河水则向东注入盐泽。盐泽一带的河流都在地下流淌，形成了暗河，再往南就是黄河的发源地了。盐泽距离长安大概有五千里左右。匈奴国的西方边界位于盐泽的东面，一直到陇西长城，南面接壤着羌人的部落，正好阻断了我国通往西域的道路。乌孙、康居、奄蔡、大月氏都是游牧国家，放养牲畜追逐水草居住，他们的风俗和匈奴的一样。大夏国位于大宛国的西南方，与大宛国有着同样的风俗。我在大夏国的时候，曾经看见我国邛山出产的竹杖和蜀地的布，我就问他们：'这些东西是从哪里弄来的？'大夏人就说：'这都是我国商人从身毒国贩卖过来的。'身毒国在距离大夏国的东南方约数千里的地方，当地人民的习俗是定居生活，同大夏一样。据我估计，因为大夏在我国西南一万二千里外的地方是事实，身毒国又在大夏国的东南几千里以外，却能有我国蜀地的产物，这说明身毒国距离蜀地肯定不远。如今我国出使大夏国，如果取道羌人的地区，道路险恶不说，况且羌人又厌恶我们；如果从稍微靠北一些的地区走，便又会落入匈奴之手；如果从蜀地走的话，道路应该十分平坦，而且也不会有强盗。"

【注释】

①朝：朝拜，归附。

②九译：旧指不同民族或外国的语言经过辗转翻译始能通晓。后亦通称殊方远国之人。

③间使：负有见机行事使命的使者。駹（máng）：通"尨"，面、额白色的黑马。

④僰（bó）：我国古代在西南地区居住的一个少数民族。

⑤幕北：大漠以北。幕，

【原文】

　　天子既闻大宛及大夏、安息之属皆大国，多奇物，土著，颇与中国同业，而兵弱，贵汉财物。其北有大月氏、康居之属，兵强，可以赂遗设利朝也①。诚得而以义属之，则广地万里，重九译②，致殊俗，威德遍于四海，欣然以骞言为然。乃令骞因蜀、犍为发间使王然于等四道并出駹③，出冉，出徙，出邛、僰④，指求身毒国，各行一二千里，其北方闭氐、莋，南方闭嶲、昆明。昆明之属无君长，善寇盗，辄杀略汉使，终莫得通。于是汉以求身毒道，始通滇国。滇王当羌谓汉使者曰："汉孰与我大？"及夜郎侯亦然。以道不通，故各自以为一州主，不知汉广大。使者还，因盛言滇大国，足事亲附；天子注意焉，乃复事西南夷。

　　五年，浑邪王既降汉，汉兵击逐匈奴于幕北⑤，自盐泽以东空无匈奴，西域道可通。于是张骞建言："乌孙王昆莫本为匈奴臣，后兵稍强，不肯复朝事匈奴，匈奴攻不胜而远之。今单于新困于汉，而故浑邪地空无人。蛮夷俗恋故地，又贪汉财物，今诚以此时厚币赂乌孙⑥，招以益东，居故浑邪之地，与汉结昆弟，其势宜听，听则是断匈奴右臂也。既连乌孙，自其西大夏之属皆可招来而为外臣。"天子以为然。拜骞为中郎将，将三百人，马各二匹，牛羊以万数，赍金币帛直数千巨万⑦；多持节副使，道可便，遣之他旁国。

通"漠"，大漠。
⑥厚币：丰厚的财物。
⑦赍（jī）：带着。

【译文】

汉武帝一听说大宛及大夏、安息等国都是大国，而且盛产奇珍异物，都是本土的人在那里定居，和汉朝颇有些相似，军事力量却很薄弱，只很喜欢汉朝的物品；北面的大月氏、康居等国，虽然兵力强盛，却可以通过贿赂、引诱等方法拉拢他们归附汉朝，如果真能够不通过战争而争取到他们的归附，那么，汉朝的领土就可以扩大万里。远方的人必须通过多重翻译才能来朝见，各种不同风俗的国家都将划归汉朝版图，天子的威德将传遍四海。因此，汉武帝欣然采纳了张骞的建议。于是便命令张骞从蜀郡、犍为派王然于等人作为使者，分别由冉、徙及邛、僰四路向身毒国进发。各路使者都分别走了大约一二千里以后，北路被阻隔在氐、莋，南路被阻隔在昆明附近。昆明一带当时没有君主，是盗贼土匪经常出没的地方，动不动就劫杀汉朝使者，所以始终没有人能够从这里经过。此次汉朝使者为了找寻通往身毒国的道路，这才第一次去到滇国，滇王当羌问汉朝使者道："汉朝与我国相比，谁更大？"后来夜郎王也向汉朝使者提出相同的问题。因为那里交通十分闭塞，他们都各自雄踞一方称王称霸，根本不知道汉朝的广大。后来使者回到汉朝后，便再三强调滇国是个大国，很有必要争取到它的归顺，这样就重新引起了汉武帝的注意，于是开始重新经营西南的蛮夷之地。

浑邪王自从投降了汉朝以后，汉军将匈奴势力一直驱赶到大漠以北，从盐泽往东，不再有匈奴的踪迹了，于是前往西域的道路畅通无阻了。因此张骞建议道:"乌孙王昆莫原本是匈奴的藩国,后来军事实力逐渐强大之后,不愿意再归附匈奴,匈奴于是就派兵前去征服,却未能取胜,于是只好自己转移到了远离它的地方。现在匈奴单于刚刚遭受我朝的重创,而以前浑邪王的辖地又空旷无人,蛮夷之族的习俗是依恋故地,而又贪图汉朝的财物,如今果真能用丰厚的财物拉拢乌孙国,吸引他们东迁,居住在过去的浑邪王辖地,好与我朝结为兄弟之国,他们肯定会听从我朝的调遣,这样以来就等于斩断了匈奴的右臂。如果与乌孙国结盟,那么它西面的大夏等国也都能很容易地招来成为我朝的藩属。"汉武帝认为他的话很有道理,随即任命张骞为中郎将,带领三百多人,人手两匹马,带着数以万计的牛羊和价值数千万钱的黄金绢帛等,并以多人为手持汉朝符节的副使,沿途如果遇到通往别国的道路,随即委派一个副使前往。

【注释】

①倨(jù):傲慢。

②谕指:(转达)谕旨。指,通"旨"。

③距:通"拒",抗拒。

④去:距离。

⑤出:到了,到达。

⑥故:原来的,从前。

⑦间:一定空间范围之内。

⑧取富给焉:趁机掠夺(各国的)财宝。取,拿。给,把动作或态度加到对方,意为掠夺。

⑨名:取名,给……取名。

⑩辈:某一类人。

⑪反:通"返",返回。

【原文】

骞既至乌孙,昆莫见骞,礼节甚倨①。骞谕指曰②:"乌孙能东居故地,则汉遣公主为夫人,结为兄弟,共距匈奴③,匈奴不足破也。"乌孙自以远汉,未知其大小;素服属匈奴日久,且又近之,其大臣皆畏匈奴,不欲移徙。骞留久之,不能得其要领,因分遣副使使大宛、康居、大月氏、大夏、安息、身毒、于阗及诸旁国,乌孙发译道送骞还,使数十人,马数十匹,随骞报谢,因令窥汉大小。是岁,骞还,到,拜为大行。后岁余,骞所遣使通大夏之属者,皆颇与其人俱来,于是西域始通于汉矣。

西域凡三十六国,南北有大山,中央有河,东西六千余里,南北千余里,东则接汉玉门、阳关,西则限以葱岭。河有两源,一出葱岭,一出于阗,合流东注盐泽。盐泽去玉门、阳关三百余里④。自玉门、阳关出西域有两道:从鄯善傍南山北,循河西行至莎车,为南道;南道西逾葱岭,则出大月氏、安息。自车师前王廷随北山循河西行至疏勒,为北道;北道西逾葱岭,则出大宛、康居、奄蔡焉⑤。故皆役属匈奴⑥,匈奴西边日逐王,置僮仆都尉，使领西域，常居焉耆、危须、尉黎间⑦，赋税诸国，取富给焉⑧。

　　乌孙王既不肯东还，汉乃于浑邪王故地置酒泉郡，稍发徙民以充实之；后又分置武威郡，以绝匈奴与羌通之道。

　　天子得宛汗血马，爱之，名曰"天马"⑨。使者相望于道以求之。诸使外国，一辈大者数百⑩，少者百余人，人所赍操大放博望侯时，其后益习而衰少焉。汉率一岁中使多者十余，少者五六辈；远者八九岁，近者数岁而反⑪。

【译文】

　　张骞一行抵达乌孙后，乌孙王昆莫虽然接见了他，但态度十分傲慢，礼数也多有不同。张骞直接转达了汉武帝的谕旨说："如果乌孙能够向东返回到故土居住，那么我们大汉将把公主许配给国王做夫人，汉朝和乌孙从此结为兄弟之邦，共同抗拒匈奴，匈奴就不可能不败落。"可是，乌孙因为自己距离汉朝太远，不知道汉朝的大小，况且长久以来一直是匈奴的藩属，距离匈奴很近，因此朝中的大臣全都对匈奴敬畏有加，不愿意向东搬迁。所以张骞在乌孙停留了很长时间，却一直得不到满意的答复，因此分别向大宛、康居、大月氏、大夏、安息、身毒、于阗及附近各国派出副使进行联络。乌孙派翻译、向导送张骞等人回国，并派数十人、马数十匹随张骞一道来汉朝行答谢之礼，汉朝廷乘机让他们了解了汉朝的大小强弱。当年，张骞回到长安后，汉武帝升任他为大行。又过了一年多，张骞所派出的出使大夏等国的副使大多数也都与该国的使臣一同回到长安，从此，西域各国就开始了和汉朝的友好往来。

　　西域地区总共有三十六个国家，南北有大山，中部有河流，东西绵延六千余里，南北纵横千余里，东边和汉朝的玉门、阳关接壤，西部一直延伸到葱岭。中部的河流有两个源头，一个源自葱岭，一个源自于阗，汇合后便注入了盐泽。盐泽距离玉门、阳关有三百多里。从玉门、阳关通往西域一共有两条道路：从鄯善依傍着南山北麓向前行，顺着河流往西便来到了莎车，这就是南道；从南道向西翻越葱岭，就来到了大月氏、安息。再从车师前王廷循着北山沿河流向西到疏勒，这就是北道；从北道向西翻越葱岭，就来到了大宛、康居、奄蔡。从前，西域各国都归匈奴统治。匈奴西边的日逐王设置僮仆都尉，让他统领西域各国，常年居住在焉耆、危须、尉黎一带，向西域各国征收赋税，并趁机掠取各国的财宝。

乌孙王既然不愿意向东返回故地，汉朝便在浑邪王的旧辖地设置了酒泉郡，逐步迁徙内地的百姓来充实这一地区。后来，又从酒泉郡划分出部分地区设置了武威郡，以此来阻断匈奴与羌人部落的联络通道。

汉武帝得到大宛出产的汗血马，非常喜爱，给它取名为"天马"，去大宛搜求"天马"的使者络绎不绝。出使西域各国的汉朝使者团，多的一行有数百人，少的一行也有一百多人，他们所带回的物品也都和当初张骞出使时的大致相当，到后来随着人们对西域情况的日益熟悉，使者的人数以及所携带的物品也逐渐减少。大约在一年当中，汉朝出使西域各国的使者，多的时候有十几批，少的时候也有五六批；其间路远的要八九年，较近的也需要数年才能返回。

苏 武 牧 羊

【原文】

汉武帝天汉元年（辛巳，公元前100年）

上嘉匈奴单于之义，遣中郎将苏武送匈奴使留在汉者，因厚赂单于①，答其善意。武与副中郎将张胜与假吏常惠等俱②。既至匈奴，置币遗单于。单于益骄，非汉所望也。

会缑王与长水虞常等及卫律所将降者③，阴相与谋劫单于母阏氏归汉。卫律者，父故长水胡人，律善协律都尉李延年④，延年荐言律使于匈奴，使还，闻延年家收，遂亡降匈奴⑥。单于爱之，与谋国事，立为丁灵王。虞常在汉时素与副张胜相知，私候胜曰："闻汉天子甚怨卫律，常能为汉伏弩射杀之。吾母、弟在汉，幸蒙其赏赐。"张胜许之，以货物与常⑤。后月馀，单于出猎，独阏氏、子弟在，虞常等七十馀人欲发，其一人夜亡告之⑥。单于子弟发兵与战，缑王等皆死，虞常生得。

单于使卫律治其事⑦。张胜闻之，恐前语发，以状语武。武曰："事如此，此必及我，见犯乃死，重负国。"欲自杀。胜、惠共止之。虞常果引张胜。单于怒，召诸贵人议，欲杀汉使者。左伊秩訾曰："即谋单于，何以复加！宜皆降之。"单于使卫律召武受辞⑧。武谓惠等："屈节辱命，虽生，何面目以归汉！"引佩刀自刺。卫律惊，自抱持武，驰召医，凿地为坎，置煴火，覆武其上，蹈其背以出血。武气绝，半日复息。惠等哭，舆归营。单于壮其节，朝夕遣人候问武，而收系张胜。

【注释】

①因：顺便。

②假吏：暂时充任使团官吏。

③会：恰在这时。

④善：与……善，与……关系好。

⑤与：通"予"，给予，送给。

⑥亡：逃走。

⑦治：处理。

⑧受辞：接受传话，给……传话。

【译文】

汉武帝天汉元年（辛巳，公元前100年）

汉武帝为了嘉奖匈奴单于的忠义，便派中郎将苏武把留在汉朝的匈奴使臣送回匈奴，顺便带去丰厚的礼物，用以答谢匈奴单于的一番好意。苏武和副使中郎将张胜以及暂时充任使团官吏的常惠等一同前往。抵达匈奴后，随即将礼品送给单于。单于这时却表现得越发骄横，并非汉朝原来所希望的那样。

恰在这时，先前曾经投降过汉朝的匈奴缑王和长水人虞常，以及卫律手下投降匈奴的原汉朝士兵暗中商议，打算劫持匈奴首领单于的母亲阏氏回到汉朝。卫律的父亲原本是长水地区的匈奴人，卫律本人则曾经与汉朝的协律都尉李延年关系甚好，后经李延年的推荐，受到汉朝的派遣出使匈奴。卫律出使回来以后，听说李延年一家被监禁了起来，于是便逃亡到匈奴投降。单于对他喜爱有加，经常和他共谋国家大事，并任命他为丁灵王。虞常在汉朝时一直与副使张胜结为知己，于是便在私下里拜访张胜说："我听说大汉天子对卫律一直心怀怨恨，我可以设伏弓弩手将其射死替汉朝除害。现在我的母亲和弟弟都在汉朝，我希望他们能因此得到赏赐。"张胜答应了虞常的请求，并且还送给他好多财物。后来过了一个多月，单于外出打猎，只留下他母亲和部分子弟在王庭。虞常等七十多人正准备发动叛乱，没想到其中一个人在夜间逃走，向单于子弟告发了虞常等人的叛乱计划。于是单于子弟便发兵与虞常等人展开了对抗战争，缑王一帮人全部被杀掉了，虞常也被生擒。

匈奴单于委派卫律来处理此事。张胜得知消息后，恐怕先前与虞常约定的事情败露，便向苏武坦白了。苏武说："事到如今，必定会涉及我，如果是先受到凌辱而后被杀死，那样就会更加辜负国家了。"随即打算自杀，幸好经张胜、常惠一起阻止。后来虞常果真供出了张胜，单于颇为恼怒，召集贵族官员商议，准备杀死汉使。匈奴的左伊秩訾说："如果图谋杀害单于，如何才能加重惩处呢？应该让他们全部投降才对。"单于于是派卫律给苏武传话。苏武便对常惠等人说："如果卑躬屈膝，就有辱我们的使命，即使不死，还有什么脸面再回到我们大汉呢？"说罢就拔出佩刀刺进了自己的身体。卫律见状大吃一惊，一把抱住了苏武，急忙传唤医生前来，在地上挖了一个坑，点起了炭火，然后把苏武放在洞上，用脚踩踏苏武的后背，以便让淤血全部流出。苏武当时气绝，过来半天后才慢慢苏醒过来。常惠等顿时痛哭流涕，将苏武抬回了汉使驻地。单于被苏武的气节折服，早晚都会派人前来问候苏武的伤势恢复情况，而将张胜抓捕归案。

[原文]

武益愈，单于使使晓武①，欲降之。会论虞常，欲因此时降武；剑斩虞常已，律曰："汉使张胜谋杀单于近臣，当死，单于募降者赦罪。"举剑欲击之。胜请降。律谓武曰："副有罪，当相坐。"武曰："本无谋，又非亲属。何谓相坐！"复举剑拟之②，武不动。

律曰："苏君，律前负汉归匈奴，幸蒙人恩赐号称王，拥众数万，马畜弥山，富贵如此！苏君今日降，明日复然；空以身膏草野，谁复知之！"武不应。律曰："君因我降，与君为兄弟；今不听吾计，后虽欲复见我，尚可得乎？"武骂律曰："汝为人臣子，不顾恩义，畔主背亲③，为降虏于蛮夷，何以汝为见！且单于信汝，使决人死生，不平心持正，反欲斗两主，观祸败。南越杀汉使者，屠为九郡；宛王杀汉使者，头悬北阙；朝鲜杀汉使者，即时诛灭；独匈奴未耳。若知我不降明④，欲令两国相攻，匈奴之祸从我始矣。"律知武终不可胁，白单于⑤。单于愈益欲降之。乃幽武置大窖中，绝不饮良⑥；天雨雪，武卧，啮雪与旃毛并咽之⑦，数日不死。匈奴以为神，乃徙武北海上无人处，使牧羝⑧，曰："羝乳乃得归⑨。"别其官属常惠等，各置他所。

[注释]

① 使使：派使者。
② 拟之：像刚才那样（威逼）。
③ 畔：通"叛"，背叛。
④ 若：你。知……明，明知。
⑤ 白：据实禀报。
⑥ 良：通"粮"，食物。
⑦ 旃毛：衣服上的毡毛。
⑧ 羝(dī)：公羊。
⑨ 羝乳：公羊生出羔羊。

[译文]

苏武慢慢痊愈，单于便派人前来劝说苏武，想让他归降匈奴。就在此时，虞常也被判定为死罪，单于企图借此机会逼迫苏武投降。用剑砍下虞常的头颅后，卫律说道："汉使张胜企图谋杀单于的亲信大臣，应当处死，单于现在招募归降，降者一律赦免。"说罢举剑要刺张胜，张胜苦苦哀求投降。卫律然后又对苏武说道："副使有罪，你作为正使，应当受到相同罪责。"苏武回答道："我原本没有参与阴谋，与张胜也没有任何亲属关系，为什么要连带受罚呢？"卫律又举剑威逼苏武，苏武却岿然不为所动。

卫律说道："苏先生，我先前背叛了汉朝，归降匈奴，从而有幸承蒙单于的大恩，还赐号让我称王，并且坐拥数万人众，马匹牲畜满山遍野，何等的荣华富贵！苏先生今天如果投降了匈奴，明天就会和我一样荣耀，否则白白抛尸荒野，谁又能够知道呢？"苏武闭口不言。卫律又说道："你要是依了我的话，归降匈奴，我就会待你像兄弟一样；如果今天你不听我的建议，将来即使想再见到我，恐怕也办不到了吧？"苏武大骂卫律道："你身为汉朝的臣子，却忘恩负义，背叛了君主、亲人，而投降蛮夷之族，我为什么要见你呢？何况单于信任你，让你定夺别人的生死，你非但不能以一颗公正的心对待，反而企图挑起两国君主的相互争斗，在一旁幸灾乐祸。南越国杀死了汉使，被汉屠戮掉后变为九郡；大宛王杀死汉使后，其人头被悬挂在长安宫廷的北门；朝鲜杀死汉使，便立即招来了亡国之灾；唯独匈奴还没有干过这种蠢事。你明知道我是不会归降的，却想以此挑起两国之间的对抗，恐怕匈奴的灾祸，将要从我这里开始了。"卫律也深知苏武最终是不会受他的胁迫，只好据实禀报单于。单于看见苏武如此忠贞不屈，就更加想争取到他的归降。于是便将苏武幽禁在一个大地窖中，不供给苏武粮食，企图以此逼其就范。当时天正下着大雪，苏武躺在地上，靠吞食雪片和衣服上的毡毛充饥，过了几天后竟然没死。匈奴人认为有神灵在暗中庇护他，便把苏武流放到了北海荒无人烟的地方，给他一群公羊让他放养，并对苏武说："等到公羊都能产出羊羔了，你就可以回汉朝了。"常惠等使团中有不肯投降的官员，也都被分别扣留在了不同的地方。

【原文】

初，苏武既徙北海上，禀食不至①，掘野鼠去草实而食之。杖汉节牧羊②，卧起操持，节旄尽落③。武在汉，与李陵俱为侍中；陵降匈奴，不敢求武。久之，单于使陵至海上，为武置酒设乐，因谓武曰："单于闻陵与子卿素厚④，故使来说足下，虚心欲相待，终不得归汉，空自苦亡人之地，信义安所见乎！足下兄弟二人，前皆坐事自杀；来时，太夫人已不幸；子卿妇年少，闻已更嫁矣；独有女弟二人、两女、一男⑤，今复十余年，存亡不可知。人生如朝露，何久自苦如此！陵始降时，忽忽如狂⑥，自痛负汉，加以老母系保官⑦。子卿不欲降，何以过陵！且陛下春秋高⑧，法令无常，大臣无罪夷灭者数十家。安危不可知，子卿尚复谁为乎！"武曰："武父子无功德，皆为陛下所成就，位列将，爵通侯，兄弟亲近，常愿肝脑涂地。今得杀身自效，虽斧钺、汤镬，诚甘乐之！臣事君，犹子事父也。子为父死，无所恨。愿勿复再言！"陵与武饮数日。复曰："子卿壹听陵言！"武曰："自分已死久矣，王必欲降武⑨，请毕今日之欢，效死于前！"陵见其至诚，喟然叹曰："嗟乎，义士！陵与卫律之罪上通于天！"因泣下沾衿，与武决去。赐武牛羊数十头。

【注释】

①禀食：即"稍食"，由公家供食。禀，通"廪"。
②杖汉节：手持汉朝的符节。
③节旄：亦作"节髦"。古代符节上所饰的旄牛尾。
④子卿：苏武的字。
⑤女弟：妹妹。
⑥忽忽：精神恍惚。
⑦保官：指牢狱。
⑧春秋：指年岁。
⑨王：指李陵。匈奴封李陵为右校王，故称之。

【译文】

起初，苏武被匈奴流放到北海边上后，得不到粮食供给，便靠挖掘野鼠，吃鼠洞中的草籽过日子。尽管生活如此艰辛，但是他每天都坚持手拿汉朝的符节牧羊，无论是睡卧还是起身都要带着它，以致于节杖上的毛缨都被磨得脱落了。苏武在汉朝的时候，与李陵都担任侍中，等到李陵投降匈奴后，一直不敢见苏武。过了很久，单于派李陵到北海边上去，为苏武置办酒席，并以歌舞助兴。李陵对苏武说道："单于听说我与你素来有着深厚的交情，所以派我来劝降你，他很愿意对你虚心以待。你最终也不可能再回汉朝了，现在自己在这荒无人烟的地方白白受苦，你的这些信义节操，有谁可以看到呢！你那两个兄弟，前不久也都因罪自杀了；我来这里时，你母亲也已不幸去世了；而你的妻子还年轻，听说也已经改嫁他人了；只剩下两个妹妹、两个女儿、一个儿子，现在又十几年过去了，他们是否还活着，就不得而知了。人生就像是早晨的露水那样短暂，你又何必这样长久地自我煎熬呢！我刚刚投降匈奴的时候，感觉精神恍惚，像疯了一样，痛恨自己辜负了汉朝，还牵连老母也跟着受牢狱之灾。你不愿意归降匈奴的心情，怎么能超过我！况且如今皇上年事已高，法令更改无常，大臣无罪而被诛灭宗族的就有数十家，安危不可预测，你还要为谁坚守贞操呢！"苏武说道："我父子原本没有什么功劳才德，都是承蒙皇上的恩情，我们才得以享有高官厚禄，与列侯、将军齐名，让我们兄弟有机会亲近皇上，所以我时常希望能够肝脑涂地来报答皇上的大恩大德。现在终于有机会杀身报效皇上，纵然是斧钺加身，汤锅烹煮，我也在所不辞！身为大臣服侍君主，就像儿子侍奉父亲一样，儿子甘愿为父亲去死，而不会有任何遗憾。我希望你什么也不要再说了。"李陵陪苏武一连饮了数天的酒，又劝说道："子卿，你就听我一句话吧。"苏武却说："我自己已经存有必死之心很久了，大王如果一定让我苏武投降，那就请结束今日的欢聚，让我趁早死在你的面前！"李陵见苏武一片赤诚，慨然长叹道："唉！你真是义士啊！我和卫律的罪过上通于天！"说完禁不住热泪滚滚，随即告别了苏武。离开前赐给苏武数十头牛羊。

【注释】

①欧：通"呕"，吐。
②乖离：背离，不一致。
③诡言：谎称。
④贳(shì)：赦免，宽免。
⑤收族：逮捕、拘押并灭族。即"满门抄斩"。
⑥决：告别。

【原文】

后陵复至北海上，语武以武帝崩。武南乡号哭欧血①，旦夕临，数月。及壶衍鞮单于立，母阏氏不正，国内乖离②，常恐汉兵袭之，于是卫律为单于谋，与汉和亲。汉使至，求苏武等，匈奴诡言武死③。

后汉使复至匈奴，常惠私见汉使，教使者谓单于，言："天子射上林中，得雁，足有系帛书，言武等在某泽中。"使者大喜，如惠语以让单于。单于视左右而惊，谢汉使曰："武等实在。"乃归武及马宏等。马宏者,前剐光禄大夫王忠使西同,为匈奴所遮;忠战死,马宏生得,亦不肯降。故匈奴归此二人,欲以通善意。于是李陵置酒贺武曰:"今足下还归,扬名于匈奴,功显于汉室,虽古竹帛所载,丹青所画,何以过子卿!陵虽驽怯,令汉贳陵罪④,全其老母,使得奋大辱之积志,庶几乎曹柯之盟,此陵宿昔之所不忘也。收族陵家⑤,为世大戮,陵尚复何顾乎!已矣,令子卿知吾心耳!"陵泣下数行,因与武决⑥。

单于召会武官属,前已降及物故,凡随武还者九人。既至京师,诏武奉一太牢谒武帝园庙⑦,拜为典属国,秩中二千石,赐钱二百万,公田二顷,宅一区。武留匈奴凡十九岁,始以强壮出,及还,须发尽白。

⑦太牢:古代祭祀、宴会时,牛、羊、猪三牲俱备为太牢。

【译文】

后来,李陵又来到北海边上,告诉苏武汉武帝已经去世的消息。苏武从此每天早晚都要面向南方号啕大哭,泣血不止,这样过了几个月。壶衍单于即位做匈奴的首领,他的母亲阏氏却因为行为不端正,导致国内分崩离析,时常担心汉军会前来袭击,于是卫律向单于献计,让匈奴与汉朝和亲。汉朝使者来到匈奴后,要求将苏武等先前汉朝使者放回国,但匈奴人却谎称苏武已经死去。

后来汉使又一次来到匈奴,常惠在暗中求见汉使,教汉使者对单于说:"汉朝皇帝在上林苑打猎,射下了一只大雁,大雁的脚上系着一封帛书,上面写苏武等人在某湖泽之地生活。"使者于是大喜,便依照常惠的话责问单于。单于于是环视左右侍从,大为吃惊。随后便向汉使道歉道:"苏武的确还活着。"这才不得不将苏武和马宏等人放回汉朝。马宏以前曾经是汉朝出使西域各国的使者,是光禄大夫王忠的副使,途中遭到匈奴军队的劫杀,王忠不幸战死,马宏被生擒,但是他怎么也不肯投降匈奴。所以匈奴这次将苏武和马宏两人放回,为的是向汉朝表明他们的善意。于是,李陵设置酒筵为苏武庆贺道:"现在你返回汉朝,声名远扬于匈奴，功劳显赫于汉朝，即使是史册所记载、丹青所描绘的人物，又有谁能超过你呢！我虽然驽钝怯懦，如果当初汉朝能够对我的罪过予以宽恕，善待我的老母，让我能够忍辱负重，像春秋时期曹刿劫持齐桓公于柯盟的壮举，也正是我当年昼夜不敢忘怀的志向啊。可谁料汉朝竟然将我家满门抄斩，用当世最为残酷的杀戮方式来对待我，我还有什么挂念的啊！现在一切都成为往事，我不过是让你知道我的心声而已！"李陵说罢涕泪横流，挥泪与苏武道别。

单于召集所有当年随从苏武一同前来的汉朝官员及随从，除去先前已经投降匈奴和去世的以外，还剩下九人和苏武一同回到了汉朝。苏武一行抵达长安后，汉昭帝下令苏武用牛、羊、猪各一头，用最隆重的仪式对汉武帝的陵庙行祭拜礼，并且封苏武为典属国，俸禄为中二千石，还赏赐苏武钱二百万、公田二顷、住宅一所。苏武被匈奴扣押了十九年，他去的时候正当壮年，可是回来时已经是白发苍苍的垂暮之年。

官渡之战

【原文】

汉献帝建安五年（庚辰，公元200年）

曹操还军官渡，绍乃议攻许。

绍运谷车数千乘至官渡。荀攸言于操曰："绍运车旦暮至，其将韩猛锐而轻敌。击，可破也！"操曰："谁可使者①？"攸曰："徐晃可。"乃遣偏将军河东徐晃与史涣邀击猛，破走之②，烧其辎重。

冬，十月，绍复遣车运谷，使其将淳于琼等将兵万余人送入，宿绍营北四十里。沮授说绍："可遣蒋奇别为支军于表③，以绝曹操之钞④。"绍不从。许攸曰："曹操兵少而悉师拒我。许下余守，势必空弱。若分遣轻军，星行掩袭，许可拔也⑤。许拔，则奉迎天子以讨操，操成禽矣⑥。如其未溃，可令首尾奔命，破之必也。"绍不从。曰："吾要当先取操。"会攸家犯法⑦，审配收系之。攸怒，遂奔操。

【注释】

①可：合适。
②破走之："击退之"。意为击退韩猛。
③表：外围。
④钞：通"抄"，末尾。
⑤拔：拔除，即攻陷。
⑥禽：通"擒"。
⑦家：指家人。

【译文】

汉献帝建安五年（庚辰，公元200年）

曹操返回到官渡驻军，袁绍于是就和部下协商攻打许都。

袁绍的数千乘运送粮草的车抵达官渡。荀攸对曹操说："袁绍运送辎重的车队马上就要到了，押运队伍中的大将韩猛勇敢但轻敌。实行攻击的话，可以击败他！"曹操问："派谁去最合适？"荀攸说："徐晃可以。"于是，曹操便派偏将军河东人徐晃与史涣一道在半路上截击韩猛，随即击退韩猛，烧毁辎重。

入冬十月，袁绍又派大批车辆运送粮草，这次让大将淳于琼等率领一万多兵丁护送，停宿在距离袁绍大营以北四十里的地方。沮授劝说袁绍道："可以另派蒋奇率一支军队，在运粮队的外围巡逻,防止曹操派军偷袭。"袁绍根本不听。许攸又说:"曹操兵力稀少,如今集中全力来抵御我军,许都由余下的人守卫,防务必定空虚,如果我们另派一支队伍轻装前进,连夜奔袭,便可以一举攻陷许都。许都被攻陷,就可以奉迎天子以讨伐曹操,到时曹操必定会被擒获。纵然不能让他立刻溃败,也能让他首尾不能相顾,疲于奔命,最终一定可以将他打败。"袁绍还是没有听从他的意见,十分坚定地说道:"我一定要先擒获曹操。"恰逢此时,许攸家里有人犯了法,留守在邺城的审配将他家人逮了起来,许攸得知消息后勃然大怒,一气之下就投奔了曹操。

【注释】

① 跣:赤脚,光着脚。

② 谓:发问。

③ 奈何:怎么办。

④ 燔:烧毁。积聚:粮草和军用物资。

⑤ 间道:小路。

⑥ 薪:柴草。

⑦ 钞略:偷袭。

⑧ 固:坚持。

【原文】

操闻攸来,跣出迎之①,抚掌笑曰:"子卿远来,吾事济矣!"既入座,谓操曰②:"袁氏军盛,何以待之?今有几粮乎?"操曰:"尚可支一岁。"攸曰:"无是,更言之!"又曰:"可支半岁。"攸曰:"足下不欲破袁氏邪?何言之不实也!"操曰:"向言戏之耳。其实可一月,为之奈何③?"攸曰:"公孤军独守,外无救援而粮谷已尽,此危急之日也。袁氏辎重万余乘,在故市、乌巢,屯军无严备,若以轻兵袭之,不意而至,燔其积聚④,不过三日,袁氏自败也。"

操大喜,乃留曹洪、荀攸守营,自将步骑五千人,皆用袁军旗帜,衔枚缚马口,夜从间道出⑤,人抱束薪⑥,所历道有问者。语之曰:"袁公恐曹操钞略后军⑦,遣军以益备。"闻者信以为然,皆自若。既至,围屯,大放火,营中惊乱。会明,琼等望见操兵少,出陈门外,操急击之,琼退保营,操遂攻之。

绍闻操击琼,谓其子谭曰:"就操破琼。吾拔其营,彼固无所归矣!"乃使其将高览、张郃等攻操营。郃曰:"曹公精兵往,必破琼等,琼等破,则事去矣,请先往救之。"郭图固请攻操营⑧。郃曰:"曹公营固,攻之必不拔。若琼等见禽,吾属尽为虏矣。"绍但遣轻骑救琼,而以重兵攻操营,不能下。

【译文】

曹操听说许攸前来投奔,高兴得顾不上穿鞋,赤着脚就跑出来迎接他,还拍手大笑道:"许子卿,你的远道而来,让我的大事可以成功了!"落座以后,许攸问曹操道:"袁军兵粮充足,您拿什么来对付他呢?如今还有多少粮草?"曹操说:"还可以支撑一年。"许攸说:"不可能有那么多,请您再说一遍。"曹操又说:"可以支撑半年。"许攸说:"难道您不想击败袁绍吗?为何不说实话呢?"曹操说:"刚刚只是和你开了个玩笑,其实只可对付一个月,我们该怎么办才好呢?"许攸说:"您孤军独守,在外没有可以救援的部队,而且现在粮草即将用尽,这是关乎生死的危急关头。袁绍有辎重车一万多辆,在故市、乌巢两地屯放,那里守备不严密,假如派轻兵前去偷袭,给对方来个出其不意,烧毁他们的粮草和军用物资,到时不出三天,袁绍的大军就会自行溃败。"

曹操听后大喜,于是就留下曹洪、荀攸守卫大营,接着亲自率领五千名步、骑兵出击。军队一律打着袁军的旗号,并且让兵士嘴里衔着小木棍,把马嘴都绑上,谨防任何声音发出,趁夜从小道出行,每人怀抱一捆柴草。如果有过路人盘问,就回答:"袁公恐怕曹操偷袭后方辎重,所以派兵前去加强守备。"听到的人都深信不疑,全无防备。曹军抵达乌巢后,从四面包围袁军辎重,开始放火,袁军营中顿时大乱。恰逢此时,天色已亮,淳于琼等看见曹军兵少,于是就在营外拉开阵势,曹操率军猛烈冲突。淳于琼招架不住,只好退守大营,曹军随即开始反攻。

袁绍听说曹操袭击淳于琼,便对儿子袁谭说:"就算曹操攻破了淳于琼,我率军前去攻破他的大营,让他无处藏身。"说罢,就派大将高览、张郃前去进攻曹军大营。张郃说:"曹操亲率精兵前去攻讨,肯定能攻破淳于琼等,一旦他们被擒,辎重又被烧毁,那么就是大势已去,我们还是先去救援淳于琼。"郭图则坚持要先攻打曹操的大营。张郃说:"曹操的营寨十分坚固,一定不能攻破。如果淳于琼等被擒,那么我们将全部成为俘虏。"可是袁绍只是派轻兵前去援救淳于琼，派重兵去攻袭曹军大营，久攻不下。

【注释】

① 白：报告。

② 恟（xiōng）：害怕，恐惧。

③ 谮（zèn）：说人坏话，诬陷别人。

④ 计画：谋划，考虑。

⑤ 幅巾：束发用的丝巾。古代男子不戴帽子时，用一幅绢束发。这是一种儒雅的装束。

⑥ 圮（pǐ）绝：断绝。圮，毁坏，倒塌。

⑦ 县命：把性命托付给人，等于说性命攸关。

【原文】

绍骑至乌巢，操左右或言："贼骑稍近，请分兵拒之。"操怒曰："贼在背后，乃白①！"士卒皆殊死战，遂大破之，斩琼等，尽燔其粮谷，杀士卒千余人，皆取其鼻，牛马割唇舌，以示绍军，绍军将士皆恟惧②。郭图惭其计之失，复谮张郃于绍曰③："郃快军败。"郃忿惧，遂与高览焚攻具，诣操营降。曹洪疑，不敢受，荀攸曰："郃计画不用④，怒而来奔，君有何疑！"乃受之。于是绍军惊扰，大溃，绍及谭等幅巾乘马⑤，与八百骑渡河。操追之不及，尽收其辎重、图书、珍宝。余众降者，操尽坑之。前后所杀七万余人。

沮授不及绍渡，为操军所执，乃大呼曰："授不降也，为所执耳！"操与之有旧，迎谓曰："分野殊异，遂用圮绝⑥，不图今日乃相禽也！"授曰："冀州失策，自取奔北。授知力俱困，宜其见禽。"操曰："本初无谋，不相用计，今丧乱未定，方当与君图之。"授曰："叔父、母弟，县命袁氏⑦，若蒙公灵，速死为福。"操叹曰："孤早相得，天下不足虑也。"遂赦而厚遇焉。授寻谋归袁氏。操乃杀之。操收绍书中，得许下及军中人书，皆焚之，曰："当绍之强，孤犹不能自保，况众人乎！"

【译文】

袁绍派去增援的骑兵抵达乌巢，曹操左右亲兵有人说："敌军骑兵已经迫近，请分兵抵御。"曹操大怒道："敌人都到了背后，才来报告！"曹军展开了殊死拼杀，随即大破袁军，斩杀了淳于琼等。把袁军的全部粮草都烧成了灰烬。杀死袁军一千多人，并且把他们的鼻子全部割下，将所俘获的牛马的嘴唇、舌头也全都割下，展示给袁绍的将士们看。袁军将士看见后，都万分恐惧。郭图因为自己的计策失败，心中惭愧，于是就又去袁绍那里诬陷张郃，说："张郃听说我军失利，十分高兴。"张郃听说后，又气又怕，于是就和高览一道烧毁了攻营的器械，前去曹营投降。曹洪疑惑不已，生怕中计，不敢接受他们的投降。荀攸说："张郃因为袁绍不采用他的计谋，一怒之下前来投奔，您有什么好怀疑的呢！"曹洪于是接受了张郃、高览的投降。袁军随即惊恐不已，彻底崩溃。慌乱之中，袁绍与袁谭等顶着头巾，骑着快马，率领八百名骑士急速渡过黄河逃走。曹军没追赶上，但是缴获了袁绍的全部辎重、图书和珍宝。袁军的残部投降后，全部被曹操活埋了，前后杀死了七万多人。

  沮授因为来不及跟上袁绍一起渡河逃走，所以被曹军俘虏，他却大喊："我不是来投降的，只是被抓获而已！"曹操和他是故交，于是亲自来迎接他，对他说："咱们一直分处不同的地方，难得相见，没想到今天您会被我捉住。"沮授说："袁绍失策，自取败亡。我的才智和能力都未得及施展，被擒是自然的。"曹操说："袁绍本是无谋之辈，不能采用您的计谋，现在天下纷乱未定，我想与您一同建立功勋。"沮授说："我的叔父和弟弟的性命，都掌控在袁绍的手中。假如真能蒙您看重，那就请尽快杀掉我，这才是我真正的福气。"曹操叹息道："我如果早点儿得到您，天下的事情就不足为虑了。"说罢赦免了沮授，并给予他丰厚的待遇。没过多久，沮授计划想逃回到袁绍军中，曹操这才将他处死。曹操收缴袁绍的往来书信时，得到了许多官员以及自己的部下将领写给袁绍的信，他将这些信全都烧掉了，说："袁绍当初强盛的时候，连我都觉得无法自保，更何况众人呢！"

赤 壁 之 战

【注释】

① 诣：至，到，引申为拜访。

② 芟夷：消除，除去。

【原文】

汉献帝建安十三年（戊子，公元208年）

曹操自江陵将顺江东下。诸葛亮谓刘备曰："事急矣，请奉命求救于孙将军。"遂与鲁肃俱诣孙权①。亮见权于柴桑，说权曰："海内大乱，将军起兵江东，刘豫州收众汉南，与曹操并争天下。今操芟夷大难②，略已平矣，遂破荆州，威震四海。英雄无用武之地，故豫州遁逃至此，愿将军量力而处之！若能以吴、越之众与中国抗衡，不如早与之绝；若不能，何不按兵束甲，北面而事之！今将军外托服从之名而内怀犹豫之计，事急而不断，祸至无日矣。"权曰："苟如君言，刘豫州何不遂事之乎！"亮曰："田横，齐之壮士耳，犹守义不辱；况刘豫州王室之胄，英才盖世，众士慕仰，若水之归海！若事之不济，此乃天也，安能抗此难乎！"权勃然曰："吾不能举全吴之地，十万之众，受制于人。吾计决矣！非刘豫州莫可以当曹操者；然豫州新败之后，安能抗此难乎！"亮曰："豫州军虽败于长坂，今战士还者及关羽水军精甲万人，刘琦合江夏战士亦不下万人。曹操之众，远来疲敝，闻追豫州，轻骑一日一夜行三百馀里，此所谓'强弩之末势不能穿鲁缟'者也。故《兵法》忌之，曰'必蹶上将军'。且北方之人，不习水战；又，荆州之民附操者，逼近势耳，非心服也。今将军诚能命猛将统兵数万，与豫州协规同力，破操军必矣。操军破，必北还；如此，则荆、吴之势强，鼎足之形成矣。成败之机，在于今日！"权大悦，与其群下谋之。

【译文】

汉献帝建安十三年（戊子，公元208年）

曹操率军从江陵出发，打算顺长江东下。诸葛亮对刘备说：

"形势十分危急，我请求奉命前去向孙将军求救。"于是他便和鲁肃一起前去拜见孙权。诸葛亮在柴桑见到孙权后，对孙权说："天下大乱，将军在长江以东发兵，刘备在汉水以南召集部众，与曹操一起争夺天下。如今，曹操基本上已经铲除了北方的主要强敌，又接着向南攻破荆州，可以说是威震四海。在曹操的大军面前，英雄无用武之地，所以刘备才逃到这里来，希望将军量力来加以选择。假如将军能够以江东的人马，与雄踞中原的曹操相抗衡，那么不如趁早与曹操断绝来往；假如不能，为何不尽早解除武装，向他俯首称臣呢？如今，将军只是表面上假装服从朝廷，内心里却犹豫不决，事关紧急而不果断处理，恐怕马上就要大祸临头了。"孙权说："如果真是像你说的那样，那刘备为何不归附曹操呢？"诸葛亮说："田横，不过是齐国的一个壮士罢了，还知道坚守节义，不肯忍受投降的屈辱；更何况刘备还是皇室后裔，英雄才略，盖世无双，众贤士对他的仰慕，就好比流水归向大海。假如大事不成，这也是天意，哪里能屈居曹操之下呢？"孙权听后勃然大怒道："我不能把全部吴国故地和十万精兵拱手相送，去忍受曹操的控制。我的主意已决！除了刘备以外，就没有能够抵挡曹操的人，然而刘备刚刚战败之后，哪里能担当此项重任呢？"诸葛亮说："刘备的军队虽然在长坂坡打了败仗，但是如今陆续返还的战士和关羽的水军加起来有精兵一万，刘琦集结了江夏郡的战士，也不下一万人。曹操的军队远道而来，一定会疲惫。我听说他们在追赶刘备时，轻骑兵一天一夜就奔驰了三百余里，这就是所谓'强弩射出的箭，到了力量快要用尽的时候，就会连鲁国出产的薄绸都无法穿透'。所以这是《兵法》中的大忌，即'必定会让上将军受挫'。况且长久生活在北方的人，不善于水战。此外，荆州地区的百姓之所以会归附曹操，也是慑于他的恩威，并不是心甘情愿想要归服的。现在将军果真能够命令猛将统兵数万，与刘备同心协力，就一定能打败曹军。曹操兵败后，就一定会退回到北方，这样一来，荆州与东吴的势力就会渐渐强大起来，三足鼎立的局势很快就可以形成了。我认为成败的关键，就在于今日！"孙权听罢大为喜悦，马上就去和他的部将们商议。

【注释】

①遗（wèi）：给。

②治：治理，管理。

③奄：覆盖，包括。

④蒙冲斗舰：战船。蒙冲，即"艨艟"。

⑤更衣：古时上厕所大小便的婉辞。

⑥迎：逢迎，这里指投降。

⑦藁（gǎo）草：稻草。

【原文】

是时，曹操遗权书曰①："近者奉辞伐罪，旄麾南指，刘琮束手。今治水军八十万众②，方与将军会猎于吴。"权以示群下，莫不响震失色。长史张昭等曰："曹公，豺虎也，挟天子以征四方，动以朝廷为辞；今日拒之，事更不顺。且将军大势可以拒操者，长江也。今操得荆州，奄有其地③，刘表治水军，蒙冲斗舰乃以千数④，操悉浮以沿江，兼有步兵，水陆俱下，此为长江之险已与我共之矣，而势力众寡又不可论。愚谓大计不如迎之。"鲁肃独不言。权起更衣⑤，肃追于宇下。权知其意，执肃手曰："卿欲何言？"肃曰："向察众人之议，专欲误将军，不足与图大事。今肃可迎操耳⑥，如将军不可也。何以言之？今肃迎操，操当以肃还付乡党，品其名位，犹不失下曹从事，乘犊车，从吏卒，交游士林，累官故不失州郡也。将军迎操，欲安所归乎？愿早定大计，莫用众人之议也！"权叹息曰："诸人持议，甚失孤望。今卿廓开大计，正与孤同。"

时周瑜受使至番阳，肃劝权召瑜还。瑜至，谓权曰："操虽托名汉相，其实汉贼也。将军以神武雄才，兼仗父兄之烈，割据江东，地方数千里，兵精足用，英雄乐业，当横行天下，为汉家除残去秽；况操自送死，而可迎之邪？请为将军筹之：今北土未平、马超、韩遂尚在关西，为操后患；而操舍鞍马，杖舟楫，与吴、越争衡；今又盛寒，马无藁草⑦，驱中国士众远涉江湖之间，不习水土，必生疾病。此数者用兵之患也，而操皆冒行之。将军禽操，宜在今日。瑜请得精兵数万人，进住夏口，保为将军破之！"

【译文】

就在这时，曹操写信给孙权说："近来，我奉天子的命令，前去讨伐有罪之臣，军旗指向南方，刘琮束手就擒。现在，我统领八十万水师，准备与将军在吴地会同打猎。"孙权把这封书信拿给手下看，他们一个个都大惊失色。长史张昭等人说："曹操是豺狼虎豹之辈，挟持天子以征讨四方，动不动就以朝廷的名义来发号施令。今天我们如果进行抗拒，那么就更显得名不正言不顺。何况将军可以抗拒曹操的，是凭借长江天险。如今，曹操已经占领了荆州，刘表所训练的水师，包括数以千计的蒙冲战舰，都已经掌控在曹操手里，曹操准备让全部船只顺长江而下，和步兵一起，水陆并进。这样一来，长江天险就是我们双方共有的，而我们双方势力的众寡又是不能相提并论。所以依我们的愚见，最好还是迎接曹操，投降朝廷。"唯独鲁肃一言不发。孙权起身上厕所，鲁肃迎到房檐下，孙权明白鲁肃的用意，握着鲁肃的手问道："你想说什么？"鲁肃说："刚刚我听了众人的议论，他们只是想耽误将军，不足以与他们共谋大事。如今像我鲁肃这样的人可以迎降曹操，但将军却不可以。我为何这样说呢？今天我去迎接曹操，曹操定当把我交付乡里任乡亲们去评议，好确定名位，或许还会做一个下曹从事，有牛车乘坐，有吏卒跟随，结交一些士大夫，平步青云，或许也能当上州、郡的长官。可是如果将军迎接曹操，准备安身何处呢？但愿将军能早定大计，不要听从那些人的意见。"孙权叹息说："那些人的说法，很令我失望。现在，你阐明的观点，正好与我想的一样。"

当时，周瑜奉命抵达鄱阳，鲁肃劝孙权召周瑜回来。周瑜到后，对孙权说道："曹操虽然名义上是汉朝的丞相，但实际上却是汉朝的奸贼。以将军的神勇和雄才大略，再仰仗着父兄的基业，割据江东，统治着方圆数千里的土地，精兵足够使用，英雄乐意效劳，应当横行天下，为汉朝清除污秽奸臣。况且是曹操自己前来送死，怎么可以前去迎降他呢？请让我替将军剖析：如今北方还没有完全平定，马超、韩遂仍在函谷关以西屯兵，这就成了曹操的后患。而曹操舍弃鞍马，改用战舰，企图与素习水战的江东人来决一高低。现在正值严寒季节，战马缺乏草料。况且，驱遣中原地区的士兵长途跋涉来到江湖地区，不服水土，必然会引发疾病。这几方面都是用兵时最忌讳的，如今曹操却贸然行事。将军擒获曹操，就在今天。我请求统领数万精兵，在夏口一带驻兵，保证能替将军攻破曹操。"

【注释】

① 妻子：妻子儿女。
② 子敬：即鲁肃。
③ 卒(cù)：通"猝"。
④ 助画方略：辅助谋划策略。

【原文】

权曰："老贼欲废汉自立久矣，徒忌二袁、吕布、刘表与孤耳；今数雄已灭，惟孤尚存。孤与老贼势不两立，君言当击，甚与孤合，此天以君授孤也。"因拔刀斫前奏案曰："诸将吏敢复有言当迎操者，与此案同！"乃罢会。

是夜，瑜复见权曰："诸人徒见操书言水步八十万而各恐慑，不复料其虚实，便开此议，甚无谓也。今以实校之：彼所将中国人不过十五六万，且已久疲；所得表众亦极七八万耳，尚怀狐疑。夫以疲病之卒御狐疑之众，众数虽多，甚未足畏。瑜得精兵五万，自足制之，愿将军勿虑！"权抚其背曰："公瑾，卿言至此，甚合孤心。子布、元表诸人，各顾妻子①，挟持私虑，深失所望；独卿与子敬与孤同耳②，此天以卿二人赞孤也。五万兵难卒合③，已选三万人，船粮战具俱办。卿与子敬、程公便在前发，孤当续发人众，多载资粮，为卿后援。卿能办之者诚决，邂逅不如意，便还就孤，孤当与孟德决之。"遂以周瑜、程普为左右督，将兵与备并力逆操；以鲁肃为赞军校尉，助画方略④。

【译文】

孙权说："曹操这个老贼早就企图废掉汉朝皇帝，然后自立为帝，只是还顾忌袁绍、袁术、吕布、刘表与我孙权；如今，那几个英雄都已经被消灭了，唯独我还存在。所以我与老贼势不两立，你主张对抗曹军，与我不谋而合，这是上天把你赐给了我！"孙权说着就势拔出佩刀，砍向面前的奏案，说："各位将领官吏，有胆敢再说应当迎降曹操的，就与这个奏案下场一样！"说罢散会。

当天夜里，周瑜又去拜见孙权说："大家只是看到曹操信中说有水、陆军八十万就惊恐不已，没有再去认真分析其中的虚实，就轻率地提出降曹的意见，实在是不像话。现在我们据实核算一下：曹操所率领的中原士卒不过有十五六万人，况且长时间征战，早已疲惫不堪；刚刚得到的刘表部队，最多也不过有七八万人，并且还都各怀猜疑之心。这样用疲惫的士卒，率领心怀猜疑的部众，即使人数再多，也不足以惧怕。我只要有精兵五万，就足够可以制服敌军，希望将军不要有所顾虑！"孙权拍着周瑜的肩膀说："公瑾，你的一席话说到这份儿上，真的是非常合我的心意。张昭、秦松等人，各顾自己的妻子儿女，心存私念，真的令我很失望。唯独你与鲁肃和我的看法一致，这真是上天派你们两个人来辅佐我啊。五万精兵一时难以凑齐，现在已经挑选了三万人，战舰、粮草及武器装备都已经备齐，你和鲁肃、程普先率兵出发，我当继续调集人马，运送充足的辎重、粮草，作为你的后援。如果你能战胜曹军，就要当机立断；一旦失利，就退回到我这里来，我将与曹操决一胜负。"于是，孙权以周瑜、程普为左、右督，率军与刘备合力迎战曹操；以鲁肃为赞军校尉，协助谋划战略。

【原文】

刘备在樊口，日遣逻吏于水次候望权军。吏望见瑜船，驰往白备，备遣人慰劳之。瑜曰："有军任，不可得委署①；傥能屈威②，诚副其所望。"备乃乘单舸往见瑜问曰："今拒曹公，深为得计。战卒有几？"瑜曰："三万人。"备曰："恨少③。"瑜曰："此自足用，豫州但观瑜破之。"备欲呼鲁肃等共会语，瑜曰："受命不得妄委署。若欲见子敬，可别过之。"备深愧喜。

进，与操遇于赤壁。时操军众已有疾疫，初一交战，操军不利，引次江北。瑜等在南岸，瑜部将黄盖曰："今寇众我寡，难与持久。操军方连船舰，首尾相接，可烧而走也。"乃取蒙冲斗舰十艘，载燥荻、枯柴、灌油其中，裹以帷幕，上建旌旗，豫备

【注释】

① 委署：撤离职守。
② 傥：如果，假如。
③ 恨：可惜。
④ 走舸：快艇。

走舸①，系于其尾。先以书遗操，诈云欲降。时东南风急，盖以十舰最著前，中江举帆，余船以次俱进。操军吏士皆出营立观，指言盖降。去北军二里馀，同时发火，火烈风猛，船往如箭，烧尽北船，延及岸上营落。顷之，烟炎张天，人马烧溺死者甚众。瑜等率轻锐继其后，雷鼓大进，北军大坏。操引军从华容道步走，遇泥泞，道不通，天又大风，悉使羸兵负草填之，骑乃得过。羸兵为人马所蹈藉，陷泥中，死者甚众。刘备、周瑜水陆并进，追操至南郡。时操军兼以饥疫，死者太半。操乃留征南将军曹仁、横野将军徐晃守江陵，折冲将军乐进守襄阳，引军北还。

【译文】

　　刘备在樊口驻军，天天派巡逻的士兵在江边眺望孙权的军队。士兵看到周瑜的舰队，就立即驰马回营向刘备报告。刘备赶紧派人前去慰劳。周瑜对前来慰劳的人说："我有重要军务在身，不可以擅离职守，假如刘备能够屈尊前来会面，那正是我所希望的。"刘备于是就乘一只船去见周瑜，说道："现在抗拒曹操，真是很明智的决定。但不知道您这次带了多少兵丁？"周瑜说："三万人。"刘备说："只可惜太少了。"周瑜说："这已经足够用了，将军您就等着看我如何击败曹军吧。"刘备想要召呼鲁肃等人共同谈话，周瑜说："接受军令，不能随意擅离职守，如果您要见鲁肃，可以另去拜见他。"说得刘备既感到惭愧，又感到高兴。

　　周瑜率军继续前进，在赤壁遭遇曹操。当时曹操手下的部众已经有人发生瘟疫。两军刚一交战，曹军失利，不得不引退到长江以北。周瑜等则率军屯驻在长江南岸，周瑜的部将黄盖说道："现在敌众我寡，很难与之长期对峙。曹军正好把战舰连在一起，首尾相接，我们可以用火攻以此击败曹军。"于是便选取蒙冲战舰十艘，装上干荻和枯柴。并在上面浇上油，外面裹上帷幕，上边插着旌旗，预先准备好快艇，栓在船尾。黄盖先派人给曹操送信，谎称准备投降。当时东南风刮得正急，黄盖将十艘战船排在最前面，等到江心时便升起船帆，其余的船在后边依次前进。曹操军中的官兵纷纷出营站着观看，指着船说黄盖前来投降了。眼看离曹军还有二里多远的时候，前边的十艘船同时点火，火烈风猛，船犹如箭一样向前行驶，把曹军的战船全部烧光，火势还蔓延到了设在陆地上的曹军大营。顷刻之间，浓烟滚滚，弥漫了整个天空。曹军人马被烧死和淹死的不计其数。周瑜等人率领轻装的精锐士兵紧随在后，鼓声响彻，奋勇前进，曹军大败。曹操不得不率军从华容道步行撤退，遇到泥泞，道路不通，天又刮起了大风。曹操下令所有老弱残兵背负茅草铺在路上，骑兵才勉强得以通过。老弱残兵被人马所践踏，深陷泥中，死的不计其数。刘备、周瑜于是水陆并进，一路追击曹操直到南郡。这时，曹军饿病交加，死了一多半。曹操于是留下征南将军曹仁、横野将军徐晃镇守江陵，折冲将军乐进镇守襄阳，自己则率军退回北方去了。

魏 纪

孔明殒身

【原文】

魏明帝青龙二年（甲寅，公元234年）

诸葛亮至郿，军于渭水之南①。司马懿引军渡渭，背水为垒拒之，谓诸将曰："亮若出武功，依山而东，诚为可忧；若西上五丈原，诸将无事矣。"亮果屯五丈原。雍州刺史郭淮言于懿曰："亮必争北原，宜先据之。"议者多谓不然，淮曰："若亮跨渭登原，连兵北山，隔绝陇道，摇荡民夷，此非国之利也。"懿乃使淮屯北原。堑垒未成，汉兵大至，淮逆击却之②。亮以前者数出，皆以运粮不继，使己志不伸，乃分兵屯田为久驻之基，耕者杂于渭滨居民之间，而百姓安堵，军无私焉。

司马懿与诸葛亮相守百馀日，亮数挑战，懿不出。亮乃遗懿巾帼妇人之服。懿怒，上表请战，帝使卫尉辛毗杖节为军师以制之③。护军姜维谓亮曰："辛佐治杖节而到，贼不复出矣。"亮曰："彼本无战情，所以固请战者，以示武于其众耳。将在军，君命有所不受，苟能制吾，岂千里而请战邪！"

【注释】

①军：驻军，屯兵。
②逆击却之：领军迎战，击退了蜀军（的攻击）。逆，迎接。
③杖节：执持符节。

【译文】

魏明帝青龙二年（甲寅，公元234年）

诸葛亮率军抵达郿县后，在渭水的南面屯兵。司马懿率军渡过渭水，背水驻军抗拒蜀军，他告诉将领们说："诸葛亮如果从武功发兵，依山而向东行军，是很让人担忧的；如果向西行至五丈原，众将领就没有什么好担忧的了。"诸葛亮果真屯兵五丈原。雍州的刺史郭淮对司马懿说："诸葛亮必定要争夺北原，应当先行一步占据它。"议论的人大多都说这样做没有必要，郭淮说："假如诸葛亮跨过渭水登上北原，连兵北山，阻断长安通往陇西的道路，让百姓和羌人感到动荡不安，这对国家是很不利的。"

司马懿于是令郭淮率军屯驻在北原。营垒还没有建好，蜀汉的大部队已经前来，郭淮提兵迎战，击退了蜀军的进攻。诸葛亮因为前几次出兵，都是由于粮草运送不及时，导致自己的志向无法得到实现，于是就分出部分兵力进行屯田，作为长期驻军的后备，屯田的士卒和渭水之滨的居民混住在一起，而使得百姓安居乐业，蜀军也无私弊。

司马懿与诸葛亮相持了一百多天，诸葛亮多次进行挑战，司马懿却坚守营寨不出。诸葛亮就派人送去妇女使用的头巾、发饰和衣服给司马懿，羞辱他的懦弱，司马懿被激得恼羞成怒，随即上表请求出战。明帝派遣卫尉辛毗手持符节作为军师来节制司马懿的行为。护军姜维对诸葛亮说："辛毗持符节来到，贼军肯定不会再出战了。"诸葛亮说："司马懿原本就无心作战，所以才坚持要请求出战，这是为了向部众表示自己的勇武而已。将领在军中，君主的命令是可以不接受的。如果他真能制胜我军，难道还需要远隔千里而请求作战吗？"

【注释】

① 烦简：多少。

② 戎事：战事，军事。

③ 谘：通"咨"，询问。

④ 公琰：蒋琬的字。蒋琬初随刘备入蜀，后封大将军，辅佐刘禅治蜀。

⑤ 陈：通"阵"。

【原文】

亮遣使者至懿军，懿问其寝食及事之烦简①，不问戎事②。使者对曰："诸葛公夙兴夜寐，罚二十已上，皆亲览焉；所啖食不至数升。"懿告人曰："诸葛孔明食少事烦，其能久乎！"亮病笃，汉主使尚书仆射李福省侍，因谘以国家大计③。福到，与亮语已，别去，数日复还。亮曰："孤知君还意，近日言语虽弥日，有所不尽，更来亦决耳。公所问者，公琰其宜也④。"福谢："前实失不谘请，如公百年后谁可任大事者，故辄还耳。乞复请蒋琬之后，谁可任者？"亮曰："文伟可以继之。"又问其次，亮不答。

是月，亮卒于军中。长史杨仪整军而出。百姓奔告司马懿，懿追之。姜维令仪反旗鸣鼓，若将向懿者，懿敛军退，不敢逼。于是仪结陈而去⑤，入谷然后发丧。百姓为之谚曰："死诸葛走生仲达。"懿闻之，笑曰："吾能料生，不能料死故也。"懿案行亮之营垒处所，叹曰："天下奇才也！"追至赤岸，不及而还。

【译文】

诸葛亮派使者到司马懿军中，司马懿询问使者有关诸葛亮的睡眠、饮食和办事多少，而不打听对方的军事情况。使者回答道："诸葛公早起晚睡，凡是责罚二十杖以上的，都由他亲自过问；每日所吃的饭食不到几升。"司马懿告诉左右亲兵说："诸葛孔明吃得那么少而事务却很繁多，他还能活多久呢！"诸葛亮病重后，汉后主派尚书仆射李福前来探病，附带询问一些国家大事。李福到后，和诸葛亮谈话完毕，便告辞回去，可是没过几天又回来了。诸葛亮说："我明白您返回的意图，连日来虽然谈话不断，但有些事情还没有交代，这次又来听取决定了。你所要问的事，问蒋琬好了。"李福满怀歉意地说道："目前的确不曾询问，但是如果您百年之后，谁可以担当此重任。所以我就又回来了。再请问在蒋琬之后，谁可以担当重任？"诸葛亮说："费祎可以继任。"李福又问："那费祎之后又有谁呢？"诸葛亮闭口不答。

当月，诸葛亮在军中去世，长史杨仪整顿大军撤退。百姓奔跑着去向司马懿报告，司马懿率军追击汉军。姜维命令杨仪调转战旗方向，击鼓前进，装作即将对司马懿发起进攻。司马懿于是收军退后，不敢再向前逼进。于是杨仪结阵撤退，进入斜谷后才为诸葛亮发丧。百姓于是为此事编了一句谚语道："死诸葛亮吓走活仲达。"司马懿听说后笑道："这是为什么我能够料到诸葛亮活着，却不能料到诸葛亮已死的缘故。"司马懿到诸葛亮驻军的营垒前去察看，感叹道："诸葛亮果真是天下的奇才啊！"随后率军追到赤岸，也没有追上蜀军，只好又回来了。

竹林七贤

【注释】

①居丧：居忧。父母死后，在家守丧，不治外事。

②听：听任。

③摈：排斥，抛弃。此处指流放。

④对：指招待客人。

⑤累骑：两人共骑一匹马。

【原文】

魏元帝景元三年（壬午，公元262年）

谯郡嵇康，文辞壮丽，好老、庄而尚奇任侠，与陈留阮籍、籍兄子咸、河内山涛、河南向秀、琅邪王戎、沛人刘伶特相友善，号竹林七贤。皆崇尚虚无，轻蔑礼法，纵酒昏酣，遗落世事。

阮籍为步兵校尉，其母卒，籍方与人围棋，对者求止，籍留与决赌。既而饮酒二斗，举声一号，吐血数升，毁瘠骨立。居丧①，饮酒无异平日。司隶校尉何曾恶之，面质籍于司马昭座曰："卿纵情、背礼、败俗之人，今忠贤执政，综核名实，若卿之曹，不可长也！"因谓昭曰："公方以孝治天下，而听阮籍以重哀饮酒食肉于公座②，何以训人！宜摈之四裔③，无令污染华夏。"昭爱籍才，常拥护之。曾，夔之子也。

阮咸素幸姑婢；姑将婢去，咸方对客④，遽借客马而追之，累骑而还⑤。

【译文】

魏元帝景元三年（壬午，公元262年）

谯郡人嵇康，文辞雄壮华丽，善于谈论《老子》《庄子》，崇尚奇异特立，仗义行侠。他与陈留人阮籍、阮籍的侄子阮咸、河内人山涛、河南人向秀、琅邪人王戎、沛国人刘伶交往颇深，号称竹林七贤。他们都崇尚虚无的论断，轻蔑礼仪法度，平素以纵情畅饮为乐，从来不过问世事。

阮籍担任步兵校尉职务时，他的母亲去世了，当时他正与别人下围棋，对方要求停止，但阮籍非要留下他一决胜负。下完棋后接着又喝了两斗酒，大喝一声，吐血数升，由于极度的哀痛已经消瘦得只剩皮包骨头了。在为母亲服丧期间,每天像以前一样饮酒无度。司隶校尉何曾本来就厌恶他,于是就趁机当着司马昭的面指责阮籍道:"你是个纵情无度、违背礼仪、败坏风俗的人,现在忠臣贤良掌管朝政,要综合考核人事的名与实,像你这样的人,一定不能助长你的邪气!说罢又对司马昭说:"您现在正以孝道治理天下,却任由阮籍服丧期间在您的面前吃肉喝酒,那以后还如何教训别人呢?依我看应该将他放逐到四方蛮荒之地,不让他在此污染我们华夏的良好风气。"司马昭很欣赏阮籍的才华,所以常常扶助保护他。何曾是何夔之子。

阮咸很喜欢姑姑的婢女。等姑姑领着婢女离开时,阮咸正在陪客人,于是连忙向客人借了马去追,之后两个人同骑一匹马回来了。

【原文】

刘伶嗜酒,常乘鹿车①,携一壶酒,使人荷锸随之②,曰:"死便埋我。"当时上大夫皆以为贤,争慕效之,谓之放达。

钟会方有宠于司马昭,闻嵇康名而造之③,康箕踞而锻④,不为之礼。会将去,康曰:"何所闻而来,何所见而去?"会曰:"闻所闻而来,见所见而去!"遂深衔之。

山涛为吏部郎,举康自代。康与涛书,自说不堪流俗,而非薄汤、武。昭闻而怒之。康与东平吕安亲善,安兄巽诬安不孝,康为证其不然。会因谮:"康尝欲助毋丘俭⑤,且安、康有盛名于世,而言论放荡,害时乱教,宜因此除之。"昭遂杀安及康。康尝诣隐者汲郡孙登,登曰:"子才多识寡,难乎免于今之世矣!"

【注释】

① 鹿车:小车,仅可容鹿。
② 锸:锹,铲。
③ 造:拜访。
④ 锻:打铁。
⑤ 毋(guàn)丘俭:毋丘俭要造反,而嵇康欲助之。毋丘,复姓。

【译文】

刘伶嗜酒如命,经常乘坐一辆鹿车,带上一壶酒到处游玩,还让人扛着铁锹跟在后面,他说:"一旦我死了就随时将我埋掉。"当时的士大夫都认为他很贤明,所以争相仿效他的做法,还称之为放达。

　　钟会当时正备受司马昭的宠爱，听到嵇康的声名便前去拜访，嵇康伸着双腿坐在那里满不在乎地打铁，对钟会很不礼貌。钟会即将离去，嵇康问他道："你听说了什么而来，现在见到了什么而去？"钟会说："听我所听到的而来，见我所见到的而去！"从此以后他开始记恨嵇康。

　　山涛出任吏部郎，举荐嵇康代替自己。嵇康写信给山涛，说自己不堪忍受流俗，而又菲薄商汤、周武王。司马昭得知消息后非常愤怒。嵇康与东平的吕安是故交，吕安的哥哥吕巽诬陷吕安不孝，嵇康便为吕安做证说其并非不孝。钟会借机诬告嵇康道："嵇康曾经想要帮助毌丘俭，况且吕安、嵇康声名盖世，然而他们的言论却放荡不羁，毒害时俗，扰乱政治教化，应当借此机会除掉他们。"于是司马昭便杀了吕安和嵇康。嵇康曾经造访过隐士汲郡人孙登，孙登说："你才气多而见识少，恐怕在当今世上难免杀身之祸！"

晋　纪

谢安出山

【注释】

①重名:名震一方。重,程度深。

②征辟:(君主)征召。

③不如此:不应该这样。

④始:才。

【原文】

晋穆帝升平四年(庚甲,公元360年)

谢安少有重名①,前后征辟②,皆不就,寓居会稽,以山水、文籍自娱。虽为布衣,时人皆以公辅期之,士大夫至相谓曰:"安石不出,当如苍生何!"安每游东山,常以妓女自随。司徒昱闻之,曰:"安石既与人同乐,必不得不与人同忧,召之必至。"安妻,刘惔之妹也,见家门贵盛而安独静退,谓曰:"丈夫不如此也③?"安掩鼻曰:"恐不免耳。"及弟万废黜,安始有仕进之志④,时已年四十馀。征西大将军桓温请为司马,安乃赴召,温大喜,深礼重之。

【译文】

晋穆帝升平四年(庚甲,公元360年)

谢安从小就名震一方,朝廷先后多次征召,他都没有就任。他平日里寓居在会稽,从山水、文献典籍中找寻快乐。虽然身为平民百姓,但是当时人们都对他寄予三公和相辅的厚望。士大夫们聚集在一起议论道:"谢安不出来做官,天下的老百姓该怎么办呢?"谢安每次游览东山,总是让一群歌舞女妓相随。司徒司马昱听说这种情形后说道:"谢安既然能够与人同乐,必定不会不与人同忧。只要征召他,他就一定会就任。"谢安的妻子是刘惔的妹妹。她看到谢家门庭显贵兴盛,而谢安却自甘寂寞、退让不思进取,于是就对谢安说:"大丈夫不应该这样吧?"谢安用手捂着鼻子说道:"我恐怕最终也逃脱不了了。"等到他弟弟谢万被废黜以后,谢安这才有了步入仕途的志向,那时他已经四十多岁了。征西大将军桓温向朝廷请求让谢安出任司马,谢安应征赴任。桓温大喜过望,对他以礼相待,十分器重。

苻坚拒谏

【原文】

晋孝武皇帝上之中太元七年（壬午，公元382年）

冬，十月，秦王坚会群臣于太极殿，议曰："自吾承业，垂三十载①，四方略定，唯东南一隅，未沾王化。今略计吾士卒，可得九十七万，吾欲自将以讨之，何如？"秘书监朱肜曰："陛下恭行天罚，必有征无战，晋主不衔璧军门，则走死江海。陛下返中国士民，使复其桑梓，然后回舆东巡②，告成岱宗，此千载一时也！"坚喜曰："是吾志也。"尚书左仆射权翼曰："昔纣为无道，三仁在朝，武王犹为之旋师③。今晋虽微弱，未有大恶；谢安、桓冲皆江表伟人④，君臣辑睦，内外同心。以臣观之，未可图也！"坚嘿然良久⑤，曰："诸君各言其志。"

太子左卫率石越曰："今岁镇守斗，福德在吴，伐之，必有天殃⑥。且彼据长江之险，民为之用，殆未可伐也！"坚曰："昔武王伐纣，逆岁违卜⑦。天道幽远，未易可知。夫差、孙皓皆保据江湖，不免于亡。今以吾之众，投鞭于江，足断其流，又何险之足恃乎！"对曰："三国之君皆淫虐无道，故敌国取之，易于拾遗。今晋虽无德，未有大罪，愿陛下且案兵积谷⑧，以待其衅。"于是群臣各言利害，久之不决。坚曰："此所谓筑室道旁，无时可成。吾当内断于心耳！"

【注释】

①垂：已经。

②舆：车。

③旋师：遣师返回。旋，回转。

④表：模范，榜样。

⑤嘿然：沉默。

⑥天殃：天灾。

⑦岁：太岁。

⑧案兵：同"按兵"，按兵不动。案，通"按"。

【译文】

晋烈宗孝武皇帝上之中太元七年（壬午，公元382年）

冬季，十月，前秦王苻坚在太极殿会见群臣，同他们商议道："自从我继承大业以来，已经有三十年了，四方之地，大致都已经平定，唯独东南一隅，还没有蒙受君王的教化。现在我略微地计算一下我手下的士卒，大概有九十七万，我打算亲自统率他们前去讨伐晋朝，如何？"秘书监朱肜说道："陛下奉行上天的惩罚，一定是只有出征远行而不会发生战斗，晋朝国君不是在军营门前口含璧玉以示投降，就是仓皇出逃，葬身于江海，陛下让中原之国的士人百姓得以返回故土，恢复他们的家园，然后再回车东巡，于岱宗泰山奉告成功，这实在是千载难逢的机会啊。"苻坚高兴地说："这正是我的志向。"尚书左仆射权翼说："古代商纣王暴虐无道，却有微子、箕子、比干三位仁人在朝，周武王尚且因此而遣师返回，放弃讨伐。而今晋朝尽管衰微软弱，但是却没有什么大的罪恶，谢安、桓冲又都是长江一带才智超群的人才，他们君臣和睦，内外同心，依我之见，图谋不得啊！"苻坚沉默了好大一会儿，才说："各位臣子大家各自发表一下意见。"

太子左卫率石越说道："如今木星、土星镇守斗宿，福德全在吴地，如果要出兵讨伐他们，必定会遭受天灾。何况他们凭借着长江天险，百姓又都一心归附他们，恐怕不可以讨伐他们！"苻坚说道："以前周武王讨伐商纣，就是逆着太岁运行的方向前进的，同样违背了占卜的结果。天道幽远，想轻易看透是很不容易的。夫差、孙皓全都凭借江湖天险，但也未能逃避灭亡的灾祸。现在凭借着我军兵力众多，就是全部拿着鞭子投进长江，也足以阻断水流，这样一来，他们又有什么天险足以凭借的呢！"石越回答道："商纣、夫差、孙皓这三个国君，全都是淫虐无道之徒，所以相敌对的国家攻克他们，容易得就像弯下腰来捡拾掉在地上的东西一样。现在晋朝尽管缺乏道德，但是没有什么大的罪恶，希望陛下能暂且屯兵不动，积攒粮食，以等待他们的灾祸降临。"于是群臣们各陈利害，议论了好长时间也没有什么结果。苻坚说："这就是所谓的把房屋修筑在道路旁边。不知道什么时候能够建成。现在我要自行决断了！"

【注释】

① 衅：灾祸。

② 令主：完美的国君。

【原文】

群臣皆出，独留阳平公融，谓之曰："自古定大事者，不过一二臣而已。今众言纷纷，徒乱人意，吾当与汝决之。"对曰：

"今伐晋有三难：天道不顺，一也；晋国无衅①，二也；我数战兵疲，民有畏敌之心，三也。群臣言晋不可伐者，皆忠臣也，愿陛下听之。"坚作色曰："汝亦如此，吾复何望！吾强兵百万，资仗如山；吾虽未为令主②，亦非暗劣。乘累捷之势，击垂亡之国，何患不克，岂可复留此残寇，使长为国家之忧哉③！"融泣曰："晋未可灭，昭然甚明。今劳师大举④，恐无万全之功。且臣之所忧，不止于此。陛下宠育鲜卑、羌、羯，布满畿甸⑤，此属皆我之深仇。太子独与弱卒数万留守京师，臣惧有不虞之变生于腹心肘掖，不可悔也。臣之顽愚，诚不足采；王景略一时英杰，陛下常比之诸葛武侯，独不记其临没之言乎⑥！"坚不听。于是朝臣进谏者众，坚曰："以吾击晋，校其强弱之势⑦，犹疾风之扫秋叶，而朝廷内外皆言不可，诚吾所不解也！"

太子宏曰："今岁在吴分，又晋君无罪，若大举不捷，恐威名外挫，财力内竭，此群下所以疑也！"坚曰："昔吾灭燕，亦犯岁而捷，天道固难知也。秦灭六国，六国之君岂皆暴虐乎！"

③长：成长。
④劳师：疲劳的大军。
⑤畿（jī）甸：京都。
⑥临没之言：临终遗言。
⑦校：比较。

[译文]

众大臣都出去了，只留下了阳平公苻融。苻坚对他说："自古决定大事的人，只不过一两个大臣而已。现在众说纷纭，只会白白扰乱人心，我打算与你一同决定此事。"苻融于是对苻坚说："现在攻打晋朝有三个不利因素：天理不顺，这是其一；晋国自身没有灾祸，这是其二；我军征战频繁，士兵都已疲惫不堪，百姓也都心怀畏敌之心，这是其三。群臣当中说晋朝讨伐不得的人，全都是忠臣，但愿陛下能够听从他们的意见。"苻坚听罢脸色一变说："你也是这样，我还能把希望寄托在谁身上呢！我有百万强兵，财物兵器堆积如山；我虽然不是什么完美的国君，但也并非昏庸之辈。乘着捷报频传的时机，前去攻打垂死挣扎的国家，为何还要担心不能攻克呢？怎能再留下这些残敌，让他们久而久之成为国家的忧患呢！"苻融哭泣着说："晋朝不可以消灭，这是很显然的事情。现在却要大举出动疲劳的军队，恐怕不会取得万无一失的成功。何况我所担忧的，还不止这些。陛下宠信供养鲜卑人、羌人、羯人，使他们遍布京师，这些人都对我国有着深仇大恨。如果只留下太子和数万弱兵守卫京师，我担心会有不测变故在我们的心腹地区发生，到那时后悔就来不及了。这只是我的愚钝见解，也许不值得采纳，王猛却是一时豪杰，陛下曾经时常把他比作诸葛亮，为何唯独不铭记他的临终遗言呢！"苻坚却仍然不听。一时间向苻坚进谏的大臣甚众，苻坚坚持说道："凭借我们的实力攻打晋朝，权衡双方的强弱之势。犹如疾风扫秋叶一样，然而朝廷内外却都说不能攻打，这的确很令我百思不得其解！"

太子苻宏说："现在木星在吴地的分野，加之晋朝国君又没有什么罪恶，假如大举进攻而不告捷，那么我国对外的威名就要受挫，对内则会耗尽资财兵力，这就是群臣之所以产生怀疑的原因！"苻坚说道："先前我们消灭燕国，也是违背了木星的征兆，结果却大获全胜，其实天道本来就是很难测知的。秦灭了六国，六国国君难道都是暴虐之徒吗！"

【注释】

①蕞尔：小的样子。

②混壹之功：统一天下的功业。

③殆：危险。

④历数：更替之道。

⑤沙门：僧人。

⑥乘间：寻找机会。

⑦远方：远方。

【原文】

冠军、京兆尹慕容垂言于坚曰："弱并于强，小并于大，此理势自然，非难知也。以陛下神武应期，威加海外，虎旅百万，韩、白满朝，而蕞尔江南①，独违王命，岂可复留之以遗子孙哉！《诗》云：'谋夫孔多，是用不集。'陛下断自圣心足矣，何必广询朝众！晋武平吴，所仗者张、杜二三臣而已，若从朝众之言，岂有混壹之功②乎！"坚大悦，曰："与吾共定天下者，独卿而已。"赐帛五百匹。

坚锐意欲取江东，寝不能旦。阳平公融谏曰："'知足不辱，知止不殆③。'自古穷兵极武，未有不亡者。且国家本戎狄也，正朔会不归人。江东虽微弱仅存，然中华正统，天意必不绝之。"坚曰："帝王历数④，岂有常邪！惟德之所在耳！刘禅岂非汉之苗裔邪，终为魏所灭。汝所以不如吾者，正病此不达变通耳！"

坚素信重沙门道安⑤，群臣使道安乘间进言⑥。十一月，坚与道安同辇游于东苑，坚曰："朕将与公南游吴、越，泛长江，临沧海，不亦乐乎！"安曰："陛下应天御世，居中土而制四维，自足比隆尧、舜，何必栉风沐雨，经略遐方乎！且东南卑湿，沴气易构，虞舜游而不归，大禹往而不复。何足以上劳大驾也！"坚曰："天生庶民，而树之君，使司牧之，朕岂敢惮劳，使彼一方独不被泽乎！必如公言，是古之帝王皆无征伐也！"道安曰："必不得已，陛下宜驻跸洛阳，遣使者奉尺书于前，诸将总六师于后，彼必稽首入臣，不必亲涉江、淮也。"坚不听。

【译文】

冠军将军、京兆尹慕容垂向苻坚上疏道："弱被强所并，小被大所吞。这其实是再自然不过的道理和趋势，并非难以理解。以陛下这样的神明威武，顺应天意，威名远扬海内外，拥有百万强兵劲旅，有缘韩信、白起那样的良将遍布朝野，而江南区区弹丸之地，单独敢违抗王命，怎能再留下他们而给子孙后代造成祸患呢？《诗经》上说：'谋划的人太多，所以事情才会不成功。'陛下独自在内心做出决断就完全可以了，何必再广泛地征询群臣的意见呢！晋武帝之所以能平定吴国，所仰仗的只有张华、杜预等两三位大臣罢了，假如听从群臣的意见，哪里还能有统一天下的功业！"苻坚听后十分高兴地说："能与我共同平定天下的人，只有你而已。"随即赐给慕容垂五百匹绢帛。

苻坚一心想要攻取长江以东，睡觉还没到早晨就醒了。阳平公苻融于是劝谏他道："'知道满足就不会感到耻辱，知道停止就不会出现危险。'自古以来，穷兵黩武的人没有不自取灭亡的。何况我们的国家原本就属戎狄，天下的正宗嫡传肯定不甘心归附我们这样的外族人。长江以南尽管衰微软弱，苟延残喘，但是他们是中华民族的正统，天意必定不会灭绝他们。"苻坚说："帝王更替的天道，怎么能一成不变呢！只看道德之所在。刘禅难道不是汉朝的后裔吗？但是他最终被魏国所灭。你之所以不如我，毛病就是因为你不懂得变通的道理。"

　　苻坚向来宠信重视僧人道安，众大臣于是让道安寻找机会向苻坚进谏。十一月，苻坚与道安共同乘坐一辆车前往东苑游览。苻坚说："朕打算与你南游吴、越之地，到长江上泛舟，亲自登临沧海，这难道不是很快乐的事情吗？"道安说："陛下顺应天意统治天下，身居中原却能控制四方，自身的功劳就足以比得上尧、舜，现在何必还要栉风沐雨，图谋经营远方呢？况且东南地处低洼潮湿之地，很容易造成灾害不祥之气，虞、舜前去游猎就再也没有回来，大禹只去了一趟就再也没有去第二趟，哪里会值得劳您大驾呢！"苻坚说："上天造就了民众并为他们树立了君主，就是为了让君主统治他们，朕难道敢因为害怕辛劳，而唯独让那一方土地不蒙受恩泽吗！果真像你说的那样，那么古代的帝王就全都不需要征伐之事了！"道安说："一定要做下去的话，陛下就应该停驻在洛阳，先派使者送书信给他们，再让众将领统领六军紧随其后，他们必定会俯首称臣，这样您就不必亲自涉足长江、淮河了。"苻坚仍然不听。

【注释】

① 浚：疏通。
② 帅：通"率"，率领。
③ 因：顺应。
④ 预：干预。
⑤ 有：受。
⑥ 孺子：小孩子。

【原文】

　　坚所幸张夫人谏曰："妾闻天地之生万物，圣王之治天下，皆因其自然而顺之，故功无不成。是以黄帝服牛乘马，因其性也；禹浚九川①，障九泽，因其势也；后稷播殖百谷，因其时也；汤、武帅天下而攻桀、纣②，因其心也。皆有因则成，无因则败③。今朝野之人皆言晋不可伐，陛下独决意行之，妾不知陛下何所因也。《书》曰：'天聪明自我民聪明。'天犹因民，而况人乎！妾又闻王者出师，必上观天道，下顺人心。今人心既不然矣，请验之天道。谚云：'鸡夜鸣者不利行师，犬群嗥者宫室将空，兵动马惊，军败不归。'自秋、冬以来，众鸡夜鸣，群犬哀嗥，厩马多惊，武库兵器自动有声，此皆非出师之祥也。"坚曰："军旅之事，非妇人所当预也④！"

　　坚幼子中山公诜最有宠⑤，亦谏曰："臣闻国之兴亡，系贤人之用舍。今阳平公，国之谋主，而陛下违之；晋有谢安、桓冲，而陛下伐之，臣窃惑之。"坚曰："天下大事。孺子安知⑥！"

【译文】

苻坚所宠幸的张夫人劝谏他道："我听说天地滋生万物，圣王统治天下，全都是因为顺应自然，所以功业没有不成的。这就是为什么黄帝能够驯服牛马，就是因为顺应了它们的天性；为什么大禹能够疏通九川，挡住九泽，就是因为顺应了它们的地势；为什么后稷能够播种繁殖百谷，就是因为顺应了天时；为什么商汤、周武王能够率领天下人攻克夏桀、商纣，就是因为顺应了天下人的心愿。全都是顺应就会成功，不顺应就会失败。现在朝野上下都说晋朝不可讨伐，唯独陛下一意孤行，我不知道陛下这是顺应了什么。《尚书》上说道：'上天的聪慧明察源自于民众的聪慧明察。'上天尚且需要顺应民意，更何况人呢？我还听说君王征发军队，一定要上观天道，下顺人心。现在人心既然不同意征讨晋朝，那么就请您再验证一下天道吧。俗话说：'鸡在夜里鸣叫不利于出征，狗群一起嗥叫宫室将空，兵器响动，圈马蹶惊，将会军败不归。'自打秋季、冬季以来，众鸡夜鸣，群犬哀嚎，圈马多惊，武库里的兵器自己响动，这些都是不利于出师的预兆啊。"苻坚说："军旅之事，并非妇人所应当干预的！"

苻坚的小儿子中山公苻诜最受父亲宠爱，因此他也劝谏苻坚道："我听说国家的兴亡，和对贤明之人的任免关系很大。现在阳平公苻融，身为国家的主谋，然而陛下却违背他的意见；晋朝有谢安、桓冲，然而陛下却要前去讨伐他们，我私下里为此感到很迷惑！"苻坚说："天下大事，小孩子哪里知道！"

淝水之战

【注释】

①拜：授予官职。

②势还不远：照此形势看来，凯旋的时间不会太久。

③起第：造好府第。

④风尘：比喻战乱。

⑤闲：熟悉。

⑥龙骧建业：指苻坚以龙骧将军苻生的官位，杀苻生而得秦国。

⑦征：征兆。

【原文】

晋烈宗孝武皇帝太元八年（癸未，公元383年）

秦王坚下诏大举入寇，民每十丁遣一兵；其良家子年二十已下，有材勇者，皆拜羽林郎①。又曰："其以司马昌明为尚书左仆射，谢安为吏部尚书，桓冲为侍中；势还不远②，可先为起第③。"良家子至者三万余骑，拜秦州主簿金城赵盛之为少年都统。是时，朝臣皆不欲坚行，独慕容垂、姚苌及良家子劝之。阳平公融言于坚曰："鲜卑、羌虏，我之仇雠，常思风尘之变以逞其志④，所陈策画，何可从也！良家少年皆富饶子弟，不闲军旅⑤，苟为谄谀之言以会陛下之意耳。今陛下信而用之，轻举大事，臣恐功既不成，仍有后患，悔无及也！"坚不听。

八月，戊午，坚遣阳平公融督张蚝、慕容垂等步骑二十五万为前锋；以兖州刺史姚苌为龙骧将军，督益、梁州诸军事。坚谓苌曰："昔朕以龙骧建业⑥，未尝轻以授人，卿其勉之！"左将军窦冲曰："王者无戏言，此不祥之征也⑦！"坚默然。

慕容楷、慕容绍言于慕容垂曰："主上骄矜已甚，叔父建中兴之业，在此行也！"垂曰："然。非汝，谁与成之！"

【译文】

晋烈宗孝武皇帝太元八年（癸未，公元383年）

前秦王苻坚下诏命令开始大举进攻东晋。百姓中每十个成年人中选派一人充军；良家子弟中，年龄在二十岁以下的、有才智有勇气的人，全都被授官羽林郎。还说："晋朝以司马昌明为尚书左仆射，谢安为吏部尚书，桓冲为侍中。照此形势看来，凯旋的时间不会太久，可以先行造好府第再出发。"良家子弟被征的有三万多骑兵，苻坚任命秦州主簿赵盛之为少年都统。当时，满朝大臣都不希望苻坚出征，却唯独慕容垂、姚苌以及良家子弟对此赞同。阳平公苻融劝谏苻坚道："鲜卑、羌族的虏臣，是我朝的仇敌，朝思暮想地期盼着风云变化以完成他们的心愿，他们所陈述的策略，怎么能够听从呢！良家少年全都是富家子弟，他们根本不懂军事，只是苟且进献阿谀奉承之言来讨得陛下欢心罢了。现在陛下如果相信并依从了他们的话，轻率地发起大规模的进攻，臣恐怕这既不能大功告成，而且紧接着还会产生后患，到那时可就后悔莫及了！"苻坚还是没有听从。

八月初二，苻坚令阳平公苻融督帅张蚝、慕容垂等人率领步、骑兵二十五万人作为前锋，以兖州刺史姚苌为龙骧将军，统领益州、梁州诸军事。苻坚对姚苌说："以前我凭借龙骧将军的官位建立了大业，还不曾轻易地把这个官位授予别人，你就努力干吧！"左将军窦冲说："君王无戏言，这话是不祥的征兆！"苻坚一时沉默。

慕容楷、慕容绍向慕容垂进言道："君主的骄纵傲慢日益严重，叔父建立中兴大业，就在此行了！"慕容垂说："是。除了你们，谁还能和我一起完成大业呢？"

【原文】

甲子，坚发长安，戎卒六十馀万①，骑二十七万，旗鼓相望，前后千里。九月，坚至项城②，凉州之兵始达咸阳，蜀、汉之兵方顺流而下，幽、冀之兵至于彭城，东西万里，水陆齐进，运漕万艘。阳平公融等兵三十馀万，先至颍口。

诏以尚书仆射谢石为征虏将军、征讨大都督，以徐、兖二州刺史谢玄为前锋都督，与辅国将军谢琰、西中郎将桓伊等众共八万拒之；使龙骧将军胡彬以水军五千援寿阳。琰，安之子也。

是时，秦兵既盛，都下震恐③。谢玄入，问计于谢安，安夷然，答曰："已别有旨。"既而寂然。玄不敢复言，乃令张玄重请。安遂命驾出游山墅，亲朋毕集，与玄围棋赌墅。安棋常劣于玄，是日，玄惧，便为敌手而又不胜。安遂游陟④，至夜乃还。

【注释】

①戎卒：兵士。

②项城：今河南项城。

③都下：京都之下，京城。

④陟：升，登。

⑤无阙：不缺乏。

⑥庙堂之量：身居朝廷的气量。

⑦左衽：古代少数民族的服饰。后也用左衽为外族统治的代称。

桓冲深以根本为忧，遣精锐三千人援京师。谢安固却之，曰："朝廷处分已定，兵甲无阙⑤，西藩宜留以为防。"冲对佐吏叹曰："谢安右有庙堂之量⑥，不闲将略。今大敌垂至，方游谈不暇，遣诸不经事少年拒之，众又寡弱，天下事已可知，吾其左衽矣⑦！"

【译文】

八月初八，苻坚从长安发兵，将士共有六十多万，骑兵二十七万，旌旗战鼓遥遥相望，前后绵延千里。九月，苻坚到达项城，凉州的大军刚刚到达咸阳，蜀、汉方面的兵力正顺流而下，幽州、冀州的军队抵达彭城，东西万里，水陆并进，运输军粮的船只多达万艘。阳平公苻融等人的三十多万兵力，先期抵达颍口。

东晋下诏，以尚书仆射谢石为征虏将军、征讨大都督，以徐、兖二州的刺史谢玄为前锋都督，与辅国将军谢琰、西中郎将桓伊等人率领八万兵丁抵抗前秦。并让龙骧将军胡彬带领五千水师援助寿阳。谢琰是谢安的儿子。

当时，前秦的军队已经十分强盛，东晋京城里人人震惊恐惧。谢玄入朝，向谢安征询应对策略。谢安一副泰然样子，回答道："我已经别有打算了。"说罢就闭口无言。谢玄也不敢再多问，于是就让张玄重新请求指令。谢安随即命令手下驾车出游山间别墅，亲朋好友云集，同谢玄在别墅里玩围棋赌博。谢安的棋术一直比不过谢玄，这天，谢玄却因为内心恐慌，在很有利的形势下投子打劫，不能取胜。谢安跋山涉水，一直到晚上才回来。桓冲很为国家的根基大业担忧，随即派精锐部队三千人入城援救京师。谢安坚决加以阻拦，对他说："朝廷已经做出处理决定。士兵都不缺乏武器，应当留在西藩之地以作防备。"桓冲于是对藩府参佐感叹道："谢安虽有身居朝廷的气量，但不熟悉带兵作战的谋略。现在大敌当头，还能尽情游玩，高谈阔论，只是派遣未经战事的年轻人前去抵御，再加兵力有限，力量薄弱，天下大局已经可以看出，我们就要受到外族的统治了！"

[原文]

冬，十月，秦阳平公融等攻寿阳；癸酉，克之，执平虏将军徐元喜等①。融以其参军河南郭褒为淮南太守。慕容垂拔郧城。胡彬闻寿阳陷，退保硖石，融进攻之。秦卫将军梁成等帅众五万屯于洛涧，栅淮以遏东兵②。谢石、谢玄等去洛涧二十五里而军，惮成，不敢进。胡彬粮尽，潜遣使告石等曰："今贼盛，粮尽，恐不复见大军！"秦人获之，送于阳平公融。融驰使白秦王坚曰："贼少易擒，但恐逃去，宜速赴之！"坚乃留大军于项城，引轻骑八千，兼道就融于寿阳③。遣尚书朱序来说谢石等以"强弱异势，不如速降"。序私谓石等曰："若秦百万之众尽至，诚难与为敌。今乘诸军未集，宜速击之；若败其前锋，则彼已夺气，可遂破也。"

石闻坚在寿阳，甚惧，欲不战以老秦师④。谢琰劝石从序言。十一月，谢玄遣广陵相刘牢之帅精兵五千人趣洛涧⑤，未至十里，梁成阻涧为陈以待之⑥。牢之直前渡水，击成，大破之，斩成及弋阳太守王咏，又分兵断其归津⑦，秦步骑崩溃，争赴淮水，士卒死者万五千人。执秦扬州刺史王显等，尽收其器械军实⑧。于是谢石等诸军水陆继进。秦王坚与阳平公融登寿阳城望之。见晋兵部阵严整，又望见八公山上草木，皆以为晋兵，顾谓融曰："此亦劲敌，何谓弱也！"怃然始有惧色⑨。

[注释]

①执：俘虏。
②栅淮以遏东兵：在淮水上设立栅栏以阻挡东晋军队的进攻。栅，动词，用竹、木、铁条等做成的阻拦或防卫物。遏，阻拦，阻挡。
③兼道：加倍赶路。就：会师。
④老：使对方衰竭、疲惫。
⑤刘牢之：东晋名将。趣(qū)：趋赴，奔向。
⑥陈：通"阵"，军阵。
⑦归津：退路。
⑧器械军实：军用器械和粮饷。
⑨怃(wǔ)然：怅然失意的样子。

[译文]

入冬，十月，前秦阳平公苻融等人率军进攻寿阳。十月十八日，寿阳被攻克，平虏将军徐元喜等人被俘虏。苻融让他的参军河南人郭褒出任淮南太守。慕容垂攻破郧城。胡彬得知寿阳被攻陷的消息后，退到硖石进行守卫，苻融于是出兵攻打硖石。前秦卫将军梁成等率领五万兵众屯驻在洛涧，沿着淮河设防以遏制东面的兵力。谢石、谢玄等在距离洛涧二十五里的地方驻扎，因为顾忌梁成而不敢向前。胡彬的粮食很快耗尽，于是秘密地派使者向谢石等报告说："现在贼寇兵力强盛而我军的粮食已经用尽，恐怕不能再见到大军了！"前秦人俘获了胡彬，把他送到了阳平公苻融那里。苻融火速派使者向前秦王苻坚报告说："现在贼寇力量稀少，容易擒获，但是恐怕他们会逃走，应该迅速派兵前来。"苻坚于是把大部队留在了项城，亲自带领八千轻骑，日夜兼程赶到寿阳与苻融会师。苻坚还派尚书朱序前去劝说谢石等人，说道："我们双方兵力强弱悬殊，不如迅速投降。"朱序却在暗地里对谢石等人说："如果秦国的百万兵力全部抵达，的确难以与他们相抗衡。现在乘着各路军队还没有云集，应当迅速出击。如果能打败他们的前锋，那么他们会因此而丧失士气，随即就可以一举攻破他们。"

谢石听说苻坚在寿阳，很惧怕，企图用不交战的策略来拖垮前秦军队。谢琰劝谢石采纳朱序的建议。十一月，谢玄派广陵相刘牢之率领精兵五千进军洛涧，在距离洛涧不到十里的地方，梁成扼守山涧部署兵阵正等待着刘牢之的到来。刘牢之径直向前渡河，抗击梁成，结果大败梁成，斩杀了梁成和弋阳太守王咏。又分派兵力阻断了他们归途上的渡口，前秦的步、骑兵于是全都崩溃，争先恐后地向淮水逃亡，有一万五千兵丁死于此次战争，前秦扬州刺史王显等人也被擒获，秦军的武器军粮全部被收缴。于是谢石等各路晋军分别从水路、陆路双管齐下。前秦王苻坚与阳平公苻融登上寿阳城观望，只见东晋的军队严阵以待，向远处看又望见了八公山上的草木，也都以为是东晋的士兵。苻坚于是回头对苻融说："这也是强劲的敌人，为何说他们兵力薄弱呢？"苻融茫然若失，脸上渐渐有了恐惧的神色。

【注释】

①蹙(cù)：逼近，逼迫。

②蔑：没有。

③麾(huī)：指挥。

【原文】

秦兵逼淝水而陈，晋兵不得渡。谢玄遣使谓阳平公融曰："君悬军深入，而置陈逼水，此乃持久之计，非欲速战者也。若移陈小却，使晋兵得渡，以决胜负，不亦善乎！"秦诸将皆曰：

"我众彼寡，不如遏之，使不得上，可以万全。"坚曰："但引兵少却，使之半渡，我以铁骑蹙而杀之①，蔑不胜矣②！"融亦以为然，遂麾兵使却③。秦兵遂退，不可复止，谢玄、谢琰、桓伊等引兵渡水击之。融驰骑略陈④，欲以帅退者，马倒，为晋兵所杀，秦兵遂溃。玄等乘胜追击，至于青冈；秦兵大败，自相蹈藉而死者⑤，蔽野塞川。其走者闻风声鹤唳⑥，皆以为晋兵且至，昼夜不敢息，草行露宿，重以饥冻，死者十之七八。初，秦兵小却，朱序在陈后呼曰："秦兵败矣！"众遂大奔。序因与张天锡、徐元喜皆来奔。获秦王坚所乘云母车及仪服器械、军资珍宝畜产不可胜计⑦，复取寿阳，执其淮南太守郭褒。

坚中流矢，单骑走至淮北，饥甚，民有进壶飧、豚髀者⑧，坚食之，赐帛十匹，绵十斤。辞曰："陛下厌苦安乐，自取危困。臣为陛下子，陛下为臣父，安有子饲其父而求报乎？"弗顾而去。坚谓张大人曰："吾今复何面目治天下乎！"潸然流涕⑨。

谢安得驿书，知秦兵已败，时方与客围棋，摄书置床上，了无喜色，围棋如故。客问之，徐答曰："小儿辈遂已破贼。"既罢，还内，过户限⑩，不觉屐齿之折。

④驰骑略陈：骑着马来回奔驰，想要压住阵脚。
⑤蹈藉(jiè)：践踏。
⑥风声鹤唳(lì)：形容惊慌失措，或自相惊扰。唳，鹤叫声。
⑦云母车：以云母为装饰的车。
⑧壶飧(sūn)：一壶水泡饭。飧，晚饭，饭食。豚髀(tǔnbì)：猪腿。
⑨潸(shān)然流涕：伤心流泪的样子。
⑩限：门槛。

[译文]

前秦的军队紧逼淝水而列阵，东晋的军队根本无法渡过。谢玄于是派使者对阳平公苻融说："您孤军深入，然而现在却紧逼淝水布阵，这是长久对峙的策略，并非准备速战速决的架势。如果能让兵阵稍微后移，好让晋朝的军队得以渡河，以决胜负，这不是很好吗？"前秦部将都说："我众敌寡，不如遏制他们，让他们不能上岸，这样便可以万无一失。"苻坚说："只要率领部众稍微后撤一点儿，让他们渡河渡到一半，这时我们再出动铁甲骑兵奋勇拼杀！"苻融也表示赞同，随即挥舞战旗指挥兵众后撤。前秦的军队一退就不可收拾。谢玄、谢琰、桓伊等因此得以率领军队渡过河去攻击他们。苻融骑马巡视军阵，企图统率退逃的兵众，结果战马倒地，苻融于是被东晋的士兵斩杀，前秦的军队顿时崩溃。谢玄等乘胜追击，一路追到青冈，前秦的军队大败，自相践踏而死的人，遮蔽山野堵塞山川。逃亡的人听到刮风的声音和鹤的鸣叫声，都以为是东晋的军队即将来到，所以昼夜不敢停歇，慌不择路，风餐露宿，饥寒交迫，十个中间有七、八个因此惨死。起初，前秦的军队向后稍微撤退时，朱序趁机在墨阵后面大声呼喊："秦军已经失败了！"兵众们听后随即狂奔乱逃。朱序趁乱与张天锡、徐元喜都前去投奔东晋。缴获了前秦王苻坚所乘坐的装饰有云母的车驾以及礼仪服饰、军事器械、军用物资、珍奇宝物和畜产品等不计其数。接着又攻取了寿阳，前秦的淮南太守郭褒被生擒。

苻坚身中流箭，单枪匹马逃到了淮河以北，饥饿得厉害，当地百姓送来了盛在壶里的水泡饭、猪骨头，苻坚吃后，赏赐给他们十匹布帛、十斤绵。这些人却推辞说道："陛下厌恶困苦。安于享乐，自取危难。我是陛下的儿子，陛下是我的父亲，哪里有儿子给父亲饭吃还求回报的呢！"说罢他们没看一眼赏赐的东西便离开了。苻坚因此对张夫人说："我现在还有什么脸面去治理天下呢！"说话间潸然泪下。

谢安接到了驿站传送的书信，得知前秦的军队已经失败，当时他与客人正在下围棋，看完信就把它放到了床上，一点儿喜悦的样子都没有，继续下他的围棋。客人问他信中说了什么，只听他慢条斯理地回答道："小孩子们已经战胜敌寇了。"下完棋后，他回到屋里，跨过门槛的时候，竟然高兴得连屐齿折断都没有察觉。

宋　纪

笔尖忠心

【注释】

①魏主：指魏太武帝拓跋焘，424—452 年在位。

②捽（zuó）：抓，揪。

③筑社：建造社坛。社，祭祀土地神的地方。

④蹇蹶：跛脚，走路不稳，跌跌撞撞的样子。

【原文】

宋文帝元嘉二十一年（甲申，公元444年）

古弼为人，忠慎质直。尝以上谷苑囿太广，乞减太半以赐贫民，入见魏主①，欲奏其事。帝方与给事中刘树围棋，志不在弼；弼侍坐良久，不获陈闻。忽起，捽树头②，掣下床，搏其耳，殴其背，曰："朝廷不治，实尔之罪！"帝失容，舍棋曰："不听奏事，朕之过也，树何罪！置之！"弼具以状闻，帝皆可其奏。弼曰："为人臣无礼至此，其罪大矣。"出诣公车，免冠徒跣请罪。帝召入，谓曰："吾闻筑社之役③，蹇蹶而筑之④，端冕而事之，神降之福。然则卿有何罪！其冠履就职。苟可以利社稷、便百姓者，竭力为之，勿顾虑也。"

【译文】

宋文帝元嘉二十一年（甲申，公元444年）

古弼为人忠诚、谨慎、质朴、正直，他曾经认为，皇家的园林里谷苑占的面积太大，期望能减少一半，好赏赐给贫苦百姓。于是就入朝拜见北魏王，打算把自己的想法当面上奏给魏王。当时，魏王正与给事中刘树在下围棋，下得非常忘我，完全没有理睬站在一旁的古弼。古弼等了好久，都没有机会向魏王陈述这件事。古弼猛然站起身，一把揪住刘树的头发，把他扯到了座椅下，又揪他的耳朵，又是猛敲他的后背，怒声斥责道："国家没有得到治理，全都是你的罪过！"魏王被这突如其来的变故弄得目瞪口呆，赶紧放下棋子说："不听你的上奏，是我的过错。刘树他有何罪过？还不快放开他！"古弼随即把事情一一地上奏给魏王，魏王听后全都准许了。然后，古弼说："我作为臣子。却在陛下面前如此无礼，我的罪过太大了！"然后直接到公车署，摘掉帽子、光着脚请有关官员处置。皇帝得知消息，便令人将他召回，对他说："我听说修筑祭坛的人，弯腰驼背干活儿的样子，看上去实在是不雅观，等到祭坛筑好后。我们前去虔诚地祭拜，却显得非常高雅神圣，神灵不仅不会责怪他们的不雅形象，还会赐给他们福运。既然如此，那么你又有何罪过呢？你还是重新戴好帽子，穿好鞋，继续履行好你的职责吧！只要是对江山社稷有利的事情，给百姓提供便利的事情，你只管尽全力去做，不要有任何顾虑！"

【原文】

八月，乙丑，魏主畋于河西，尚书令古弼留守。诏以肥马给猎骑，弼悉以弱者给之。帝大怒曰："笔头奴敢裁量朕①！朕还台，先斩此奴！"弼头锐，故帝常以笔目之。弼官属惶怖，恐并坐诛，弼曰："吾为人臣。不使人主盘于游畋，其罪小；不备不虞②，乏军国之用，其罪大。今蠕蠕方强③，南寇未灭，吾以肥马供军，弱马供猎，为国远虑，虽死何伤！且吾自为之，非诸君之忧也。"帝闻之，叹曰："有臣如此，国之宝也。"赐衣一袭，马二匹，鹿十头。

它日，魏主复畋于山北，获麋麂数千头。诏尚书发车五百乘以运之。诏使已去，魏主谓左右曰："笔公必不与我，汝辈不如以马运之。"遂还。行百馀里，得弼表曰："今秋谷悬黄④，麻菽布野，猪鹿窃食，鸟雁侵赘，风雨所耗，朝夕三倍。乞赐矜缓⑤，使得收载⑥。"帝曰："果如吾言，笔公可谓社稷之臣矣！"

【注释】

①笔头：笔尖。裁量：削减，估量，衡量。指不按旨令去做。

②不备不虞：没有准备。备、虞，准备，戒备。

③蠕蠕：古代北方少数民族的名字。

④悬黄：指谷子成熟时的金黄颜色。

⑤矜缓：谨慎地推迟、延缓运送。

⑥收载：收割运送。

【译文】

公元444年八月初三，魏王到河西去打猎。下令尚书令古弼留守京城。魏王下诏让古弼挑选膘肥体壮的好马供他在打猎时使用。然而，古弼违背诏令，提供给魏王猎队的是瘦弱的马匹。皇帝因此勃然大怒道："笔尖这奴才竟敢违背我的命令办事，等我返回京城，首先处死他！"古弼的头形稍微有点尖，所以皇上经常称呼他为"笔尖"。古弼的下属官员们听到皇上发怒的消息，无不胆战心惊，唯恐自己受到牵连。古弼于是安慰他们道："我身为人臣，让国君不能尽情地享受打猎的乐趣，这罪过尚小。如果不能做好充分准备，随时应付突发事件，不能满足军国大事之用，那才是大罪过。如今北方的蠕蠕正渐渐强大，南方的贼寇也没有全部消灭，我现在把壮马提供给军队，而把弱马供给君王打猎，正是考虑到了国家的长远利益，假如因此而被处死又有何妨呢？而且这是我自己做的事情，跟你们没有任何关系，你们不用担忧。"魏王听说后，不禁赞叹道："国家能有这样的臣子，真是国家的宝物啊！"随即赏给古弼一件衣服、两匹马、十头鹿。

有一天，魏王又一次前往北山打猎，这次总共捕猎麋鹿数千头，于是就下诏命令尚书派五百辆车去运回来。等到送诏书的人走了以后，魏王对左右随从说道："笔尖公肯定不会派车给我，你们不如用马驮猎物回去吧。"于是，大家便带着麋鹿启程返回。走了一百多里路后，魏王收到了古弼派人送来的奏表，表上写道："如今正是秋收季节，田里的稻谷已经黄熟，棉、麻、豆类遍布山野，由于飞禽走兽窃食和自然风雨的损害，庄稼每天都遭受很大的损失。臣请求陛下准许我稍晚一点儿发车，以使庄稼能够得到及时抢收。"魏王看完后说："果然不出我所料，笔尖公真不愧是国家的忠臣啊！"

齐 纪

范缜论神

【注释】

①子良:指齐竟陵王萧子良。释氏:佛教创始人释迦牟尼的省称,后泛指佛教。

②江左:长江下游以南地区。

③赋食、行水:端饭送水。

④用:功用,指表现。

⑤利:锐利,锋利。此处指刀刃。

⑥乖剌:违逆,不合。

【原文】

齐武帝永明二年(甲子,公元484年)

子良笃好释氏①,招致名僧,讲论佛法,道俗之盛,江左未有②。或亲为众僧赋食、行水③,世颇以为失宰相体。

范缜盛称无佛。子良曰:"君不信因果,何得有富贵、贫贱?"缜曰:"人生如树花同发,随风而散:或拂帘幌坠茵席之上,或关篱墙落粪溷之中。坠茵席者,殿下是也;落粪溷者,下官是也。贵贱虽复殊途,因果竟在何处!"子良无以难。缜又著《神灭论》,以为:"形者神之质,神者形之用也④。神之于形,犹利之于刀⑤;未闻刀没而利存,岂容形亡而神在哉!"此论出,朝野喧哗,难之终不能屈。太原王琰著论讥缜曰:"呜呼范子!曾不知其先祖神灵所在!"欲以杜缜后对。缜对曰:"呜呼王子!知其先祖神灵所在而不能杀身以从之!"子良使王融谓之曰:"以卿才美,何患不至中书郎;而故乖剌为此论⑥,甚可惜也!宜急毁弃之。"缜大笑曰:"使范缜卖论取官,已至令、仆矣,何但中书郎邪!"

【译文】

齐世祖武皇帝永明二年(甲子,公元484年)

萧子良平生笃信佛教,他经常招来许多高僧讲论佛法,当时佛教的盛行,在江左一带还从未有过。有时候,萧子良甚至亲自为和尚们端饭倒水,世人都觉得他有失宰相的体统。

范缜大谈特谈世间本无佛。萧子良说:"你不相信因果报应,可是为何世间会有贫贱、富贵之分呢?"范缜说道:"人生在世,如同树上的花朵一样,同时生发又都同时随风飘散;可是有的轻拂竹帘帷幕飘落到了床褥上,有的越过篱笆围墙落到了粪坑里。

落到床褥之上的就好比是殿下您，而落到粪坑里的就是下官我了。尽管我们之间贵贱迥异，但其中的因果报应到底表现在哪里呢？"萧子良听后，难以应对。范缜后来又写了《神灭论》一书，在书中这样写道："形体，是精神的根本；精神则是形体的外在表现和产物。精神对于形体来说，就好比是利刃与刀，从来都没有听说过有丢失了刀而利刃还在的道理，那又怎么会有形体消亡而精神犹在的事情呢？"这一理论一经提出，朝野内外一片哗然，多方诘难，最终也未能让范缜屈服。太原人王琰写文章讥讽范缜道："呜呼范子！竟然不知道他祖先的神灵的所在！"王琰企图以此封住范缜的嘴。范缜却反讥道："呜呼王子！知道他祖先的神灵在哪里，却不肯自杀随他们前往！"萧子良让王融前去劝说范缜道："凭着您这样的才华，还怕当不上中书郎吗？却故意发表这种荒谬过激的论断，真是太令人遗憾了。您应当赶紧毁弃那些文章。"范缜听后，哈哈大笑着说："假如让我范缜出卖自己言论去换取官位，那么，我现在恐怕早已经做到尚书令、仆射了，岂止是一个小小的中书郎！"

魏孝文帝

【注释】

①左：指东方。

②弈叶：累世，几代。

③中土：中原。

④虎交：虎皮的花纹斑斓多彩。比喻因时制宜，革新创制。

⑤龙兴：喻王者兴起。

⑥沮：阻止，止。

⑦逆：迎。

⑧卜宅：选择都城。即迁都。

⑨经略：规划治理，经营谋划。

⑩周、汉：指周武王、汉武帝。

【原文】

齐武帝永明十一年（癸酉，公元493年）

魏主以平城地寒，六月雨雪。风沙常起，将迁都洛阳；恐群臣不从，乃议大举伐齐，欲以胁众。斋于明堂左个①，使太常卿王谌筮之，遇"革"，帝曰："'汤、武革命，顺乎天而应乎人。'吉孰大焉！"群臣莫敢言。尚书任城王澄曰："陛下弈叶重光②，帝有中土③；今出师以征未服，而得汤、武革命之象，未为全吉也。"帝厉声曰："繇云'大人虎变④'，何言不吉！"澄曰："陛下龙兴已久⑤，何得今乃虎变！"帝作色曰："社稷我之社稷，任城欲沮众邪⑥！"澄曰："社稷虽为陛下之有，臣为社稷之臣，安可知危而不言！"帝久之乃解，曰："各言其志，夫亦何伤！"

既还宫，召澄入见，逆谓之曰⑦："向者《革卦》，今当更与卿论之。明堂之忿，恐人人竞言，沮我大计，故以声色怖文武耳。想识朕意。"因屏人，谓澄曰："今日之举，诚为不易。但国家兴自朔土，徙居平城；此乃用武之地，非可文治。今将移风易俗，其道诚难，朕欲因此迁宅中原，卿以为何如？"澄曰："陛下欲卜宅中土⑧，以经略四海⑨，此周、汉之所以兴隆也⑩。"帝曰："北人习常恋故，必将惊扰，奈何？"澄曰："非常之事，故非常人之所及。陛下断自圣心，彼亦何所能为！"帝曰："任城，吾之子房也！"

【译文】

齐武帝永明十一年（癸酉，公元493年）

魏孝隋文帝因为平城天气寒冷，六月暑天还在下雪，而且经常狂风大作，漫天飞沙，因此打算将京都迁到洛阳。但他又担心群臣不同意，于是就提议大举讨伐南齐，企图用这种名义胁迫大家。在明堂南厢东边的偏殿斋戒几日后，便令太常卿王谌占卜，得到了"革卦"，孝隋文帝说："'商汤王和周武王施行变革，是顺应了上天的命令，顺应了百姓的心意。'恐怕没有比这更吉祥的卦了。"群臣没有人敢说什么。尚书任城王拓跋澄说："陛下继承几代先皇打下的江山，并将它发扬光大，从而拥有了中原土地，可是现在要讨伐还没有臣服的对象，这时候得到商汤和周武王变革的象辞，恐怕并不全是吉利的征兆吧。"孝隋文帝听后厉声说道："繇辞上说'大人物要施行猛虎一样的变革'，你为何说这不吉利呢？"拓跋澄说："陛下如同飞龙一样兴起已经好久了，为何到今天才又实施如同老虎一样的变革？"孝隋文帝立即脸色大变，说："江山，是我的江山，任城王想要阻止大家吗？"拓跋澄说："江山固然为陛下所有，而我身为江山社稷之臣，怎能明知有危险不说出来呢？"孝隋文帝过了良久才稍微缓和了口气，说道："每个人都可以发表自己的见解，这又何妨呢？"

孝隋文帝回到皇宫以后，即刻召拓跋澄晋见，劈头就说："刚刚关于'革卦'的看法，现在我要和你进一步探讨一下。明堂之上，我之所以大发雷霆，是因为害怕大家都竞相发言，坏了我的大事，因此我才会声色俱厉，只不过是用来吓唬文武百官罢了。我知道，你肯定会理解我的用意的。"说罢屏退左右侍从，对拓跋澄说："今天我想要做的这件事，的确是很不容易的。我们的国家建立于北方疆土，后来又迁都到了平城。可是，平城仅仅是用武力开疆拓土的地方，并非可以进行治理教化的地方。如今我想要进行移风易俗的重大变革，可是这条路走起来的确太难了，我只是想借着大军南征的声势，而迁都到中原，你认为怎么样？"拓跋澄说："陛下您打算迁都到中原，以此扩大疆土，统领四海，这一想法其实正是以前周王朝和汉王朝之所以兴盛不衰的原因。"孝隋文帝说："北方人习惯留恋原来的生活方式，到那时他们肯定会惊恐骚动起来，那可怎么办？"拓跋澄回答道："不平凡的事，原本就不是平凡的人所能做得到的。陛下您的决断，源自于您圣明的内心，他们能有何办法呢？"孝隋文帝随即高兴地说:"任城王真不愧是我的张子房呀!"

【注释】

①加:加封。

②霖雨:连绵大雨。

③戎服:穿着军服。

④稽颡(sǎng):古代一种跪拜礼,屈膝下拜,以额触地,表示极度的虔诚。

⑤庙算:朝廷确定的谋略。

⑥混壹:统一天下。

⑦斧钺有常:借指重刑。斧钺,古代兵器,用于斩刑。常,规矩,规则。

⑧辍(chuò):停止,停息。

【原文】

魏主使录尚书事广陵王羽持节安抚六镇,发其突骑。丁亥,魏主辞永固陵;己丑,发平城,南伐,步骑三十余万;使太尉丕与广陵王羽留守平城,并加使持节①。羽曰:"太尉宜专节度,臣正可为副。"魏主曰:"老者之智,少者之决,汝无辞也。"

魏主自发平城至洛阳,霖雨不止②。丙子,诏诸军前发。丁丑,帝戎服③,执鞭乘马而出。群臣稽颡于马前④。帝曰:"庙算已定⑤,大军将进,诸公更欲何云?"尚书李冲等曰:"今者之举,天下所不愿,唯陛下欲之;臣不知陛下独行,竟何之也!臣等有其意而无其辞,敢以死请!"帝大怒曰:"吾方经营天下,期于混壹⑥,而卿等儒生,屡疑大计;斧钺有常⑦,卿勿复言!"策马将出,于是安定王休等并殷勤泣谏。帝乃谕群臣曰:"今者兴发不小,动而无成,何以示后!朕世居幽朔,欲南迁中土;苟不南伐,当迁都于此,王公以为何如?欲迁者左,不欲者右。"安定王休等相帅如右。南安王桢进曰:"'成大功者不谋于众。'今陛下苟辍南伐之谋⑧,迁部洛邑,此臣等之愿,苍生之幸也。"群臣皆呼万岁。时旧人虽不愿内徙,而惮于南伐,无敢言者;遂定迁都之计。

【译文】

孝隋文帝派录尚书事广陵王拓跋羽手持皇帝的符节到六镇去做安抚工作,顺便征调六镇的突击骑兵。初九,孝隋文帝离开永固陵。九月十一日,孝隋文帝亲自率领步、骑兵三十多万,从平城出发,开始大规模的南征。同时命令太尉拓跋丕和广陵王拓跋羽留守平城,并加封他们为使持节。拓跋羽说:"太尉应当全权负责管理,臣做他的副手正好。"孝隋文帝说:"年纪大的人有经验,遇事能够深谋远虑;年纪轻的人有气魄,遇事能够当机立断,因此,你就不要推辞了。"

孝隋文帝从平城出发后，直到抵达洛阳，雨一直下个不停。九月二十八日，孝隋文帝下诏命令各路大军继续向南进发。九月二十九日，孝隋文帝身着戎装，挥动马鞭骑着战马准备继续出发。文武百官见状赶紧牵住马缰，不断地叩拜。孝隋文帝说："作战计划已经决定，各路大军将要继续前进，你们想要说什么呢？"尚书李冲等人说："我们现在的举动，并不是天下人的心愿，唯独陛下一个人想要实现它。臣不知道陛下独自行走，究竟要到什么地方去。我们空有一腔报效祖国的心愿，却得不到表达的机会，所以只得冒死向陛下请求。"孝隋文帝随即大发雷霆道："我如今正打算征服外邦，一统天下，治国安邦，而你们这等文弱书生，却屡次怀疑这一重大决策。杀人用的斧钺自然有它们的用途，请你们不要再多说了！"说罢，又纵马要走，这时，安定王拓跋休等人一起前来好言劝谏，哭泣阻止。孝隋文帝只得又一次向大家解释道："如今我们出动了大规模的军队，光出动却没有什么成就，我们将来拿什么让后人看？朕世世代代居住在幽朔，一直想要南迁到中原。假如我们不再继续向南征伐，那么，我们就应当把京都迁到这里，你们对这样做有何看法？同意迁都的人就站在左边，不同意的站在右边。"于是，安定王拓跋休等将帅站到了右边，南安王拓跋桢走近孝隋文帝说道："'成就大事的人，并不需要征询众人的意见。'现在，假如陛下放弃向南征伐的计划，而将京都迁到洛邑，这正是我们的心愿，也是老百姓的一大幸事。"文武百官随即都高呼万岁。当时，鲜卑人尽管不愿意向南迁徙，可又害怕再继续南征，因此也就没敢再说什么。北魏的迁都大计，就这样确定了下来。

[原文]

李冲言于上曰："陛下将定鼎洛邑①，宗庙宫室，非可马上行游以待之。愿陛下暂还代都②，俟群臣经营毕功③，然后备文物、鸣和銮而临之④。"帝曰："朕将巡省州郡，至邺小停⑤，春首即

[注释]

①定鼎：指迁都。
②代都：指平城。
③俟：等到。

④备文物、鸣和鸾：准备好车驾及典章文物（迎接孝文帝）。和鸾，古代车上的铃铛。

⑤邺(yè)：今河北临漳境内。

⑥如：到。

⑦经营：营造，建造。

⑧解严：解除戒严令。

⑨坛：祭坛。滑台：河南滑县

⑩行庙：天子巡幸或大军出征临时所立的庙。

⑪开伏：开悟心服。

还，未宜归北。"乃遣任城王澄还平城，谕留司百官以迁都之事，曰："今日真所谓革也。王其勉之！"

冬，十月，戊寅朔，魏主如金墉城⑥，征穆亮，使与尚书李冲、将作大匠董尔经营洛都⑦。己卯，如河南城；乙酉，如豫州；癸巳，舍于石济。乙未，魏解严⑧，设坛于滑台城东⑨，告行庙以迁都之意⑩。大赦。起滑台宫。任城王澄至平城，众始闻迁都，莫不惊骇。澄援引占今，徐以晓之，众乃开伏⑪。澄还报于滑台，魏主喜曰："非任城，朕事不成。"

【译文】

李冲对孝隋文帝说："陛下想要迁都洛邑，那么，皇家宗庙和皇宫、府第等都要重新建造，这些并非骑马游走的工夫就可以建成的，所以我希望陛下能够暂时回到代都，等到群臣把所有事情都做好以后，陛下您再备齐仪仗，在宁静祥和的銮铃声中驾临新的京都。"孝隋文帝说："朕正打算到各个州郡去巡查，如今正好借这个机会，先到邺城停留一阵，等明年一开春就返回，而不宜先回北方。"说罢就派任城王拓跋澄返回平城，向留守在那里的官员们宣布迁都的事情。任城王临行前，孝隋文帝对他说："现在才是'革卦'上真正的'革'，希望你能把事情办好。"

十月初一，孝隋文帝前往金墉城，征召穆亮，下令他和尚书李冲、将作大匠董尔一起负责新都洛阳的营建工作。十月初二，前往河南城；初八，前往豫州；十月十六日，宿于石济；十月十八日，诏令北魏境内解除戒严，在滑台城东边修筑祭坛。向随行的祖宗牌位据实禀报迁都的想法。下令大赦天下。修建滑台宫。任城王拓跋澄抵达平城，众人刚刚听到迁都的消息时，无不感到震惊。于是，拓跋澄引经据典，晓之以理、动之以情向大家具体阐明这样做的好处。最后，大家终于释然了。拓跋澄随即回到滑台向孝隋文帝汇报了这一情况，孝隋文帝非常高兴，说道："如果没有任城王，朕的事不能成功啊。"

梁　纪

骨肉情深

【注释】

①伏辜：服罪。

②都下：京城。

③骠骑航：以萧宏的官名——骠骑大将军命名的浮桥。航，连船而成的浮桥。

④奢僭(jiàn)：奢侈到超越自己的名分的地步。

⑤殖货：即"货殖"，经商赢利，此处指贪敛钱财。

⑥垂：几乎达到。

⑦关籥(yuè)：看管。

【原文】

梁武帝天监十七年（戊戌，公元518年）

临川王宏妾弟吴法寿杀人而匿于宏府中，上敕宏出之，即日伏辜①。南司奏免宏官，上注曰："爱宏者兄弟私亲，免宏者王者正法。所奏可。"五月，戊寅，司徒、骠骑大将军、扬州刺史临川王宏免。

宏自洛口之败，常怀愧愤，都下每有窃发②，辄以宏为名，屡为有司所奏，上每赦之。上幸光宅寺，有盗伏于骠骑航③，待上夜出；上将行，心动，乃于朱雀航过。事发，称为宏所使，上泣谓宏曰："我人才胜汝百倍，当此犹恐不堪，汝何为者？我非不能为汉文帝，念汝愚耳！"宏顿首称无之故因匿法寿免宏官。

宏奢僭过度④，殖货无厌⑤。库屋垂百间⑥，在内堂之后，关籥甚严⑦，有疑是铠仗者，密以闻。上于友爱甚厚，殊不悦。佗日，送盛馔与宏爱妾江氏曰："当来就汝欢宴。"独携故人射声校尉丘佗卿住，与宏及江大饮，半醉后，谓曰："我今欲履行汝后房。"即呼舆径往堂后。宏恐上见其货贿，颜色怖惧。上意益疑之，于是屋屋检视，每钱百万为一聚，黄榜标之，千万为一库，悬一紫标，如此三十余间。上与佗卿屈指计，见钱三亿余万，余屋贮布绢丝绵漆蜜纻蜡等杂货，但见满库，不知多少。上始知非仗，大悦，谓曰："阿六，汝生计大可！"乃更剧饮至夜，举烛而还。兄弟方更敦睦。

【译文】

梁武帝天监十七年（戊戌，公元518年）

临川王萧宏的小妾有个弟弟叫吴法寿，他杀了人之后，藏匿在萧宏的王府中，梁武帝知道了这件事后命令萧宏立刻交出吴法寿来，当天就下令处决了他。有官员上奏章请求罢免萧宏的官职，梁武帝在奏章上批示道："爱护萧宏是出于兄弟私情，罢免他的职务是为了端正国家的王法，这项提议准奏。"于是于五月二十四日免去了萧宏的司徒、骠骑大将军、扬州刺史、临川王等职务。

萧宏自从洛口兵败以来，一直心怀愧疚和愤恨。建安城里每次捉住窃贼，都会供出是由萧宏指使的，有关部门先后多次将此事上奏给梁武帝，梁武帝每次都赦免了萧宏。武帝打算去光宅寺，于是就有人躲在骠骑桥上，准备趁夜里在他路过时行刺。临出发前梁武帝好像有所感应，于是就改走朱雀桥。后来士兵捉住了刺客，经过盘问说是萧宏派来的。梁武帝听后非常生气，泪流满面地对萧宏说："我的人品和才智胜过你百倍，可是在治理国家方面仍然感到力不从心，不足以胜任如此重担，你觉得你能行吗？我并非不敢像汉文帝那样心狠手辣，只是我念及你我的兄弟情谊，你怎么就不明白呢？"萧宏吓得不住叩头称自己绝对没有那样想。梁武帝于是就借着这次萧宏藏匿杀人犯吴法寿的机会而罢免了他的官职。

萧宏平素生活奢靡过度，贪得无厌，想尽办法聚敛钱财。在他的宅邸里有数百间库房，内堂里面戒备森严，有人怀疑那里是萧宏私藏军器的地方，企图用来造反，于是便将这一情报悄悄地上报给梁武帝。梁武帝一向十分看重骨肉亲情，因此听说这件事后很不悦。有一天，梁武帝派人给萧宏的爱妾江氏送去了丰盛的食物，并捎话给她，说："我等会儿就到府上来开怀畅饮。"武帝果然当天晚上带上老部下射声校尉丘佗卿到萧宏家赴宴。等到萧宏和江氏都喝得醉醺醺的时候，梁武帝突然说道："我想到你的后房看看。"说罢就叫车径直往后堂驰去。梁武帝的举动把半醉的萧宏吓得一下子清醒过来，他恐怕皇上看见了他的那些财物，神色十分恐惧紧张。梁武帝看到他的反应，心里就更加疑惑了，于是一间挨着一间地仔细搜查。但令他感到意外的是，屋里根本没有任何兵器，只看见每一百万钱被放作一堆，用黄榜作为标记；每一千万钱为一库，门上悬着一个紫色的标计；像这样的钱库大约有三十多间。武帝和丘佗卿屈指一算，大概有三亿多万，其他的房间里也都是贮存着大量的布帛、丝绸、棉絮、漆器、蜡之类的杂物。只看见仓库里堆得满满的，究竟有多少却弄不清楚。这样一来，让梁武帝的一颗悬着的心终于放了下来，弄清楚萧宏的库房里并没有私藏什么兵器，武帝因此非常高兴，他说："老六，你的生活过得可真好啊！"这场风波平息后。他们重新回到宴席上欢饮达旦。从此以后，两兄弟的关系更加和睦了。

萧统早逝

【原文】

梁武帝中大通三年（辛亥，公元531年）

夏，四月，乙巳，昭明太子统卒①。太子自加元服，上即使省录朝政，百司进事，填委于前，太子辩析诈谬②，秋毫必睹，但令改正，不加案劾③，平断法狱，多所全宥④，宽和容众，喜愠不形于色。好读书属文，引接才俊，赏爱无倦。出宫二十余年，不畜声乐⑤。每霖雨积雪，遣左右周行闾巷，视贫者赈之。天性孝谨，在东宫，虽燕居⑥，坐起恒西向，或宿被召当入，危坐达旦。及寝疾，恐贻帝忧，敕参问，辄自力手书。及卒，朝野惋愕，建康男女，奔走宫门，号泣道路。

初，昭明太子葬其母丁贵嫔，遣人求墓地之吉者。或赂宦者俞三副求卖地，云若得钱三百万，以百万与之。三副密启上，言"太子所得地不如今地于上为吉"。上年老多忌，即命市之。葬毕，有道士云："此地不利长子，若厌之⑦，或可申延⑧。"乃为蜡鹅⑨及诸物埋于墓侧长子位⑨。宫监鲍邈之、魏雅初皆有宠于太子，邈之晚见疏于雅，乃密启上云："雅为太子厌祷⑩。"上遣检掘，果得鹅物，大惊，将穷其事，徐勉固谏而止，但诛道士。由是太子终身惭愤，不能自明。及卒，上征其长子南徐州刺史华容公欢至建康，欲立以为嗣，衔其前事，犹豫久之，卒不立，庚寅，遣还镇。

臣光曰：君子之于正道，不可少顷离也，不可跬步失也。以昭明太子之仁孝，武帝之慈爱，一染嫌疑之迹，身以忧死，罪及后昆⑪，求吉得凶，不可湔涤⑫，可不戒哉！是以诡诞之士，奇邪之术，君子远之。

【译文】

梁武帝中大通三年（辛亥，公元531年）

【注释】

①卒：去世。
②诈谬：是非真伪。
③案劾：追究罪责。
④宥：宽恕，饶恕。
⑤畜：通"蓄"，蓄养。
⑥燕居：指休闲时。
⑦厌：通"魇"，用巫术镇服妖邪。
⑧申延：宽延。
⑨蜡鹅：用蜜蜡制的鹅形物品，是殉葬的厌禳物。
⑩厌祷：以巫术祈祷鬼神。
⑪后昆：后代子孙。
⑫湔（jian）涤：洗涤，洗刷。

四月初六，梁朝昭明太子萧统去世。昭明太子自从举行加冠礼以来，梁武帝便开始让他着手处理朝政，百官前来奏事，都要先汇集到太子那里。昭明太子一向明辨是非真伪，对不适当之处往往洞察秋毫，但只是下令有关部门加以改正，不追究罪责。太子执法公正，对罪犯常常加以保全宽恕，待人宽厚和蔼，很能容人，喜怒哀乐都不表现在脸上。昭明太子喜好读书写文章，引进接纳有才能的人，赞赏宠爱，毫无倦怠。太子生活在东宫二十多年了，从不蓄养乐工歌妓。每逢天降大雨或积雪不化的时候，昭明太子就会派左右侍从出去巡视大街小巷，一发现穷苦之人就马上予以赈济。昭明太子生性孝顺，居住在东宫，纵然是休闲的时候，起坐都要面朝西边，假如事先接到诏令，让他第二天入宫晋见，那么当天晚上他就会正襟危坐一直到天明。太子病情加重后，唯恐梁武帝为此感到担忧，每次梁武帝派人送来问候的敕文，太子都要亲手写信奏答。等到昭明太子去世的时候，朝野上下都为此万分惊愕惋惜，建康城里的男女老少，无不奔向宫门，沿途到处都传来哭泣声。

起初，昭明太子在埋葬他的生母丁贵嫔的时候，就曾派人到处求购风水好的墓地。有人趁机贿赂宦官俞三副，让他将自己的地卖给昭明太子，并承诺假如得到三百万钱的话，那么就将其中的一百万钱送给俞三副。俞三副因此暗中上奏梁武帝，说道："太子所买的地还不如现在这块土地对皇上您更为吉祥。"梁武帝上了年纪，所以有很多忌讳，听了这些，于是便命人将这块地买了下来。等丁贵嫔下葬以后，有个道士对太子说："这块地对长子不利，但如果想办法镇一镇，或许还能宽延一下。"随即将蜡鹅以及其他物品一起埋在了丁贵嫔墓侧的长子之位。宫监鲍邈之、魏雅当初都深受昭明太子的宠幸，鲍邈之后来和魏雅产生隔阂，于是就背地里向梁武帝启奏道："魏雅竟然敢为太子诅咒祈祷。"梁武帝听后便派人到墓地去挖掘，果真挖出了蜡鹅等物。梁武帝大惊，本打算彻底追查此事。徐勉竭力相劝，才勉强阻止了梁武帝，只是把当初的那位道士给处决了。因为这件事，太子终生惭愧忧愤，难以证明自己的清白。等到太子去世以后，梁武帝便将太子的长子南徐州刺史华容公萧欢召回建康，打算立萧欢为继承人，但心中却仍然记恨着先前那件事，后来犹豫了很久，最终还是没有把萧欢立为继承人，而是把他又打发回了南徐州。

臣司马光说：君子行走在正道上，不能有一丁点儿的偏离，也不能有半步的过失啊！像昭明太子这样的仁孝之子，像梁武帝这样的慈爱之君，一旦染上了一点儿嫌疑，不仅太子自己忧愤而死。甚至还要连累到子孙后代。昭明太子本想求吉反而得到凶，以致无法洗脱自己的冤屈，我们怎能不引以为戒呢？因此对于那些诡诈怪诞之徒、奇异奸邪之术，君子要远远地避开才好。

陈 纪

后主亡国

【原文】

陈长城公至德二年（甲辰，公元584年）

是岁，上于光昭殿前起临春、结绮、望仙三阁，各高数十丈，连延数十间，其窗、牖、壁带、县楣、栏、槛皆以沈、檀为之，饰以金玉，间以珠翠，外施珠帘，内有宝床、宝帐，其服玩瑰丽，近古所未有。每微风暂至①，香闻数里。其下积石为山，引水为池，杂植奇花异卉②。

上自居临春阁，张贵妃居结绮阁，龚、孔二贵嫔居望仙阁，并复道交相往来。又有王、李二美人③，张、薛二淑媛，袁昭仪、何婕妤、江修容，并有宠，迭游其上。以宫人有文学者袁大舍等为女学士。仆射江总虽为宰辅，不亲政务，日与都官尚书孔范、散骑常侍王瑗等文士十余人，侍上游宴后庭，无复尊卑之序，谓之"狎客"④。上每饮酒，使诸妃、嫔及学士与狎客共赋诗，互相赠答，采其尤艳丽者，被以新声，选宫女千余人习而歌之，分部迭进。其曲有《玉树后庭花》《临春乐》等，人略皆美诸妃嫔之容色。君臣酣歌，自夕达旦，以此为常。

张贵妃名丽华，本兵家女，为龚贵嫔侍儿，上见而悦之，得幸，生太子深。贵妃发长七尺，其光可鉴，性敏慧，有神彩，进止详华⑤，每瞻视眄睐⑥，光采溢目，照映左右。善候人主颜色，引荐诸宫女；后宫咸德之，竞言其善。又有厌魅之术⑦，常置淫祀于宫中⑧，聚女巫鼓舞。上怠于政事，百司启奏，并因宦者蔡脱儿、李善度进请；上倚隐囊⑨，置张贵妃于膝上，共决之。李、蔡所不能记者，贵妃并为条疏，无所遗脱。因参访外事，人间有一言一事，贵妃必先知白之；由是益加宠异，冠绝后庭。宦官近习，内外连结，援引宗戚，纵横不法，卖官鬻狱，货赂公行；赏罚之命，不出于外⑩。大臣有不从者，因而谮之。于是孔、张之

【注释】

①暂至：轻拂。

②杂：混杂。

③美人：汉代以后妃嫔中一个等级的别称。

④狎客：指关系亲昵、常在一起嬉游饮宴的人。

⑤详华：周密审慎而华丽。

⑥眄睐：看。

⑦厌（yā）魅：古代方术，以诅咒、祈祷魅惑人。

⑧淫祀：不合礼制规定的祭祀。

⑨隐（yìn）囊：坐榻上供人倚凭的软囊。类抱枕。

⑩不出于外：意思是说政令不是从中书令发出，而是出自后宫。

⑪熏灼：比喻气焰逼人。

权熏灼四方⑪，大臣执政皆从风谄附。

【译文】

陈长城公至德二年（甲辰，公元584年）

这一年，陈后主在皇宫光昭殿前修筑临春、结绮、望仙三座楼阁。每一座楼阁都高达数十丈，连延数十间，门、窗、壁带、悬楣、栏杆等都是用沉木和檀木雕刻而成，并装饰以黄金、玉石或者珍珠、翡翠等，楼阁的门窗外都悬挂着珠帘，室内摆放着宝床、宝帐，穿戴赏玩的东西瑰奇华丽，都是近古以来所未有的。每当微风轻拂，沉木、檀木便会香飘数里。楼阁下用石头堆积成假山，引水为池，并且还混杂种植着奇花异草。

陈后主自己居住在临春阁，张贵妃居住在结绮阁，龚、孔两贵嫔居住在望仙阁，彼此通过各楼阁间的复道互相来往。此外，后宫之中还有王美人、李美人、张淑媛、薛淑媛、袁昭仪、何婕妤、江修容都为陈后主所宠幸，她们也常常到三座楼阁上游玩享乐。陈后主还任命宫女中有文才的袁大舍等人为女学士。尚书仆射江总尽管担任宰相一职，但是却不亲自处理政事，天天与都官尚书孔范、散骑常侍王等十几个文官，伺候后主在皇宫后庭游玩宴乐，在那里不讲究君臣尊卑次序，被称作"狎客"。陈后主每次举办酒宴，都让诸位妃、嫔和学士等狎客一起赋诗作文，互相赠答，然后从中挑选特别艳丽的诗作，谱成新曲，再挑选宫女千余人练习歌唱，分部上演。其歌曲有《玉树后庭花》《临春乐》等，大多是夸赞各位妃、嫔的美丽容貌的。君臣饮酒听歌，通宵达旦，习以为常。

张贵妃名叫丽华，原本是兵家之女，后为龚贵妃的婢女，陈后主对她一见钟情。她很快得到了陈后主的宠幸，生下了太子陈深。张贵妃的头发大约有七尺长，乌黑油亮，又机敏聪慧，富有文采，举止优雅端庄。每当她顾盼凝视之时，更显得光彩照人，照映左右。张贵妃善于察言观色，体察后主的心意，为后主引荐宫女；因此后宫的妃、嫔、宫女一律对她感恩戴德，竞相在陈后主面前夸赞她的善良。她又擅长装神弄鬼的巫术，常常在后宫中举行一些不合礼仪的祭祀活动，聚集女巫在那里鼓瑟跳舞，把整个后宫弄得乌烟瘴气。陈后主懒得处理政事，朝中文武百官只要有所启奏，都必须经由宦官蔡脱儿、李善度呈进请示；陈后主于是靠在松软的靠垫上，把张贵妃抱坐在他的膝盖上，两人共同审批奏表，裁决政事。大凡蔡脱儿、李善度两人所没能记住的，张贵妃都会逐条地加以分析，因此任何遗漏都没有。张贵妃还经常参访了解皇宫以外的事情，人世间的一言一事，张贵妃必定预先知道，然后如实禀告陈后主。陈后主因此更加宠幸她，这样一来，张贵妃的地位就远远超过了后宫的所有妃、嫔。陈后主近旁的宦官和亲信里外勾结，狼狈为奸，援引宗属亲戚，横行霸道，卖官鬻狱，贿赂公行，甚至连朝廷赏罚命令，也都尽出宫外。外朝的大臣稍有违背旨意的，就会遭到的陷害。一时间，孔贵嫔、张贵妃权倾朝野、炙手可热，执掌朝政的王公大臣无不竞相逢迎攀附。

【原文】

孔范与孔贵嫔结为兄妹；上恶闻过失，每有恶事，孔范必曲为文饰①，称扬赞美，由是宠遇优渥②，言听计从。群臣有谏者，辄以罪斥之。中书舍人施文庆，颇涉书史，尝事上于东宫，聪敏强记，明闲吏职，心算口占，应时条理，由是大被亲幸。又荐所善吴兴沈客卿、阳惠朗、徐哲、暨慧景等。云有吏能，上皆擢用之；以客卿为中书舍人。客卿有口辩，颇知朝廷典故，兼掌金帛局。旧制：军人、士人并无关市之税③。上盛修宫室，穷极耳目，府库空虚，有所兴造，恒苦不给。客卿奏请不问士庶并责关市之征，而又增重其旧。于是以阳惠朗为太市令，暨慧景为尚书金、仓都令史，二人家本小吏，考校簿领④，毫厘不差；然皆不达大体，督责苛碎，聚敛无厌，士民嗟怨。客卿总督之，每岁所入，过于常格数十倍。上大悦，益以施文庆为知人，尤见亲重，小大众事，无不委任。转相汲引，珥貂蝉者五十人⑤。

【注释】

①文饰：文过饰非，掩饰不好的事情。

②优渥：丰足，优厚。

③关市：关塞和集市。指设在交通要道的集市，也指边境互市市场。此处指前一个义项。

④考校：考试，考核。

⑤珥貂蝉：泛指近贵之臣。

⑥部曲：军队。

⑦至：通"致"，导致。

孔范自谓文武才能，举朝莫及，从容白上曰："外间诸将，起自行伍，匹夫敌耳。深见远虑，岂其所知！"上以问施文庆，文庆畏范，亦以为然；司马申复赞之。自是将帅微有过失，即夺其兵，分配文吏；夺任忠部曲以配范及蔡徵⑥。由是文武解体，以至覆灭⑦。

【译文】

都官尚书孔范与孔贵嫔结拜为兄妹；陈后主厌恶听到大臣批评自己有过失的话，所以每次他办了错事，孔范必定会设法为他掩饰开脱，并且还对他进行称颂赞美。因此，陈后主对孔范极为宠信礼遇，常常对他言听计从。文武百官有胆敢直言进谏的，孔范都会给他冠以罪名，然后将他排挤出朝。中书舍人施文庆向来博览群书，陈后主当初还是皇太子的时候，施文庆曾供职于东宫，因为他聪明机敏，博闻强记，通晓深谙吏职政务，善于心算口占，随时随地都能把事情处理得井然有序，所以深受陈后主的亲近和宠幸。施文庆还向陈后主举荐了他的好友吴兴人沈客卿、阳惠朗、徐哲、暨慧景等人，说他们都有担任官吏的才能，陈后主因此对他们都给予提拔重用，并让沈客卿出任中书舍人。沈客卿生性能言善辩，很懂得朝廷的典章常例，兼带执掌中书省金帛局。按照旧制：国家不对军人、官吏征收入市关税。可是因为陈后主大兴土木、修筑宫室，装饰极其奢华，造成国库亏空，财政枯竭，再稍微有所兴造，就时常苦于没钱支付。沈客卿于是奏请不论官吏还是平民，都要对其征收入市关税，而且还提请增加征收数额。陈后主随即让阳惠朗出任太市令，暨慧景出任尚书金、仓都令史。阳、暨二人本是小吏出身，考校文簿，丝毫不差；然而都不识为政大体，督责苛刻烦碎，聚敛贪得无厌，一时间，官吏百姓怨声载道。沈客卿督导总领，每年所得的收入，都超过往年数额的数十倍。陈后主因此大为喜悦，更加认为施文庆有善于知人的贤明，尤其亲信倚重他，把大小政事都悉数交由他处理。施文庆一伙人转相引荐，显赫朝野的多达五十人。

孔范自以为是文武全才，朝堂上下没有人能够与之相比，于是从容自若地对陈后主说道："朝外那些带兵作战的将帅，都出身行伍，空有匹夫之勇。至于深谋远虑、运筹帷幄，他们哪里会知晓！"陈后主因此征询施文庆的意见，施文庆因为畏惧孔范的权势，所以就随声附和；中书通事舍人司马申也对孔范的见解表示赞同。从此以后，将帅只要稍有过失，就立刻会被削夺兵权，分配给文职官吏；领军将军任忠的部曲因此被夺取分配给孔范和蔡徵。于是文臣武将全都离心离德、行将解体，最终导致了陈朝的覆灭。

隋 纪

高颎被黜

【原文】

隋文帝开皇十九年（己未，公元599年）

独孤后性妒忌，后宫莫敢进御。尉迟迥女孙①，有美色，先没宫中。上于仁寿宫见而悦之，因得幸。后伺上听朝②，阴杀之，上由是大怒，单骑从苑中出，不由径路，入山谷间二十馀里。高颎、杨素等追及上，扣马苦谏。上太息曰："吾贵为天子，不得自由！"高颎曰："陛下岂以一妇人而轻天下③！"上意少解④，驻马良久，中夜方还宫。后俟上于阁内，及至，后流涕拜谢，颎、素等和解之，因置酒极欢。先是后以高颎父之家客，甚见亲礼，至是，闻颎谓己为一妇人，遂衔之⑤。

时太子勇失爱于上，潜有废立之志⑥，从容谓颎曰⑦："有神告晋王妃，言王必有天下，若之何？"颎长跪曰："长幼有序，其可废乎！"上默然而止。独孤后知颎不可夺⑧，阴欲去之。

东会上令选东宫卫士以入上台⑨，颎奏称："若尽取强者，恐东宫宿卫太劣。"上作色曰⑩："我有时出入，宿卫须得勇毅。太子毓德东宫⑪，左右何须壮士！此极弊法。如我意者，恒于交番之日⑫，分向东宫，上下团伍不别，岂非佳事！我熟见前代，公不须仍踵旧风⑬。"颎子表仁，娶太子女，故上以此言防之。

【注释】

①女孙：孙女。
②伺：趁机。
③轻：抛弃。
④意：怒气。
⑤衔：怀恨在心，特指怀恨，怨恨。
⑥潜：暗中。
⑦从容：不慌不忙，正色。
⑧夺：夺志，改变想法。
⑨上台：指三公、宰辅出入的大殿。
⑩作色：脸上变色。指神情变严肃或发怒。
⑪毓（yù）德：修养德行。
⑫交番：轮流值班。
⑬踵（zhǒng）：跟随，继续。

【译文】

隋文帝开皇十九年（己未，公元599年）

独孤皇后生性妒忌，后宫没有人敢伺候皇上过夜。尉迟迥的孙女长得貌美如花，一直被埋没在后宫之中。有一次，隋文帝在仁寿宫看见她后便对她一见钟情，从此便开始专宠于她。独孤皇后知道这件事后，不禁妒火中烧，于是就趁隋文帝上朝听政时，派人将她杀掉。隋文帝因此被气得大发雷霆，独自驰马从苑中奔出，不走顺畅的大路，却径直往深山老林中前进了二十多里。高颎、杨素等人一路骑马追了上来，上前拉住他的马头苦苦劝说。隋文帝听后长长叹了一口气，道："我贵为天子，却连一点儿自由都没有！"高颎安慰他道："陛下怎么能够为了区区一个妇人而抛弃天下人呢？"隋文帝的怒气这才稍微消了一点儿，停下马驻足很久，直到午夜才返回宫中。当时独孤皇后正在后宫中焦急地等待着皇上，一见到隋文帝，她立刻涕泪横飞，不住地拜谢请罪。高颎、杨素等人从中充当和事佬，对他俩进行解劝，因此大摆酒宴，欢饮达旦。从前，独孤皇后念及高颎是父亲独孤信的家客，所以对他非常客气有礼。可是自从发生了这件事，得知高颎称自己为一妇人以后，随即开始对他怀恨在心。

当时，皇太子杨勇失去了隋文帝的宠爱。隋文帝暗地里想废掉太子，他曾经正色对高颎道："有神灵曾经告诉晋王杨广的妃子，说晋王肯定会拥有天下，你认为怎么样？"高颎听罢长跪不起，说道："长幼有序，岂可废黜太子？"隋文帝听后默然不语。独孤皇后知道高颎肯定不会赞成废黜太子的，所以私下里打算将他赶出朝廷。

恰逢隋文帝诏令挑选东宫卫士到皇宫上台值班宿卫，高颎上疏道："假如陛下把所有的强壮卫士都选走，那么恐怕东宫的宿卫力量就太薄弱了。"隋文帝顿时脸色大变，说："我经常出外巡视，所以宿卫之士必须勇敢刚毅。而太子只需在东宫中安坐着，好好培养仁德的品质就行了，身边哪里会用得着壮士宿卫！因此在东宫安置强大的宿卫力量是极大的浪费。卫士中有合我心意的，固定在轮换当值交接的那天分配到东宫去宿卫，这样一来，两宫的宿卫合二为一，这难道不是很好吗？我很清楚前代各种制度的得失，你不必请求让我因循守旧。"因为高颎的儿子高表仁娶了太子杨勇的女儿为妻，所以隋文帝其实是想用这些话给他提醒。

【原文】

颎夫人卒，独孤后言于上曰："高仆射老矣，而丧夫人，陛下何能不为之娶！"上以后言告颎。颎流涕谢曰："臣今已老，退朝，唯斋居读佛经而已。虽陛下垂哀之深，至于纳室，非臣所愿。"上乃止①。既而颎爱妾生男，上闻之，极喜，后甚不悦。上问其故，后曰："陛下尚复信高颎邪？始，陛下欲为颎娶，颎心存爱妾，面欺陛下②。今其诈已见③，安得信之！"上由是疏颎。

伐辽之役，颎固谏，不从，及师无功，后言于上曰："颎初不欲行，陛下强遣之，妾固知其无功矣！"又④，上以汉王年少，专委军事于颎，颎以任寄隆重⑤，每怀至公，无自疑之意⑥，谅所言多不用。谅甚衔之⑦，及还，泣言于后曰："儿幸免高颎所杀。"上闻之，弥不平⑧。

及击突厥，出白道，进图入碛⑨，遣使请兵，近臣缘此言颎欲反。上未有所答，颎已破突厥而还。及王世积诛，推核之际，有宫禁中事，云于颎处得之，上大惊。有司又奏："颎及左右卫大将军元旻、元胄，并与世积交通⑩，受其名马之赠。"旻、胄坐免官。上柱国贺若弼、吴州总管宇文弼、刑部尚书薛胄、民部尚书斛律孝卿、兵部尚书柳述等明颎无罪⑪，上愈怒，皆以属吏，自是朝臣无敢言者。秋，八月，癸卯，颎坐免上柱国、左仆射，以齐公就第⑫。

【注释】

① 止：停止，算了。
② 欺：欺骗。
③ 其诈：他骗人的手段或行为。
④ 又：此外。
⑤ 隆重：形容期望之高深。
⑥ 自疑：避嫌。
⑦ 衔：通"嗛"，痛恨。
⑧ 弥不平：对高颎更加怀恨在心。
⑨ 碛（qì）：大漠。
⑩ 交通：勾结来往。
⑪ 明：说明，力保。
⑫ 就第：回到家（闲居）。

【译文】

高颎的夫人死后，独孤皇后对隋文帝说："高仆射老了，现在又丧了夫人，陛下为何不再为他续娶一房继室呢？"隋文帝于是把皇后的原话说给高颎。高颎凄然泪下，感谢道："我已经一把年纪了，退朝以后，只是斋居诵读佛经罢了，虽然陛下如此深深哀怜于我，但是说到续弦纳妾，的确并非臣所愿。"于是隋文帝只得作罢。没过多久，高颎的爱妾生下一男孩，隋文帝得知后大喜过望，可是皇后却很不高兴。隋文帝便问她其中缘由，皇后说：“陛下还能再相信高颎吗？先前，陛下想要为高颎续娶，高颎却因为心里挂念爱妾，所以才当面哄骗陛下，说他不想再娶。现在他的谎言已经暴露出来，陛下您怎能再相信他呢？”隋文帝随即开始慢慢疏远高颎。

隋文帝打算进攻高丽，高颎曾一再劝谏阻止，隋文帝并不听从。等到出师无功而返后，独孤皇后便又对隋文帝说道：“高颎从一开始就不想出征，陛下强行派遣他去，我早就知道他肯定不会成功的。”此外，隋文帝由于元帅汉王杨谅太过年少，所以把所有军务都委托给了高颎，而高颎也因为隋文帝对他寄予厚望，所以常怀着一颗至公守正的心，从来没有产生过避嫌的念头，对杨谅的建议多半不采纳。因此杨谅对高颎痛恨有加，返回长安后，杨谅便痛哭流涕地对独孤皇后说："孩儿幸亏没有被高颎杀掉。"隋文帝知道后，对高颎更怀恨在心。

等到高颎率军攻打突厥时，大军追击敌兵超越了白道，企图进一步深入到大漠之中，因此派人向朝廷请求增援，隋文帝左右近臣据此咬定高颎图谋造反。隋文帝还没有做出答复，而高颎已经率军打败突厥而班师回朝了。前凉州总管王世积被朝廷处死，在对他进行审问的过程中，涉及一些宫禁中的事情，王世积说是从高颎那里听说的，隋文帝大为吃惊。有关执掌官吏又趁机上疏道："高颎和左右卫大将军元旻、元胄，都与王世积勾结来往，还接受了王世积馈赠的名马。"于是元旻、元胄相继被朝廷罢免。上柱国贺若弼、吴州总管宇文㢸、刑部尚书薛胄、民部尚书斛律孝卿、兵部尚书柳述等人都纷纷上奏力保高颎无罪，这更让隋文帝恼怒，他下令把有关人士全都交付执法机关问罪，从此文武百官没有谁再敢为高颎说情。秋季，八月初十，高颎的上柱国、尚书左仆射官职被罢免，以齐公之名回家闲居。

【注释】

①歔欷：唏嘘不已。

【原文】

未几，上幸秦王俊第，召颎侍宴。颎歔欷悲不自胜①，独孤后亦对之泣。上谓颎曰:"朕不负公,公自负也②。"因谓侍臣曰:"我于高颎,胜于儿子,虽或不见,常似目前;自其解落,瞑然忘之,如本无高颎。人臣不可以身要君③,自云第一也。"

顷之④,颎国令上颎阴事,称其子表仁谓颎曰:"司马仲达初托疾不朝,遂有天下,公今遇此,焉知非福!"于是上大怒,因颎于内史省而鞫之⑤。宪司复奏沙门真觉尝谓颎云:"明年国有大丧。"尼令晖复云:"十七、十八年,皇帝有大厄,十九年不可过。"上闻而益怒,顾谓群臣曰:"帝王岂可力求!孔子以大圣之才,犹不得天下。颎与子言,自比晋帝,此何心乎⑥!"有司请斩之。上曰:"去年杀虞庆则,今兹斩王世积,如更诛颎⑦,天下其谓我何!"于是除名为民⑧。

颎初为仆射,其母戒之曰:"汝富贵已极,但有一斫头耳⑨,尔其慎之!"颎由是常恐祸变。至是,颎欢然无恨色。

②自负:自作自受。
③要:要挟。
④顷之:过了几天。
⑤鞫(jū):审问,盘问。
⑥此何心乎:这是什么居心呢?
⑦更:再。
⑧除名:革除功名。
⑨斫(zhuó)头:被杀头的危险。

【译文】

没过多久,隋文帝驾临秦王杨俊的宅邸,令高颎到宴会上作陪。高颎见到隋文帝后唏嘘不已,悲不自胜,独孤皇后也当着高颎的面潸然泪下。隋文帝对高颎说道:"朕没有对不起你,一切都是你自作自受。"隋文帝于是对左右近臣们说:"我待高颎胜过自己的亲生儿子,即使没有看见他,他也如同在我的眼前一样。可是自从他解官离职以后,我却把他完全遗忘了,好像从来就没有高颎这个人似的。因此,做人臣子的不可以要挟君主,自认为是天下第一。"

过了几天,齐公高颎的国令上疏告发高颎秘事,称高颎的儿子高表仁对高颎说:"曹魏时太傅司马仲达刚开始推托有病不入宫朝拜,后来便夺取了天下。您现在也有这样的遭遇,又怎能不认为这是将来洪福齐天的征兆呢?"隋文帝随即勃然大怒,下令将高颎囚禁在内史省,对他进行审问。执法部门这时又上奏说佛门真觉禅师曾经对高颎说:"明年国家有大丧。"尼姑令晖也对高颎说:"开皇十七、十八年,皇帝必有大难,过不去十九年。"隋文帝听后更是怒不可遏，回头对文武百官说："帝王难道是可以力求而得到的吗？孔子以大圣之才，还不能得到天下。高颎和他儿子的谈话，自比作西晋宣帝司马懿，他们的居心何在呢？"有关职掌官吏请求将高颎斩除，隋文帝却说："我去年杀了虞庆则，今年又将王世积处死，现在如果再诛杀高颎，那么天下的百姓会怎么看我呢？"随即下令将高颎革职为民。

高颎当初刚出任尚书左仆射时，他的母亲就曾告诫他说："你现在的富贵已经达到了极限，但不要忘记你还有被杀头的危险，所以一定要处处小心谨慎！"于是高颎常常担心发生灾祸变故。如今得以保全性命，高颎甚感欢欣，没有丝毫怨恨的意思。

杨广伪善

【原文】

隋文帝开皇二十年（庚申，公元600年）

晋王广知之①，弥自矫饰，唯与萧妃居处，后庭有子皆不育②，后由是数称广贤。大臣用事者，广皆倾心与交。上及后每遣左右至广所，无贵贱，广必与萧妃迎门接引，为设美馔③，申以厚礼；婢仆往来者，无不称其仁孝。上与后尝幸其第，广悉屏匿美姬于别室④，唯留老丑者，衣以缦彩⑤，给事左右；屏帐改用缣素⑥；故绝乐器之弦，不令拂去尘埃。上见之，以为不好声色，还宫，以语侍臣，意甚喜，侍臣皆称庆，由是爱之特异诸子。

上密令善相者来和遍视诸子，对曰："晋王眉上双骨隆起，贵不可言。"上又问上仪同三司韦鼎："我诸儿谁得嗣位？"对曰："至尊、皇后所最爱者当与之，非臣敢预知也。"上笑曰："卿不肯显言邪⑦！"

【注释】

①晋王广：杨广，隋文帝杨坚次子，即隋炀帝，历史上著名的暴君。

②不育：不养育。

③馔（zhuàn）：食物。

④屏匿：隐藏。

⑤缦（màn）彩：无花纹的丝织品。

⑥缣（jiān）素：双丝织成的细绢。

⑦显言：明白说出。

【译文】

隋文帝开皇二十年（庚申，公元600年）

晋王杨广更加矫揉造作、伪装自己，他只和萧妃一起住，并对所生子女一律不予抚育，独孤皇后因此曾多次盛赞杨广有德行。朝廷中凡是执掌朝政的重臣，杨广都会尽心尽力地和他们结交。隋文帝和独孤皇后每次派左右侍从到杨广的住所，不论来人身份的高低贵贱，杨广必定会和萧妃一起前往门口迎接，并设盛宴款待来人，临走还要以厚礼相赠。因此来往的奴婢仆人无不称颂杨广为人仁慈贤孝的。隋文帝与独孤皇后曾经亲自驾临杨广的府第，杨广把他的美姬悉数藏到别的房间去。只留下年老色衰的不曾身着华服的宫女在身边服侍伺候。屋子里的屏帐都改用朴素的帐幔，故意把琴弦弄断，不让擦去上面的灰尘。隋文帝见此情景，以为杨广不爱声色，一回到皇宫，便将这一情况告诉侍臣。他感到异常高兴，侍臣们也都因此向隋文帝表示祝贺。从此以后，隋文帝对杨广的宠爱明显超出了其他儿子。

隋文帝下令善于看相的来和暗中把他的所有儿子都相看了一遍，来和看后说道："晋王杨广眉上双骨隆起，贵不可言。"隋文帝又征询上仪同三司韦鼎道："朕这些儿子当中，有谁可以继承皇位？"韦鼎回答道："陛下和皇后最宠爱的儿子应当继承皇位，这并非臣所能预知的。"隋文帝笑着说："爱卿是不愿意明说啊！"

【注释】

① 属文：撰写文章。
② 籍（jí）：声名盛大。
③ 泫（xuàn）然：流泪的样子。
④ 昆弟：兄弟。
⑤ 谗谮（zèn）生于投杼（zhù）：比喻流言可畏或诬枉之祸。谮，恶言中伤。杼，梭子。
⑥ 鸩（zhèn）：传说中的一种毒鸟，把它的羽毛放在酒里，可以毒死人。
⑦ 睍（xiàn）地伐：太子杨勇的小名。
⑧ 豚（tún）犬：蔑称不成器的儿子。
⑨ 新妇：称儿媳。
⑩ 穷治：追究。
⑪ 鱼肉：侵害，摧残。

【原文】

晋王广美姿仪，性敏慧，沉深严重；好学，善属文①；敬接朝士，礼极卑屈；由是声名籍甚②，冠于诸王。

广为扬州总管，入朝，将还镇，入宫辞后，伏地流涕，后亦泫然泣下③。广曰："臣性识愚下，常守平生昆弟之意④，不知何罪失爱东宫，恒蓄盛怒，欲加屠陷。每恐谗谮生于投杼⑤，鸩毒遇于杯勺⑥，是用勤忧积念，惧履危亡。"后忿然曰："睍地伐渐不可耐⑦，我为之娶元氏女，竟不以夫妇礼待之。专宠阿云，使有如许豚犬⑧。前新妇遇毒而夭⑨，我亦不能穷治⑩，何故复于汝发如此意！我在尚尔，我死后，当鱼肉汝乎⑪！每思东宫竟无正嫡，至尊千秋万岁之后，遣汝等兄弟向阿云儿前再拜问讯，此是几许苦痛邪！"广又拜，呜咽不能止，后亦悲不自胜。自是后决意欲废勇立广矣。

【译文】

晋王杨广仪表堂堂，举止优雅，性情机敏聪慧，性格深沉稳重；勤奋好学，善于作诗著文；对朝中之士礼遇恭敬，待人礼貌谦卑至极，所以在朝廷内外享有很高的声誉，远远超过隋文帝的其他儿子。

杨广被封任为扬州总管，前去拜见隋文帝，即将返回扬州，他前往后宫向独孤皇后辞行，跪在地上痛哭流涕，独孤皇后也因此潸然泪下。杨广说道："我生性见识少且愚钝低下，时常顾念兄弟之间的骨肉亲情，可是不知道什么地方得罪了皇太子，他常常心怀怒气，企图对我诬陷斩杀。我深恐谗言出于亲人之口、酒具食器中被投放毒药的事情发生，所以感到很忧虑，时常提心吊胆，唯恐突然遭受危亡。"独孤皇后听了非常气愤地说："晛地伐真是越来越不像话了！我为他娶了元氏的女儿为妻，他竟然不以夫妇之礼相待，反而特别宠爱阿云，让她生下了那么多猪狗一般的儿子。早先，儿媳妇元氏遭遇毒害，我也不能过分追究此事。为何他现在对你又生出这样的念头！我还没死，他就这样，如果我死了，他肯定该加害于你们了！我一想到东宫皇太子竟然没有正室，等到你们父皇百年之后，却要你们兄弟去向阿云儿跪拜问候，这是多么令人痛苦的事啊！"杨广听后重又跪倒在地上，啜泣不止，独孤皇后也悲伤得无法控制。从此以后，独孤皇后更是下定决心要废掉杨勇而立杨广为太子。

微言丧命

【原文】

隋炀帝大业五年（已巳，公元609年）

初，内史侍郎薛道衡以才学有盛名，久当枢要①，高祖末，出为襄州总管；帝即位，自番州刺史召之，欲用为秘书监。道衡既至，上《高祖文皇帝颂》，帝览之②，不悦。顾谓苏威曰："道衡致美先朝③，此《鱼藻》之义也。"拜司隶大夫，将置之罪。司隶刺史房彦谦劝道衡杜绝宾客，卑辞下气，道衡不能用。会议新令，久不决，道衡谓朝士曰："向使高颎不死④，令决当久行。"有人奏之，帝怒曰："汝忆高颎邪！"付执法者推⑤。裴蕴奏："道衡负才恃旧，有无君之心，推恶干国，妄造祸端。论其罪名，似如隐昧；原其情意，深为悖逆。"帝曰："然。我少时与之行役，轻我童稚，与高颎、贺若弼等外擅威权；及我即位，怀不自安，赖天下无事，未得反耳。公论其逆，妙体本心⑥。"

道衡自以所坐非人过⑦，促宪司早断，冀奏日帝必赦之。敕家人具馔⑧，以备宾客来候者。及奏，帝令自尽，道衡殊不意，未能引决。宪司重奏，缢而杀之，妻子徙且末。天下冤之⑨。

【译文】

隋炀帝大业五年（已巳，公元609年）

起初，内史侍郎薛道衡因其才学出众而享有盛名，他担任枢要部门的官职已经很长时间了。隋文帝末年，他被任命为襄州总管。隋炀帝即位后，将他从番州刺史的任上召回朝廷。想要让他出任秘书监。薛道衡回到京城后，向隋炀帝奉上《高祖文皇帝颂》。隋炀帝看后，很不高兴，看着苏威说道："薛道衡极力称颂前朝，有点《鱼藻》的讽刺意味在里面。"隋炀帝随即让薛道衡出任司隶大夫，打算安置罪名。司隶刺史房彦谦劝薛道衡杜绝宾

【注释】

①枢要：指中央政府中机要的部门或官职。

②览：阅览。

③致美：极力称颂。

④向：假使当初。

⑤推：审问治罪。

⑥妙体：正合。

⑦坐：通"做"。

⑧敕：通知。具馔：准备饭菜。

⑨冤之：即"之冤"。他死得很冤枉。

客、低调做人，但是薛道衡没听从房彦谦的劝告。当时正好赶上议订新的律令，讨论了很久都没能决定下来，薛道衡便对群臣说："假如当初高颎不死，那么现在新律令肯定早已决定了下来，而且已经颁布执行了。"有人将此话上报给了隋炀帝，隋炀帝听后大怒道："你还惦记着高颎啊！"随即将薛道衡移交司法部门审问治罪。裴蕴上奏道："薛道衡自恃其才，靠着先前文帝对他的宠信，怀有目无君上之心，将坏事加在国家头上，妄造祸端。论及他的罪名似乎比较隐晦暧昧，可是推究他的真情实意，的确有重大的悖逆之罪。"隋炀帝说："对。我年轻的时候同他一道伐陈，他轻视我年幼无知，便与高颎、贺若弼等人在外擅弄权威，等到我即位之后，他心怀不安，幸亏天下太平无事，让他没来得及造反。你认为他悖逆，正合了朕的本意。"

薛道衡自认为并没有犯什么大的过错，于是就催促司法部门早做判决，他希望等判决结果一上奏，隋炀帝肯定会下令赦免他。还事先通知家里人准备饭菜，以招待前来问候的宾客。可是等到上奏，隋炀帝命令薛道衡自尽，薛道衡根本没料到会是这样的结果，所以他并没有自尽。司法部门又将这一情况奏报给隋炀帝，隋炀帝随即下令将薛道衡勒死，并将他的妻子儿女全都流放到了且末。天下的老百姓都认为薛道衡死得很冤。

唐 纪

玄武之变

【原文】

唐高祖武德九年（丙戌，公元626年）

建成、元吉与后宫日夜谮诉世民于上①，上信之，将罪世民②。陈叔达谏曰："秦王有大功于天下，不可黜也。且性刚烈，若加挫抑，恐不胜忧愤，或有不测之疾，陛下悔之何及③！"上乃止。元吉密请杀秦王，上曰："彼有定天下之功，罪状未著④，何以为辞？"元吉曰："秦王初平东都，顾望不还，散钱帛以树私恩，又违敕命，非反而何！但应速杀，何患无辞！"上不应。

秦府僚属皆忧惧不知所出。行台考功郎中房玄龄谓比部郎中长孙无忌曰："今嫌隙已成，一旦祸机窃发，岂惟府朝涂地⑤，乃实社稷之忧；莫若劝王行周公之事以安家国⑥。存亡之机，间不容发⑦，正在今日！"无忌曰："吾怀此久矣，不敢发口；今吾子所言，正合吾心，谨当白之。"乃入言世民。世民召玄龄谋之，玄龄曰："大王功盖天地，当承大业；今日忧危，乃天赞也，愿大王勿疑！"乃与府属杜如晦共劝世民诛建成、元吉⑧。

【注释】

①谮诉：诬陷。
②将罪：打算治罪于……
③悔之何及：后悔莫及。
④著：确凿。
⑤岂惟：岂止是。惟，通"唯"，只是。涂地：彻底败坏而不可收拾。
⑥周公之事：西周时，成王年幼，辅政的周公旦诛杀叛乱的管叔、蔡叔等诸侯，安定天下。
⑦间不容发：形容情势极其危急。
⑧杜如晦：出身于西北望族，唐初名相。

【译文】

唐高祖武德九年（丙戌，公元626年）

李建成、李元吉与后宫的嫔妃不分昼夜地在高祖那里诬陷李世民，高祖信以为真，便打算治李世民的罪。陈叔达劝谏道："秦王为国家立了大功，不可以废黜。更何况他性情刚烈，假如再加以贬斥之辱，恐怕他会承受不了内心的忧郁愤慨，一旦染上什么不测的疾病，到时陛下可就追悔莫及了！"高祖因此没有再处罚李世民。李元吉暗地里请求斩杀秦王李世民，高祖说："他有平定天下之功，而他犯罪的事实并不确凿，何以用来作为借口呢？"李元吉说："秦王当初平定东都洛阳的时候，顾盼观望，不肯返还，大肆散发钱财绢帛，以便树立个人的恩德，又违背陛下的命令，这不是造反，又是什么！应当迅速将他处死，哪里用得着担忧找不到借口！"高祖并没有立即作答。

秦王府所属的官员人人自危，不知道该怎么做才好。行台考功郎中房玄龄对比部郎中长孙无忌说："如今隔阂仇怨已经造成，一旦祸患暗发，岂止是秦王府危在旦夕，实际上恐怕连整个国家的存亡都成问题！不如劝说秦王依照周公平定管叔与蔡叔那样采取行动，以使皇室和国家得到安定。生死存亡，刻不容缓，今天正是绝佳的时机！"长孙无忌说："我心怀此想法已经很久了，只是未敢说出口。今天你的这一番话，正合乎我的心意。请允许我为您禀告秦王。"说罢，长孙无忌便进去据实禀告李世民。李世民因此传唤房玄龄共同谋划，房玄龄说："大王您功盖天地，应当继承江山社稷之大业，如今大王心怀忧虑戒惧，这正是上天要帮助大王啊！希望大王不要再犹疑不定了。"于是，房玄龄与秦王府属杜如晦一同劝说李世民除掉李建成与李元吉。

【注释】

①密：暗地里。

②蓬户瓮牖（wèngyǒu）：指贫穷人家。蓬户，用蓬草编成的门户。瓮牖，用破瓮做的窗户。

③久沦逆地：指尉迟敬德在降唐之前曾经跟随刘武周。

④徇利忘忠：即见利忘义。

⑤程知节：唐初名将。

⑥康州：今甘肃省成县。

⑦股肱（gōng）：比喻左右辅助得力的人。

【原文】

建成、元吉以秦府多骁将，欲诱之使为己用，密以金银器一车赠左二副护军尉迟敬德①，并以书招之曰："愿迁长者之眷，以敦布衣之交。"敬德辞曰："敬德，蓬户瓮牖之人②，遭隋末乱离，久沦逆地③，罪不容诛。秦王赐以更生之恩，今又策名藩邸，唯当杀身以为报；于殿下无功，不敢谬当重赐。若私交殿下，乃是贰心，徇利忘忠④，殿下亦何用！"建成怒，遂与之绝。

敬德以告世民，世民曰："公心如山岳，虽积金至斗，知公不移。相遗但受，何所嫌也！且得以知其阴计，岂非良策！不然，祸将及公。"既而元吉使壮士夜刺敬德，敬德知之，洞开重门，安卧不动，刺客屡至其庭，终不敢入。元吉乃谮敬德于上，下诏狱讯治，将杀之。世民固请，得免。又谮左一马军总管程知节⑤，出为康州刺史⑥。知节谓世民曰："大王股肱羽翼尽矣⑦，身何能久！知节以死不去，愿早决计。"又以金帛诱右二护军段志玄，志玄不从。建成谓元吉曰："秦府智略之士，可惮者独房玄龄、杜如晦耳。"皆谮之于上而逐之。

【译文】

因为秦王府拥有许多骁勇善战的将领，李建成与李元吉便图谋引诱他们为己所用，于是暗地里将一车金银器物馈赠给左二副护军尉迟敬德，并写信招抚他道："希望能得到您的屈尊眷顾，以使我们之间的布衣之交加深。"尉迟敬德推辞道："我出身于编蓬为门、破瓮作窗的穷苦人家，遭遇隋朝末年纷争离乱的时局，长久地陷落在抗拒朝廷的境地里，罪不可赦，死有余辜。幸亏秦王赐予我再生的恩情，如今我又在秦王府效力为官，只应当以死回报秦王。我对于殿下没有任何功德，岂敢凭空接受殿下如此丰厚的赏赐。假如我暗中与殿下来往，那么就是对秦王怀有二心，就是见利忘义，殿下要这种人有何用途呢？"李建成听后怒不可遏，随即与他断绝来往。

尉迟敬德将此事禀告李世民，李世民说："您的心犹如山岳那样坚实可靠，纵然他赠送给您的金子堆积得顶住了北斗星，我相信您的心依然会不为所动。他赠送您什么，您就全部收下，这又有什么好让人怀疑的呢？更何况这样做还能够了解他的阴谋诡计，岂不是一个绝妙的计策吗？要不然，灾祸很快就会降临到您的头上。"没过多久，李元吉派勇士在夜间刺杀尉迟敬德。尉迟敬德听说这一消息后，便将门窗大开，自己则安然躺在那里动也不动，刺客多次来到他家的院子，却始终没敢进屋。于是，李元吉又到高祖那里诬陷尉迟敬德，尉迟敬德因此被关进奉诏命特设的监狱里接受审讯，高祖打算下令将他斩杀。多亏李世民再三为他请求担保，才总算保住了他的性命。李元吉接着又诬陷左一马军总管程知节，高祖下令将他贬谪出朝廷，让他出任康州刺史。程知节对李世民说："大王您的左右近臣都快走完了，大王自己又怎么可能长久呢？我誓死不离开京城半步，唯愿大王尽快将计谋决定下来。"李元吉又用金银绢帛引诱右二护军段志玄，段志玄不肯从命。李建成对李元吉说："在秦王府有智谋才略的人士当中，值得顾忌的只有房玄龄和杜如晦罢了。"李建成与李元吉随即又向高祖进献谗言，使他们二人遭受贬黜。

【注释】

①腹心：即"心腹"。

②治中：官名，为州刺史的助理。

③辞：推辞。

④郁射设：阿史那郁射设，突厥将领。

⑤乌城：今陕西定边南。

⑥率更丞：官名，为太子属官，率更令下属。

⑦晏然：安定的样子。

⑧窜身：藏身。窜，躲藏。

⑨交手受戮：合着双手等别人来杀自己。

【原文】

世民腹心唯长孙无忌尚在府中①，与其舅雍州治中高士廉、左候车骑将军三水侯君集及尉迟敬德等②，日夜劝世民诛建成、元吉。世民犹豫未决，问于灵州大都督李靖，靖辞；问于行军总管李世勣，世勣辞③；世民由是重二人。

会突厥郁射设将数万骑屯河南④，入塞，围乌城⑤，建成荐元吉代世民督诸军北征；上从之，命元吉督右武卫大将军李艺、天纪将军张瑾等救乌城。元吉请尉迟敬德、程知节、段志玄及秦府右三统军秦叔宝等与之偕行，简阅秦王帐下精锐之士以益元吉军。率更丞王晊密告世民曰⑥："太子语齐王：'今汝得秦王骁将精兵，拥数万之众，吾与秦王饯汝于昆明池，使壮士拉杀之于幕下，奏云暴卒，主上宜无不信。吾当使人进说，令授吾国事。敬德等既入汝手，宜悉坑之，孰敢不服！'"世民以晊言告长孙无忌等，无忌等劝世民先事图之。世民叹曰："骨肉相残，古今大恶。吾诚知祸在朝夕，欲俟其发，然后以义讨之，不亦可乎！"敬德曰："人情谁不爱其死！今众人以死奉王，乃天授也。祸机垂发，而王犹晏然不以为忧⑦，大王纵自轻，如社稷宗庙何！大王不用敬德之言，敬德将窜身草泽⑧，不能留居大王左右，交手受戮也⑨！"

【译文】

李世民的心腹只剩下长孙无忌尚且留在秦王府中，他与他的舅舅雍州治中高士廉、左候车骑将军三水人侯君集以及尉迟敬德等人日夜劝说李世民除掉李建成和李元吉，李世民仍然犹豫不决。李世民向灵州大都督李靖征询计谋，李靖推辞了；又向行军总管李世勣询问计谋，李世勣也推辞了。从此以后，李世民更加器重他们二人了。

当时恰逢突厥郁射设率领数万骑兵屯驻黄河以南，进入边塞，包围乌城，李建成便举荐李元吉代替李世民督率诸军北征突厥。高祖依从了他的建议，命李元吉督率右武卫大将军李艺、天纪将军张瑾等人领兵前去援救乌城。李元吉请求让尉迟敬德、程知节、段志玄以及秦王府右三统军秦叔宝等人与自己共同前往，检阅并挑选秦王军中精锐强悍的将士，充斥李元吉的队伍。率更丞王晊秘密禀告李世民道："太子对齐王说：'如今你已经全部得到了秦王骁勇的将领和精悍的士兵，拥有了数万兵马。我与秦王在昆明池为你饯行，并让勇士把秦王拉到帐幕里将其斩杀，上奏时就说他是暴病身亡，皇上应该不会不相信。我另外再让人上疏劝说，使皇上授予我处理国家事务的权力。尉迟敬德等人既然已经在你的手上，那么就应当将他们悉数活埋，有谁胆敢不服呢！'"李世民将王晊的话全都告诉了长孙无忌等人，长孙无忌等人劝说李世民在事发前先下手除掉他们。李世民叹息道："骨肉互相残杀，是古往今来罪大恶极的事情。纵然我知道大祸临头，可我还是想要等祸事发生以后，再对他们进行仗义讨伐，这不也可以吗？"尉迟敬德说："从人之常情出发，谁愿意去死呢？如今大家誓死拥戴大王，这正是上天对大王的恩赐。祸患的机关即将被发动，可在这千钧一发的紧要关头大王却仍旧泰然若素，不以此事为忧。诚然大王把自己看得很轻，可又怎能对得起社稷国家呢？假如大王不肯依从我的主张行事，那么我就要逃到荒野去了。我是不能够留在大王左右，遭受别人的屠戮啊！"

【原文】

无忌曰："不从敬德之言，事今败矣。敬德等必不为王有，无忌亦当相随而去，不能复事大王矣！"世民曰："吾所言亦未可全弃，公更图之。"敬德曰："王今处事有疑，非智也；临难不决，非勇也。且大王素所畜养勇士八百馀人，在外者今已入宫，擐甲执兵①，事势已成，大王安得已乎！"

【注释】

①擐（huàn）甲：穿上甲胄，贯甲。执兵：手执兵器。
②戾（lì）：凶暴，猛烈。
③厌：满足。

④如拾地芥(jiè)：比喻取之极易。
⑤徇：无原则地顺从。
⑥浚：疏通，挖深。
⑦廪(lǐn)：米仓。

世民访之府僚，皆曰："齐王凶戾②，终不肯事其兄。比闻护军薛实尝谓齐王曰：'大王之名，合之成"唐"字，大王终主唐祀。'齐王喜曰：'但除秦王，取东宫如反掌耳。'彼与太子谋乱未成，已有取太子之心。乱心无厌③，何所不为！若使二人得志，恐天下非复唐有。以大王之贤，取二人如拾地芥耳④，奈何徇匹夫之节⑤，忘社稷之计乎！"世民犹未决，众曰："大王以舜为何如人？"曰："圣人也。"众曰："使舜浚井不出⑥，则为井中之泥，涂廪不⑦，则为廪上之灰，安能泽被天下，法施后世乎！是以小杖则受，大杖则走，盖所存者大故也。"世民命卜之，幕僚张公谨自外来，取龟投地，曰："卜以决疑；今事在不疑，尚何卜乎！卜而不吉，庸得已乎！"于是定计。

【译文】

长孙无忌说："假如大王不遵从尉迟敬德的主张，那么事到如今肯定没有别的指望了。而尉迟敬德等人必定不会再追随大王，我也应该跟随他们远离大王，不能够再侍奉大王了！"李世民说："我所说的也不能够完全舍弃，您再考虑一下吧！"尉迟敬德说："现今大王遇事优柔寡断，这是很不明智的；临危不决，这并非勇者的作为。更何况大王平时所蓄养的八百多名勇士，凡是在外面的，如今已经进入宫中，全副武装，为起事做好了充分的准备，大王哪里能够控制得了呢？"

李世民就此事征询秦王府所有幕僚的意见，大家一致说道："齐王暴戾凶残，终究是不肯侍奉自己的兄长的。新近听说护军薛实曾经对齐王说：'大王的名字，合起来正好成为一个"唐"字，想必大王终究是要承继大唐基业的。'齐王大为喜悦，说道：'只要能够除掉秦王，拿下太子简直是易如反掌。'可见，齐王和太子图谋作乱尚未成功，就已经有图谋太子的心思了。作乱的心思如此贪得无厌，还有什么事情他做不出来呢？如果让这两个人得手了，那么恐怕天下就不再属于大唐所有。凭借大王的贤能，夺取这两个人犹如捡起地上的草芥一样容易。怎么可以为了信守凡夫俗子的节操，而把国家社稷抛于脑后呢？"李世民仍然犹疑不定。大家说："大王觉得虞舜这个人怎么样呢？"李世民说："是圣人。"大家说："如果虞舜在疏浚水井的时候没能躲过父亲与弟弟在上面的填土，恐怕他早已化作井中的泥土了；如果他在修筑粮仓的时候没能逃过父亲和弟弟在下面放的大火，恐怕他早已化为粮仓里的灰烬了。还如何能使自己恩泽遍及天下，法制流传后世呢？所以，虞舜才会在遭到父亲用小棍棒笞打的时候忍受，而在遭到父亲用大棍棒笞打的时候逃走，这都是因为虞舜心里所装的是国家大事啊！"李世民又让人卜算看是否应当采取行动，正好赶上秦王府的幕僚张公谨从外面进来，便将龟甲全扔在地上说："占卜原本是为了决定疑难之事的，如今事情并无疑难，还占卜做什么？假如卜算的结果不吉利，难道就真的不采取行动了吗？"于是，大家便开始谋划如何采取行动。

[原文]

世民令无忌密召房玄龄等，曰："敕旨不听复事王①；今若私谒，必坐死②，不敢奉教。"世民怒，谓敬德曰："玄龄、如晦岂叛我邪！"取所佩刀授敬德曰："公往观之，若无来心，可断其首以来。"敬德往，与无忌共谕之曰："王已决计，公宜速入共谋之。吾属四人，不可群行道中。"乃令玄龄、如晦著道士服，与无忌俱入，敬德自他道亦至。

己未，太白复经天。傅奕密奏："太白见秦分，秦王当有天下。"上以其状授世民。于是世民密奏建成、元吉淫乱后宫，且曰："臣于兄弟无丝毫负，今欲杀臣，似为世充、建德报仇。臣今枉死，永违君亲，魂归地下，实耻见诸贼！"上省之③，愕然④，报曰："明当鞫问⑤，汝宜早参。"

[注释]

① 听：允许。

② 坐死：因此获罪致死。

③ 省（xǐng）：知觉。

④ 愕然：形容吃惊。

⑤ 鞫（jū）问：审讯。

[译文]

李世民让长孙无忌暗地里召来房玄龄等人，房玄龄等人说："敕书的旨意是不允许我们大家再侍奉秦王的。假如我们现在私下去谒见秦王，必定会因此获罪致死，所以我们不敢接受秦王的教令！"李世民十分恼怒，他对尉迟敬德说："房玄龄与杜如晦难道也要背叛我不成？"他取下佩刀交给尉迟敬德说："您前去窥视情况，假如他们真的没有前来的意思，您就可以砍下他们的头颅，带来见我。"尉迟敬德立即前往，与长孙无忌一同暗示房玄龄等人说："秦王已经决定了采取行动的方案，你们最好赶紧前往秦王府共同谋划大事。我们这四个人，不可以一同走在街道上。"随即让房玄龄与杜如晦穿上道士的服装，与长孙无忌一同前往秦王府，尉迟敬德则由别的道路也进入秦王府。

六月初三，金星又一次大白天出现在天空正南方的午位。傅奕秘密上奏道："金星出现在秦地的分野，这是秦王执掌天下的迹象。"高祖将傅奕的密奏交给了李世民。当时，李世民正暗中上奏李建成与李元吉淫乱后宫嫔妃，并且说道："我没有丝毫对不起哥哥与弟弟的地方，如今他们却图谋杀掉我，好像是要为王世充和窦建德报仇。现今我含冤而死，永远与父皇诀别，等到魂魄归于地下，假如见到王世充等人，实在感到羞耻！"高祖看着李世民，非常惊讶地说："明天我就当堂审问此事，你最好尽早前来朝参。"

【注释】

①窃知：私下里得知。表意：意图。
②驰语：马上去告诉。
③勒：统率，率领。
④彀（gòu）：牵绊，勾住。
⑤絓（guà）：通"挂"。牵绊，勾住。
⑥遽（jù）：马上，立刻。
⑦扼：用力掊住，抓住。
⑧俟：等到。
⑨徒：属下，手下。

【原文】

庚申，世民帅长孙无忌等人，伏兵于玄武门。张婕妤窃知世民表意①，驰语建成②。建成召元吉谋之，元吉曰："宜勒宫府兵③，托疾不朝，以观形势。"建成曰："兵备已严，当与弟入参，自问消息。"乃俱入，趣玄武门。上时已召裴寂、萧瑀、陈叔达等，欲按其事。

建成、元吉至临湖殿，觉变，即跋马东归宫府。世民从而呼之，元吉张弓射世民，再三不彀④，世民射建成，杀之。尉迟敬德将七十骑继至，左右射元吉坠马。世民马逸入林下，为木枝所絓⑤，坠不能起。元吉遽至⑥，夺弓将扼之⑦，敬德跃马叱之。元吉步欲趣武德殿，敬德追射，杀之。翊卫车骑将军冯翊冯立闻建成死，叹曰："岂有生受其恩，而死逃其难乎！"乃与副护军薛万彻、屈咥直府左车骑万年谢叔方帅东宫、齐府精兵二千驰趣玄武门。张公谨多力，独闭关以拒之，不得入。云麾将军敬君弘掌宿卫后，屯玄武门，挺身出战，所亲止之曰："事未可知，且徐观变，俟兵集⑧，成列而战，未晚也。"君弘不从，与中郎将吕世衡大呼而进，皆死之。君弘，显俊之曾孙也。守门兵与万彻等力战良久，万彻鼓噪欲攻秦府，将士大惧；尉迟敬德持建成、元吉首示之，宫府兵遂溃，万彻与数十骑亡入终南山。冯立既杀敬君弘，谓其徒曰⑨："亦足以少报太子矣！"遂解兵，逃于野。

【译文】

六月初四，李世民率领长孙无忌等人入朝，并派士兵在玄武门设伏。张婕妤暗中得知李世民奏表的大意，便急忙前去告诉李建成。李建成随即召来李元吉共同谋划，李元吉说："我们应该统率好东宫与齐王府中的军队，推托生病，不去上朝，以便观察形势。"李建成说："军队戒备已经很森严了，我与你应当入朝参见，好亲自探听消息。"随即二人一同入朝，朝着玄武门的方向走来。这时，高祖已经召集了裴寂、萧瑀、陈叔达等人前来。打算着手调查此事。

李建成与李元吉行至临湖殿的时候，察觉到了事情的变故，立即掉转马头，企图向东返回东宫和齐王府。不料李世民跟在他们后面和他们打招呼，李元吉拉开弓想要射杀李世民，却连续三次，都未能拉满弓箭，李世民也于这时箭射李建成，将他射死。尉迟敬德率领七十骑兵相继赶到，他身边的将士将李元吉射下马来。李世民的坐骑受惊奔入树林，结果被树枝挂住，倒在地上起不来了。李元吉迅速赶到，从李世民手中一把夺过弓来，企图掐死李世民，尉迟敬德跃马前来大声呵斥他。李元吉准备步行前往武德殿，尉迟敬德从后面追着射他，将他射死。翊卫车骑将军冯翊人冯立听说李建成死去的消息后，叹息道："怎能人家活着的时候承蒙人家的恩泽，如今人家一死就逃避人家的祸难呢！"随即,他与副护军薛万彻、屈直府左车骑万年人谢叔方率领东宫和齐王府的精锐兵马两千人,急速驰往玄武门。张公谨素来力大无比,他独自一人将大门紧闭,将冯立等人挡在了门外,使他们无法进入。云麾将军敬君弘执掌宿卫军,屯驻在玄武门。他挺身而起,准备出战,左右亲近的人因此阻止他道:"事情不可预料,姑且慢慢观察事态的发展变化,等到兵力集合起来,再拉开阵势出战,也为时不晚啊。"敬君弘不肯依从,随即与中郎将吕世衡高声呼喊着奔向前去,结果全都战死。敬君弘是敬显俊的曾孙。把守玄武门的士兵与薛万彻等人戮力交战,战争持续了很久,薛万彻率兵鼓噪前行,打算攻讨秦王府,将士们大为惊惧。这时,尉迟敬德提着李建成和李元吉的头颅,给薛万彻等人看,东宫和齐王府的人马顿时溃散,薛万彻与数十骑兵一同逃进终南山。冯立杀了敬君弘以后,对手下人说:"这也足够稍微报答太子了。"随即丢盔弃甲,仓皇逃窜。

【注释】

①元良:太子的代称。

②夙心:本心。一贯的想法,本意。

③投杼(zhù):表示流言可畏,对某人的谣言一多,连最亲近者的信心也会被动摇。

④吮上乳:伏在高祖的胸前。吮,伏。乳,胸前。

【原文】

上方泛舟海池,世民使尉迟敬德入宿卫,敬德擐甲持矛,直至上所。上大惊,问曰:"今日乱者谁邪?卿来此何为?"对曰:"秦王以太子、齐王作乱。举兵诛之,恐惊动陛下,遣臣宿卫。"上谓裴寂等曰:"不图今日乃见此事,当如之何?"萧瑀、陈叔达曰:"建成、元吉本不预义谋,又无功于天下,疾秦王功高望重,共为奸谋。今秦王已讨而诛之,秦王功盖宇宙,率土归心,陛下若处以元良①,委之国务,无复事矣。"上曰:"善!此吾之夙心也②。"时宿卫及秦府兵与二宫左右战犹未已,敬德请降手敕,令诸军并受秦王处分,上从之。天策府司马宇文士及自东上阁门出宣敕,众然后定。上又使黄门侍郎裴矩至东宫晓谕诸将卒,皆罢散。上乃召世民,抚之曰:"近日以来,几有投杼之惑③。"世民跪而吮上乳④,号恸久之。

癸亥,立世民为皇太子。

【译文】

　　高祖当时正在海池划船,李世民让尉迟敬德进入皇宫担任警卫,尉迟敬德身披盔甲,手持长矛,径直来到高祖所在的地方。高祖大为震惊,问他道:"今天是谁在作乱?你来这里又有什么事?"尉迟敬德回答道:"因为太子和齐王密谋作乱,所以秦王才起兵将他们诛杀。秦王唯恐陛下受惊,便派我前来担任警卫。"高祖听后对裴寂等人说:"想不到今天竟然会发生这样的事情,你们认为应当怎么办呢?"萧瑀和陈叔达回答道:"李建成与李元吉原本就对举义反隋的谋议没有过任何贡献,对夺取天下没有立下什么功劳。他们嫉妒秦王功劳显著、声望极高,所以就一同策划邪恶的阴谋。如今既然秦王已经讨伐并诛杀了他们。秦王的功绩威震环宇,天下的仁人志士都一向臣服于他。假如陛下能够当机立断,立他为太子,将国家政事委托给他,那么就不会再有什么事端发生了。"高祖说:"好!这也正是我一向的心愿啊!"当时,宿卫军和秦王府的兵马与东宫和齐王府的士兵交战尚未停止,尉迟敬德请求高祖亲自颁布敕令,令各军一律听从秦王的安排,高祖听从了他的主张。天策府司马宇文士及由东上阁门出来宣布敕令,大家顿时安定下来。高祖又让黄门侍郎裴矩前往东宫开导诸位将士,将士们于是都弃职散开。接着,高祖又传召李世民前来,抚慰他说:"近来,我差点儿出现了曾母误听曾参杀人而丢开织具逃走的疑惑。"李世民听罢立即跪下,伏在高祖的胸前,号啕大哭了好一阵子。

　　六月八日,李世民被拥立为皇太子。

魏 征 直 谏

【注释】

①逾：超过。

②霁威：收敛威严；息怒。

③谒告：告假。

④固久不已：执意讲述很久不停止。

⑤出降：公主下嫁。

⑥亟：屡次。

⑦颜色：指皇帝的脸色。

⑧会须：适逢需要。

【原文】

唐太宗贞观二年（戊子，公元628年）

征状貌不逾中人①，而有胆略，善回人主意，每犯颜苦谏；或逢上怒甚，征神色不移，上亦为之霁威②。尝谒告上冢③，还，言于上曰："人言陛下欲幸南山，外皆严装已毕，而竟不行，何也？"上笑曰："初实有此心，畏卿嗔，故中辍耳。"上尝得佳鹞，自臂之，望见征来，匿怀中；征奏事固久不已④，鹞竟死怀中。

长乐公主将出降⑤，上以公主皇后所生，特爱之，敕有司资送倍于永嘉长公主。魏征谏曰："昔汉明帝欲封皇子，曰：'我子岂得与先帝子比！'皆令半楚、淮阳。今资送公主，倍于长主，得无异于明帝之意乎！"上然其言，入告皇后。后叹曰："妾亟闻陛下称重魏征⑥，不知其故，今观其引礼义以抑人主之情，乃知真社稷之臣也！妾与陛下结发为夫妇，曲承恩礼，每言必先候颜色⑦，不敢轻犯威严；况以人臣之疏远，乃能抗言如是，陛下不可不从也。"因请遣中使赍钱四百缗、绢四百匹以赐征，且语之曰："闻公正直，乃今见之，故以相赏。公宜常秉此心，勿转移也。"上尝罢朝，怒曰："会须杀此田舍翁⑧。"后问为谁，上曰："魏征每廷辱我。"后退，具朝服立于庭，上惊问其故。后曰："妾闻主明臣直；今魏征直，由陛下之明故也，妾敢不贺！"上乃悦。

【译文】

唐太宗贞观二年（戊子，公元628年）

魏征虽然貌不惊人，但是很有胆识和谋略，善于劝谏皇帝收回不合理的主意，因此常常犯颜直谏。有时正赶上唐太宗生气恼怒的时候，他依然神态自若，唐太宗的神威也因此有所收敛。他曾经告假回去祭扫祖墓，回来后，对唐太宗说："人人都说陛下打算临幸南山，外面都已经严阵以待、整装待发，可是您最后竟然没去，不知是为何？"唐太宗笑道："当初的确有此打算，但害怕爱卿再来责怪，所以就中途停止了。"唐太宗曾经得到一只上好的鹞鹰，将它放置在臂膀上把玩，远远望见魏征前来，赶紧把它藏在怀里；魏征站在那里上奏朝政大事，过了很久也没有奏完，鹞鹰最后竟然被捂死在唐太宗的怀里。

长乐公主将要嫁给长孙仲为妻，因为她是皇后所亲生，所以唐太宗对她疼爱有加，下令有关部门准备陪嫁的物品远比皇姑永嘉长公主的多一倍。魏征劝谏道："先前汉明帝打算分封皇子采邑，说：'我的儿子怎能和先帝的儿子相比呢？'说罢便下令均分给楚王、淮阳王封地的一半。现在长乐公主的陪嫁，比长公主的多一倍。这不是与汉明帝的意思相去甚远吗？"唐太宗觉得他的话很有道理，便到后宫告知皇后，皇后感慨道："我常常听陛下称赞魏征，不知其中缘故，今天见其引征古代礼义来抑制君王的私情，才知道他真是辅佐陛下的国家栋梁呀！我与陛下是多年的结发夫妻，倍受陛下的恩宠礼遇，每每讲话还要察言观色，不敢轻易冒犯您的威严。更何况是大臣，与陛下较为疏远，可魏征却能如此直言强谏，陛下不能不听从他的意见。"于是皇后请求唐太宗派人到魏征家去，赏赐他四百缗钱、四百匹绢。并对他说："听闻您正直无私，今日终得以亲见，所以赏赐这些。但愿您能时刻秉持此忠心，不要有所转变。"有一次，唐太宗罢朝回到宫中，怒气冲冲地说："我以后一定找机会杀了这个乡巴佬！"长孙皇后忙问是谁惹恼他，唐太宗说："魏征经常在朝堂上羞辱我。"长孙皇后退去，随即穿着朝服站立在庭院内，唐太宗大为吃惊地问她为什么这样做。长孙皇后说："我听说君主开明则大臣正直，现在魏征直言进谏，不正是因为陛下的开明吗，所以我怎能不向您表示祝贺呢？"唐太宗听后随即转怒为喜。

【注释】

① 仇雠（chóu）：仇敌，对手。
② 不谓：没有想到。
③ 辄：总是。
④ 庸何伤：又有何妨呢？庸，又有。伤，妨碍。
⑤ 退：退下后，背后。
⑥ 疏慢：粗鲁傲慢。
⑦ 轻：对……轻视。
⑧ 顿踬（zhì）：操纵羞辱。

【原文】

上宴近臣于丹霄殿，长孙无忌曰："王珪、魏征，昔为仇雠①，不谓今日得同此宴②。"上曰："征、珪尽心所事，故我用之。然征每谏，我不从，我与之言辄不应③，何也？"魏征对曰："臣以事为不可，故谏；若陛下不从而臣应之，则事遂施行，故不敢应。"上曰："且应而复谏，庸何伤④！"对曰："昔舜戒群臣：'尔无面从，退有后言⑤。'臣心知其非而口应陛下，乃面从也，岂稷、契事舜之意邪！"上大笑曰："人言魏征举止疏慢⑥，我视之更觉妩媚，正为此耳！"征起，拜谢曰："陛下开臣使言，故臣得尽其愚，若陛下拒而不受，臣何敢数犯颜色乎！"

十年，魏王泰有宠于上，或言三品以上多轻魏王⑦。上怒，引三品以上，作色让之曰："隋文帝时，一品以下皆为诸王所顿踬⑧，彼岂非天子儿邪！朕但不听诸子纵横耳，闻三品以上皆轻之，我若纵之，岂不能折辱公辈乎！"

【译文】

唐太宗在丹霄殿大宴近臣，长孙无忌说："王珪、魏征两人，以前都曾是太子李建成的幕僚，与陛下为敌，怎能料到今天却能在此一同饮宴。"唐太宗说："魏征与王珪因为尽心竭力地侍奉原来的主人，所以我才重用他们。然而魏征每次进谏，只要我不听从，那么我与他讲话，他也总是不做应答，这是为什么呢？"魏征回答道："我认为事情不可为，所以才加以谏阻；如果陛下不听从我的谏阻而我再要对陛下的话做应答，那么事情就会被施行，所以我不敢应答。"唐太宗说："暂且应答随后再谏阻，又有何妨呢？"魏征答道："昔日舜帝告诫群臣：'你们不要当面顺从，却在背后说另一套。'如果我明知不对而嘴上却还要答应陛下的意见，那么就是当面顺从。这难道符合稷、契侍奉舜帝的本意吗！"唐太宗大笑道："人人都说魏征行为举止粗鲁傲慢，我却越看越觉得他妩媚可爱，正是这个原因啊！"魏征听罢赶紧起身离席，向唐太宗拜谢道："这都是因为陛下的引导才让我能够畅所欲言，让我得以尽效愚诚；假如陛下拒不接受忠言，那么我又怎敢屡次直言强谏呢！"

魏王李泰一向颇受唐太宗的宠爱，有人禀报奏称三品以上的臣子大都轻视魏王。唐太宗听后勃然大怒，随即召见三品以上大臣，对他们严厉责备道："隋文帝的时候，一品以下的大臣悉数被亲王们操纵羞辱，难道魏王不是帝王的儿子吗？朕不过是不想听任皇子们纵横跋扈罢了，听说三品以上的大臣大都轻视他们，假如我也放纵他们胡来，难道就不能对你们进行羞辱吗？"

【原文】

房玄龄等皆惶惧流汗拜谢①。魏征独正色曰："臣窃计当今群臣，必无敢轻魏王者。在礼②，臣、子一也③。《春秋》：王人虽微，序于诸侯之上。三品以上皆公卿，陛下所尊礼，若纪纲大坏，固所不论；圣明在上，魏王必无顿辱群臣之理。隋文帝骄其诸子，使多行无礼，卒皆夷灭④，又足法乎？"上悦，曰："理到之语，不得不服。朕以私爱忘公义，向者之忿，自谓不疑，及闻征言，方知理屈。人主发言何得容易乎⑤！"

郑文贞公魏征寝疾，上遣使者问讯，赐以药饵，相望于道。又遣中郎将李安俨宿其第，动静以闻⑥。上复与太子同至其第，指衡山公主，欲以妻其子叔玉⑦。

戊辰，征薨⑧，命百官九品以上皆赴丧，给羽葆鼓吹，陪葬昭陵。其妻裴氏曰："征平生俭素，今葬以一品羽仪，非亡者之志。"悉辞不受，以布车载柩而葬。上登苑西楼，望哭尽哀。上自制碑文，并为书石⑨。上思征不已，谓侍臣曰："人以铜为镜，可以正衣冠，以古为镜，可以见兴替，以人为镜，可以知得失；魏征没，朕亡一镜矣⑩！"

【注释】

①拜谢：谢罪。

②在：按照。

③一：一样。

④夷灭：被杀。

⑤何得容易乎：怎么能如此轻率不负责任呢？

⑥闻：报告。

⑦妻：嫁给……为妻。

⑧薨（hōng）：去世。

⑨书石：书写墓碑。

⑩亡：失去。

【译文】

房玄龄等人都惶恐惊惧得汗流浃背，不住地向唐太宗磕头谢罪。唯独魏征正色道："我私下里认为当今的大臣们，肯定不敢轻视魏王。按照礼仪，大臣与皇子都是一样的。《春秋》中说：周王的人纵然卑微低贱，也都位列诸侯之上。三品以上都是公卿大臣，陛下向来对其尊崇礼待。如果纲纪败坏，固然不必说它；假如圣明在上，那么魏王必定没有羞辱大臣的道理。隋文帝骄溺放纵他的儿子们，使得他们举止无礼，最终全部被杀，难道这值得后人效法吗？"唐太宗高兴地说："说得处处在理，朕不得不佩服。朕因私情溺爱而忘却公义，刚刚恼怒的时候，感觉自己很有道理；可是听了魏征的这一席话，才知道是自己理屈。身为君主怎能说出如此轻率不负责任的话呢？"

郑文贞公魏征卧病在床，唐太宗派使者前去探病，赐给他药饵，送药的人络绎不绝。唐太宗又派中郎将李安俨留宿在魏征的府第，一有什么动静立即向他报告。唐太宗还和太子一同到魏征家里，指着衡山公主，准备将她嫁给魏征的儿子魏叔玉为妻。

公元643年正月十七日，魏征去世，唐太宗命令九品以上的文武百官全部到魏征家里吊丧，并赐给手持羽葆的仪仗队和吹鼓手，陪葬在昭陵。魏征的妻子裴氏说道："魏征平生勤俭朴素，现在用鸟羽装饰旌旗，按照一品官的礼仪标准对其安葬，这并非死者的心愿。"所以全都推辞不受，仅仅用布罩着车子载着灵柩安葬。唐太宗登上禁苑西楼，望着魏征的灵车痛哭不已，悲哀至极。唐太宗亲自为魏征撰写碑文，并且书写墓碑。唐太宗对魏征的思念从来都没有停止过，时常对身边的近臣说："将铜做成镜子，可以用来整理衣帽尊容；将历史当作镜子，可以用来考察历朝的兴衰交替；将人当作一面镜子，可以明白自己行为的得失。魏征死了，朕的一面镜子就这样失去了啊！"

则 天 女 皇

【原文】

唐高宗永徽五年（甲寅，公元654年）

上之为太子也，入侍太宗，见才人武氏而悦之。太宗崩，武氏随众感业寺为尼。忌日，上诣寺行香①，见之，武氏泣，上亦泣。王后闻之，阴令武氏长发，劝上内之后宫②，欲以问淑妃之宠③。武氏巧慧，多权数④，初入宫，卑辞屈体以事后；后爱之，数称其美于上⑤。未几大幸，拜为昭仪，后及淑妃宠皆衰，更相与共谮之，上皆不纳。昭仪欲追赠其父而无名⑥，故托以褒赏功臣，遍赠屈突通等，而武士彟预焉。

王皇后、萧淑妃与武昭仪更相谮诉⑦，上不信后、淑妃之语，独信昭仪。后不能曲事上左右，母魏国夫人柳氏及舅中书令柳奭入见六宫，又不为礼。武昭仪伺后所不敬者⑧，必倾心与相结，所得赏赐分与之。由是后及淑妃动静，昭仪必知之，皆以闻于上。

【注释】

① 诣：到，至。
② 内：通"纳"。
③ 间：离间。
④ 多权数：善于玩弄权术。数，通"术"。
⑤ 美于上：在高宗面前称赞她。
⑥ 无名：名不正官不顺。
⑦ 谮：诬陷，说坏话。
⑧ 伺：窥伺。

【译文】

唐高宗永徽五年（甲寅，公元654年）

高宗当初还是太子的时候。进寝宫服侍唐太宗，看见才人武氏便十分喜欢。唐太宗驾崩后，武氏随着众嫔妃到感业寺出家为尼。等到唐太宗的忌日，高宗亲自到感业寺行香拜佛。见到了武氏，武氏哭泣，高宗也跟着流泪。王皇后得知消息后，便暗中让武氏蓄发，并劝说高宗纳武氏入后宫，企图借武氏来离间高宗对萧妃的宠幸。武氏天生乖巧聪慧，善于玩弄权术，刚刚入宫时，她卑躬屈膝地侍奉皇后；皇后因此十分喜欢她，多次在高宗面前称赞她。不久，武氏便得到高宗的极大宠幸，被拜为昭仪，皇后与萧妃于是均失宠，二人便开始一同诬告武氏，高宗对她们的诬告一概不予听从。武昭仪企图追赠他的父亲武士彟官爵,可是苦于名不正言不顺。因此便假托要褒奖赏赐十三位有功之臣,其中就有武士彟。

王皇后、萧淑妃与武昭仪三人相互诬告诽谤。高宗从来都不相信王皇后、萧淑妃的话,唯独对武昭仪非常信任。王皇后不会曲意逢迎高宗的左右近臣,她的母亲魏国夫人柳氏及舅舅中书令柳奭入见六宫嫔妃,又不讲究礼节。武昭仪窥伺到王皇后讨厌的人,于是就与之倾心相交,所得到的赏赐也要分给她们。因此,王皇后与萧淑妃的一举一动,都逃不出武氏的掌控范围,她还把自己看到的、听到的全都禀告给高宗。

【注释】

①会:恰好。

②阳:通"佯",假装。

③由是:由此,从此。

④缯锦:绫罗绸缎。

⑤讽:暗示。

⑥诣:到。

⑦折:斥责。

⑧厌(yā)胜:古代方士的一种巫术。能以诅咒制伏人或物。

⑨希旨:迎合皇上的意旨。

【原文】

后宫虽衰,然上未有意废也。会昭仪生女①,后怜而弄之,后出,昭仪潜扼杀之,覆之以被。上至,昭仪阳欢笑②,发被观之,女已死矣,即惊啼。问左右,左右皆曰:"皇后适来此。"上大怒,曰:"后杀吾女!"昭仪因泣诉其罪。后无以自明,上由是有废立之志③。又畏大臣不从,乃与昭仪幸太尉长孙无忌第,酣饮极欢,席上拜无忌宠姬子三人皆为朝散大夫,仍载金宝缯锦十车以赐无忌④。上因从容言皇后无子以讽无忌⑤,无忌对以他语,竟不顺旨,上及昭仪皆不悦而罢。昭仪又令母杨氏诣无忌第⑥,屡有祈请,无忌终不许。礼部尚书许敬宗亦数劝无忌,无忌厉色折之⑦。

六年六月,武昭仪诬王后与其母魏国夫人柳氏为厌胜⑧,敕禁后母柳氏不得入宫。秋,七月,戊寅,贬吏部尚书柳奭为遂州刺史。奭行至扶风,岐州长史承素希旨奏奭漏泄禁中语⑨,复贬荣州刺史。

唐因隋制,后宫有贵妃、淑妃、德妃、贤妃皆视一品。上欲特置宸妃,以武昭仪为之,韩瑗、来济谏,以为故事无之,乃止。

【译文】

尽管王皇后已经失宠,但是高宗并没有废掉她的想法。恰巧这时武昭仪生了一个女孩,皇后怜爱她并逗弄她玩。皇后出去以后,武氏便趁没人看见将女婴掐死,并盖上被子。这时高宗正好来到,武氏假装欢笑,打开被子一同看孩子,却发现女婴已经死了,武氏当即大声哭闹。问左右侍女是怎么回事,左右都说:"皇后刚刚来过这里。"高宗听后勃然大怒,说道:"皇后杀了我的女儿!"武昭仪趁机哭泣着数落皇后的罪过。皇后无法替自己辩解,高宗从此有了废掉王皇后立武昭仪为后的打算。但他又深恐大臣们不服,因此便和武氏一道临幸太尉长孙无忌的府第,酒至酣畅后。于酒席上将长孙无忌宠姬的三个儿子都封为朝散大夫,又令人装载金银财宝、绫罗绸缎等共十车赏赐给长孙无忌。高宗趁机讲到王皇后没有子嗣,以此来暗示长孙无忌,可是长孙无忌顾左右而言他,竟然没有顺从高宗的旨意。高宗与武氏二人于是在不愉快中结束了这场酒宴。武昭仪又让自己的母亲杨氏到长孙无忌的宅第,屡次请求,都没有得到长孙无忌的允许。礼部尚书许敬宗也曾经多次劝说长孙无忌,被长孙无忌义正词严地斥责了一顿。

六年六月,武昭仪诬陷王皇后和她的母亲魏国夫人柳氏求巫婆施展厌胜术诅咒武昭仪,高宗因此敕令严禁皇后的母亲柳氏进出后宫。七月初十,将吏部尚书柳奭贬为遂州刺史。柳奭赴任走到扶风县,岐州长史于承素揣摩圣意,上奏称柳奭泄露宫禁秘密,又把他贬为荣州刺史。

唐朝因袭隋朝制度,后宫贵妃、淑妃、德妃、贤妃都是正一品。高宗于是打算特别设置一个宸妃,以封给武昭仪,韩瑗、来济劝谏阻止,说以前没有这个先例,高宗只好作罢。

【原文】

中书舍人饶阳李义府为长孙无忌所恶,左迁壁州司马。敕未至门下,义府密知之,问计于中书舍人幽州王德俭,德俭曰:

【注释】

① 宰臣:指宰相。

②建策：出谋献策，制定策略。

③厌：满足。兆庶：众百姓。

④寻：不久。

⑤中宫：皇后居住之处，以别于东西二宫。为皇后的代称。

⑥元舅：长舅，指长孙无忌。

"上欲立武昭仪为后，犹豫未决者，直恐宰臣异议耳①。君能建策立之②，则转祸为福矣。"义府然之，是日，代德俭直宿，叩阁上表，请废皇后王氏，立武昭仪，以厌兆庶之心③。上悦，召见，与语，赐珠一斗，留居旧职。昭仪又密遣使劳勉之，寻超拜中书侍郎④。于是卫尉卿许敬宗、御史大夫崔义玄、中丞袁公瑜皆潜布腹心于武昭仪矣。

长安令裴行俭闻将立武昭仪为后，以国家之祸必由此始，与长孙无忌、褚遂良私议其事。袁公瑜闻之，以告昭仪母杨氏。行俭坐左迁西州都督府长史。行俭，仁基之子也。

上一日退朝，召长孙无忌、李勣、于志宁、褚遂良入内殿。遂良曰："今日之召，多为中宫⑤，上意既决，逆之必死。太尉元舅⑥，司空功臣，不可使上有杀元舅及功臣之名。遂良起于草茅，无汗马之劳，致位至此，且受顾托，不以死争之，何以下见先帝！"勣称疾不入。无忌等至内殿，上顾谓无忌曰："皇后无子，武昭仪有子，今欲立昭仪为后，何如？"遂良对曰："皇后名家，先帝为陛下所娶。先帝临崩，执陛下手谓臣曰：'朕佳儿佳妇，今以付卿。'此陛下所闻，言犹在耳。皇后未闻有过，岂可轻废！臣不敢曲从陛下，上违先帝之命！"上不悦而罢。明日又言之，遂良曰："陛下必欲易皇后，伏请妙择天下令族，何必武氏！武氏经事先帝，众所共知，天下耳目，安可蔽也。万代之后，谓陛下为如何！愿留三思！臣今忤陛下，罪当死！"因置笏于殿阶，解巾叩头流血曰："还陛下笏，乞放归田里。"上大怒，命引出。昭仪在帘中大言曰："何不扑杀此獠！"无忌曰："遂良受先朝顾命，有罪不可加刑！"于志宁不敢言。

[译文]

中书舍人、饶阳人李义府因为被长孙无忌所厌恶，被降职为壁州司马。敕令还未到门下省，李义府便已经暗中得知，于是向中书舍人、幽州人王德俭询问计谋，王德俭说："高宗打算立武昭仪为皇后，如今正在犹豫不决，生怕宰相们会有异议。假如你能够提议册立武氏为后，那么就可以转祸为福了。"李义府对他的话深表赞同。这一天，他代替王德俭值宿，叩门向高宗上奏章，请求废掉王皇后，立武昭仪为后，以满足黎民百姓的心愿。高宗听后大为喜悦，随即亲自召见李义府，与他交谈，并赐他珍珠一斗，留下他让他官复原职。武氏也在私下里派人慰劳勉励他，不久他便被破格提拔为中书侍郎。从此以后，卫尉卿许敬宗、御史大夫崔义玄、御史中丞袁公瑜都暗地里向武氏表示愿意为其效劳。

长安县令裴行俭得知朝廷就要立武昭仪为皇后，认为国家的祸患将要从此开始了，于是便与长孙无忌、褚遂良一起私下里商议此事。袁公瑜听说后，便将这一情况据实禀告给武氏的母亲杨氏，裴行俭因此获罪，被贬谪为西州都督府长史。裴行俭是裴仁基的儿子。

有一天，高宗退朝后，又宣召长孙无忌、李勣、于志宁、褚遂良进入内殿。褚遂良说："今天皇上宣召，多半是为了后宫的事，如今皇上的主意已定，如果胆敢违抗，必定是死罪。太尉是元舅，司空是功臣，不能让皇上背负杀元舅与功臣的坏名声。我褚遂良原本出身贫寒，也没有立下什么汗马功劳，能有今天这个地位，况且还接受了先帝临终托孤，不能不以死相谏。否则将无法向死去的先帝交代！"李勣称病没有去内殿。长孙无忌等人到了内殿，高宗便对他们说："皇后没有子嗣，武昭仪有，现在朕想立武昭仪为皇后，你们觉得怎么样？"褚遂良回答道："皇后出身名门望族，是先帝为陛下明媒正娶的妻子。先帝临死前，曾经握着陛下的手对我说：'朕的好儿子、好儿媳，现在就托付给你了。'这些话都是陛下亲耳所闻，直到现在还犹如在耳边一样。未听说皇后有什么过错，怎能轻易地废掉呢！我不敢曲意顺从陛下，而违背先帝的遗愿啊！"高宗听后十分不悦，但也只好作罢。第二天。他又提及此事，褚遂良说："陛下如果一定要更换皇后，那么我请求遴选天下的名门世家，何必非立武氏不可？武氏曾经侍奉过先帝，这是众所周知的事情，天下人的耳目，哪里能够遮掩呢？等到千秋万代以后，人们又将怎么看待陛下呢？愿陛下三思而后行！我如今忤逆陛下，罪当处死。"说完将朝笏置于殿内台阶上，并解下头巾向高宗叩头直到血流满面，他说道："还给陛下朝笏，乞求陛下能够放我回老家养老去。"高宗当即勃然大怒，下令将他带出去。武昭仪则隔着帘幕大声说道："何不就此斩杀了这老东西！"长孙无忌说："褚遂良是先帝的顾命大臣，即使有罪也不可以加刑。"于志宁则什么话也不敢说。

【注释】

①尘黩：玷污。

②血食：享受后代的牺牲祭祀。

③悠闲令淑：优雅娴静，贤淑美好。

④神祇：天地神灵。

⑤蒙祚：承受福祚。

【原文】

韩瑗因间奏事，涕泣极谏，上不纳。明日又谏，悲不自胜，上命引出。瑗又上疏谏曰："匹夫匹妇，犹相选择，况天子乎！皇后母仪万国，善恶由之，故嫫母辅佐黄帝，妲己倾覆殷王，《诗》云：'赫赫宗周，褒姒灭之。'每览前古，常兴叹息，不谓今日尘黩圣代①。作而不法，后嗣何观！愿陛下详之，无为后人所笑！使臣有以益国，菹醢之戮，臣之分也！昔吴王不用子胥之言而麋鹿游于姑苏。臣恐海内失望，棘荆生于阙庭，宗庙不血食②，期有日矣！"来济上表谏曰："王者立后，上法乾坤，必择礼教名家，幽闲令淑③，副四海之望，称神祇之意④。是故周文造舟以迎太姒，而兴《关雎》之化，百姓蒙祚⑤；孝成纵欲，以婢为后，使皇统亡绝，社稷倾沦。有周之隆既如彼，大汉之祸又如此，惟陛下详察！"上皆不纳。

【译文】

韩瑗趁机上奏疏，流泪对高宗废除皇后的打算进行极力劝阻，高宗并不接受。他第二天又劝谏高宗，悲伤得不能自已，高宗下令将他带出去。韩瑗因此又上奏章劝谏道："一般的夫妇，尚且要经过相互选择后才结合，更何况天子呢？皇后母仪天下，是全天下妇女的典范，善恶皆因她而生，所以才会有嫫母辅佐黄帝、妲己倾覆殷朝这样的历史。《诗经》上说：'赫赫有名的宗周，就毁灭在褒姒的手里。'我每次阅读前朝史事，常常会扼腕叹息，未曾想今天这样的圣明之世也会受到玷污。做事不依循法度，后世将如何看待呢！唯愿陛下能够三思，不要给后人留下笑柄。假如我的话能够有益于国家，那么即使被剁成肉酱，臣也死得心甘情愿！昔日吴王不听从伍子胥的话，结果致使吴都姑苏破败，麋鹿到处出没。我深恐陛下让海内外的有识之士失望，那样就离让皇宫长满荆棘、宗庙不能继续享有祭祀的情况为期不远了！"来济也上表劝谏高宗道："君主册立皇后，应该因循天理法度，必须选择名门礼教之家的淑女，优雅娴静，贤淑美好，才能与四海的厚望相符，也能和神灵的意图相称。所以说周文王才要造船迎接太姒，世间从此才有《关雎》的教化，百姓蒙受福祉；汉成帝纵欲成性，让婢女当了皇后，因而使皇族血统遭到断绝，江山社稷因此倾覆沉沦。周代的昌盛是那般，汉代的灾祸又是这般，希望陛下能够明鉴啊！"高宗对这些谏言一律不予采纳。

【原文】

他日，李勣入见，上问之曰："朕欲立武昭仪为后，遂良固执以为不可。遂良既顾命大臣，事当且已乎？"对曰："此陛下家事，何必更问外人！"上意遂决。许敬宗宣言于朝曰："田舍翁多收十斛麦，尚欲易妇；况天子欲立一后，何豫诸人事而妄生异议乎！"昭仪令左右以闻。庚午，贬遂良为潭州都督。

高宗天皇大圣大弘孝皇帝上之下永徽六年，冬，十月，己酉，下诏称："王皇后、萧淑妃谋行鸩毒，废为庶人，母及兄弟，并除名，流岭南。"许敬宗奏："故特进赠司空王仁祐告身尚存①，使逆乱余孽犹得为荫，并请除削。"从之。

乙卯，百官上表请立中宫，乃下诏曰："武氏门著勋庸，地华缨黻②，往以才行选入后庭，誉重椒闱③，德光兰掖④。朕昔在

【注释】

①告身：委任官职的凭证，类似后代的委任状。

②地华缨黻（fú）：冠带与印绶。借指官位。黻，古代一种绣在礼服上的花纹，多为半青半黑色。

③誉熏椒闱：在宫内后妃居处声誉很好。椒闱，后妃居处。

④德光兰掖：德行光照后宫。兰掖，后宫嫔妃所居之地。

⑤储贰：储副，太子。
⑥宫壸：御酒，此处借指宫廷。

储贰⑤，特荷先慈，常得待从，弗离朝夕，宫壸之内⑥，恒自恓躬，嫔嫱之间，未曾迕目，圣情鉴悉，每垂赏叹，遂以武氏赐朕，事同政君，可立为皇后。"

【译文】

有一天，李勣入宫晋见，高宗于是问他道："朕打算册立武昭仪为皇后，可是褚遂良却固执己见认为不可以。褚遂良既然是先帝的顾命大臣，现在他极力反对，那么事情真就应该停止吗？"李勣回答道："这是陛下的家务事，何必要去征询外人的意见呢！"高宗废后的主意随即定了下来。许敬宗在朝中扬言道："庄稼汉多收了十斛麦子，尚且想要换个老婆呢！更何况是天子要册立皇后，人们又何必要管那么多事而妄生异议呢？"武昭仪让身边的人将此话传到了高宗那里。初三，高宗下诏将褚遂良贬为潭州都督。

公元655年十月十三日，唐高宗下诏道："王皇后、萧淑妃密谋用毒酒杀人，现今被废为平民。她们的母亲和兄弟也都全部被撤销官爵，流放到岭南一带。"许敬宗上疏道："已故特进赠司空王仁祐尚且还留存有封官的凭证，这些会让逆乱的余孽还能受荫做官，请求一并削除他的官爵。"唐高宗答应了他的请求。

十月十九日，文武百官联名上奏唐高宗。请求册立武氏。唐高宗随即颁发诏书说："武氏出身功勋之家，祖辈世代为官。她先前曾因为才德超群而被选入后宫。在后宫中，她品行端正，声誉极佳。朕先前做太子时，她受到我已故母亲的特殊恩惠，得以经常服侍皇帝，日夜陪侍左右。她在后宫之中十分检点自己的行为，而且能很好地处理嫔妃之间的关系。皇帝对此十分清楚，经常垂青赞赏，于是便把武氏赏赐给朕，这就如同汉宣帝将宫女王政君赐给皇太子一样。因此，武氏是可以被册立为皇后的。"

【原文】

十一月，丁卯朔，临轩命司空李勣赍玺绶册皇后武氏①。是日，百官朝皇后于肃义门。

故后王氏、故淑妃萧氏，并囚于别院，上尝念之，间行至其所，见其室封闭极密，惟窍壁以通食器，恻然伤之，呼曰："皇后、淑妃安在？"王氏泣对曰："妾等得罪为宫婢，何得更有尊称！"又曰："至尊若念畴昔②，使妾等再见日月，乞名此院为回心院。"上曰："朕即有处置。"武后闻之，大怒，遣人杖王氏及萧氏各一百，断去手足，投酒瓮中，曰："令二妪骨醉！"数日而死，又斩之。王氏初闻宣敕③，再拜曰："愿大家万岁！昭仪承恩，死自吾分。"淑妃骂曰："阿武妖猾，乃至于此！愿它生我为猫，阿武为鼠，生生扼其喉。"由是宫中不畜猫。寻又改王氏姓为蟒氏，萧氏为枭氏。武后数见王、萧为祟④，被发沥血如死时状。后徙居蓬莱宫，复见之，故多在洛阳，终身不归长安。

【注释】

①赍玺绶册：册封。
②畴昔：往日，从前。
③宣敕：诏书，或发布诏书。
④为祟：作恶。

【译文】

十一月初一，武氏被册立为皇后。当天，文武百官于肃义门朝拜了武后。

先前的皇后王氏和淑妃萧氏一同被囚禁在后宫别的院落里。唐高宗顾念当初的情分，于是秘密去囚禁她们的地方，只看见囚室封闭极严，只在墙壁上凿了一个小孔，以便能够送食物进去。他看见二人如此悲惨，便动了恻隐之心，大声呼喊道："皇后、淑妃你们在哪里？"王氏听到是皇上的声音，于是就哭着说道："臣妾等已经因罪被贬为宫中奴婢，哪里还会有后、妃的尊贵称号！"接着又说："假如陛下还能念及旧情，那么我请求让臣妾等重见天日，把这个院子改名为回心院吧。"皇上说："朕马上就安排。"武后很快便得知此事，她勃然大怒，随即派人去把王氏和萧氏各打一百大板，接着砍去她们的手足，把她们投到酒坛子里去，还骂道："让这两个女人骨醉！"没过几天，两人相继死去，武后又令人砍下她们的脑袋。王氏当初听到宣布处置她们的敕令时，向高宗拜了又拜说："祝愿皇上万岁！武昭仪承蒙陛下的恩宠，死自然是我的事了。"淑妃萧氏则破口大骂道："阿武是一个狐狸精，奸诈狡猾，竟然狠毒到如此地步！只求来生我做猫，阿武做鼠，我活活地咬住她的咽喉。"因此宫中从此不再养猫。不久又将王氏改姓为蟒氏，把萧氏改姓为枭氏。武后随后多次看见王氏和萧氏的鬼魂在宫中作祟，披头散发，遍体流血，一如死的时候的样子。于是武后只得迁到蓬莱宫居住，可是还是能看见同样的情形，因此她就远远地移居到了洛阳，终生没有再回长安。

敬业反武

[原文]

则天皇后光宅元年（甲申，公元684年）

时诸武用事，唐宗室人人自危，众心愤惋。会眉州刺史英公徐敬业及弟盩厔令敬猷、给事中唐之奇、长安主簿骆宾王、詹事司直杜求仁皆坐事①，敬业贬柳州司马，敬猷免官，之奇贬括苍令，宾王贬临海丞，求仁贬黟令。求仁，正伦之侄也。盩厔尉魏思温尝为御史，复被黜。皆会于扬州，各自以失职怨望，乃谋作乱，以匡复庐陵王为辞②。

思温为之谋主，使其党监察御史薛仲璋求奉使江都，令雍州人韦超诣仲璋告变，云"扬州长史陈敬之谋反"。仲璋收敬之系狱。居数日，敬业乘传而至③，矫称扬州司马来之官，云"奉密旨，以高州酋长冯子猷谋反，发兵讨之。"于是开府库，令士曹参军李宗臣就钱坊，驱囚徒、工匠数百，授以甲。斩敬之于系所；录事参军孙处行拒之，亦斩以徇，僚吏无敢动者。遂起一州之兵，复称嗣圣元年。开三府，一曰匡复府，二曰英公府，三曰扬州大都督府。敬业自称匡复府上将，领扬州大都督。以之奇、求仁为左、右长史，宗臣、仲璋为左、右司马，思温为军师，宾王为记室，旬日间得胜兵十余万。

[注释]

① 坐事：因事获罪。
② 庐陵王：即李显。辞：旗号。
③ 乘传：驿站用四匹马拉的车。

[译文]

则天皇后光宅元年（甲申，公元684年）

当时武氏家族独揽朝政，大唐皇族人人自危，个个心中愤慨惋惜。恰逢眉州刺史英公徐敬业和他弟弟盩厔令李敬猷、给事中唐之奇、长安主簿骆宾王、詹事司直杜求仁等都因为一些事情被治罪，徐敬业被贬谪为柳州司马，李敬猷被罢官，唐之奇被贬为括苍令，骆宾王被贬谪为临海丞。杜求仁被贬谪为黟县令。杜求仁是杜正伦的侄子。整屋尉魏思温曾经担任御史，这次又被罢黜。他们这些遭贬之人都在扬州聚会，各自因失去官职心怀怨愤，便图谋趁机作乱，打着挽救恢复庐陵王的帝位的旗号。

魏思温是此次谋划的主谋，他指派自己的党羽监察御史薛仲璋请求奉命出使江都，然后让雍州人韦超向薛仲璋报告，说："扬州长史陈敬之阴谋反叛。"薛仲璋即刻派人逮捕陈敬之入狱。几天后，徐敬业乘驿车抵达扬州，假称自己是扬州司马前来上任，说："奉太后密旨，因为高州首长冯子猷阴谋造反，准备发兵进行讨伐。"于是大开府库，命令扬州士曹参军李宗臣到铸钱工场，驱遣囚徒、工匠数百人，并发给他们盔甲。将陈敬之在监狱做斩首处决；录事参军孙处行因为抗拒不从，也被斩首示众，于是扬州的大小官吏没有谁再敢反抗的。随即征发一州的兵马，恢复使用中宗时的年号嗣圣元年。设置三个府署：第一个是匡复府，第二个是英公府，第三个是扬州大都督府。徐敬业自称是匡复府的上将，领扬州大都督。任命唐之奇、杜求仁分别为左、右长史，李宗臣、薛仲璋分别为左、右司马，魏思温为军师，骆宾王为记室，仅仅十几天的工夫便聚拢了十余万人的兵力。

【注释】

① 移檄：发布檄文。
② 临朝：天子或太后上朝处理国政。
③ 下陈：古人宾主相互馈赠礼物，陈列在堂下，为"陈"。因而，古代统治者充实于府库内官的财物、妾婢，也叫"下陈"。此指武则天曾充当过唐太宗的才人。
④ 更衣：换衣服。
⑤ 洎：及，到了。

【原文】

移檄州县①，略曰："伪临朝武氏者②，人非温顺，地实寒微。昔充太宗下陈③，尝以更衣入侍④，洎乎晚节⑤，秽乱春宫⑥。密隐先帝之私，阴图后庭之嬖，践元后于翚翟⑦，陷吾君于聚麀⑧。"又曰："杀姊屠兄，弑君鸩母，人神之所同嫉，天地之所不容。"又曰："包藏祸心，窃窥神器。君之爱子，幽之于别宫；贼之宗盟，委之以重任。"又曰："一抔之土未干，六尺之孤何在⑨？"又曰："试观今日之域中，竟是谁家之天下！"太后见檄，问曰："谁所为？"或对曰："骆宾王。"太后曰："宰相之过也。人有如此才，而使之流落不偶乎⑩！"

敬业求得人貌类故太子贤者，绐众云："贤不死，亡在此城中，令吾属举兵。"因奉以号令。

楚州司马李崇福帅所部三县应敬业。盱眙人刘行举独据县不从，敬业遣其将尉迟昭攻盱眙，行举拒却之。诏以行举为游击将军，以其弟行实为楚州刺史。

甲申，以左玉钤卫大将军李孝逸为扬州道大总管，将兵三十万，以将军李知士、马敬臣为之副，以讨徐敬业。

⑥春宫：东宫，太子所居，借指太子。
⑦翟翟：后妃的礼服。
⑧聚麀：比喻两辈人之间的乱伦关系。
⑨六尺之孤：指继承皇位的新君。
⑩不偶：不遇，不合。

【译文】

徐敬业在各州县散布战斗檄文，大意是："窃取帝位的武氏，人并不温顺，出身非常贫寒卑微。她先前下榻在太宗的后宫，曾经找机会得以侍奉唐太宗，受到极大的宠幸，等到唐太宗晚年，她又勾引太子，淫乱后宫。她隐匿了同先帝的私情，却暗地里在后宫谋求高宗的宠幸，最终登上皇后的宝座。也使我们的国君从此陷落到形同禽兽的乱伦境地。"又说："武氏杀害姐姐，屠戮哥哥，杀死国君，毒死母亲。是人和神所共同憎恨的妇人。她的行为必将为天地所不容。"又说："她包藏祸心，图谋篡夺帝位。国君的爱子，被她幽禁于别殿；武氏的远近亲属，都被委以重任。"又说："先帝陵墓上的黄土还没有完全风干。未成年的孤儿将流落到哪里？"又说："试看如今的江山社稷，究竟是谁家的天下！"太后看到这些战斗檄文以后，问道："这些都出自谁手？"有人回答说："骆宾王。"太后说："这是宰相的失误。此人如此才华横溢，却让他流落漂泊，未能得到重用！"

徐敬业找到了一个外表酷似已故太子李贤的人，欺骗众人道："李贤并没有死，而是逃亡到了这个城里，现在他命令我们即刻起兵。"因此借助他的名义向天下发号施令。

楚州司马李崇福统率所辖的三个县积极响应徐敬业。唯独盱眙人刘行举据守着县城，不肯服从，徐敬业派他的部将尉迟昭率军攻打盱眙。太后下诏任命刘行举为游击将军，任命他的弟弟刘行实为楚州刺史。

九月，朝廷任命左玉钤卫大将军李孝逸为扬州道大总管，统领三十万兵马，任命将军李知士和马敬臣为副总管，一起前来征讨徐敬业。

【注释】

① 辞：名义。
② 上变：向朝廷报告了即将发生的叛乱。
③ 临以白刃：用锋利的刺刀威胁他。
④ 发冢斫棺：掘墓开馆。
⑤ 复：恢复。

【原文】

魏思温说徐敬业曰："明公以匡复为辞①，宜帅大众鼓行而进，直指洛阳，则天下知公志在勤王，四面响应矣。"薛仲璋曰："金陵有王气，且大江天险，足以为固，不如先取常、润，为定霸之基，然后北向以图中原，进无不利，退有所归，此良策也！"思温曰："山东豪杰以武氏专制，愤惋不平，闻公举事，皆自蒸麦饭为粮，伸锄为兵，以俟南军之至。不乘此势以立大功，乃更蓄缩，欲自谋巢穴，远近闻之，其谁不解体！"敬业不从，使唐之奇守江都，将兵渡江攻润州。思温谓杜求仁曰："兵势合则强，分则弱，敬业不并力渡淮，收山东之众以取洛阳，败在眼中矣！"

壬辰，敬业陷润州，执刺史李思文，以李宗臣代之。思文，敬业之叔父也，知敬业之谋，先遣使间道上变②，为敬业所攻，拒守久之，力屈而陷。思温请斩以徇，敬业不许，谓思文曰："叔党于武氏，宜改姓武。"润州司马刘延嗣不降，敬业将斩之，思温救之，得免，与思文皆囚于狱中。刘延嗣，审礼从父弟也。曲阿令河间尹元贞引兵救润州，战败，为敬业所擒，临以自刃③，不屈而死。

丁酉，追削徐敬业祖考官爵，发冢斫棺④，复姓徐氏⑤。

徐敬业闻李孝逸将至，自润州回军拒之，屯高邮之下阿溪；使徐敬猷逼淮阴，别将韦超、尉迟昭屯都梁山。

【译文】

魏思温劝说徐敬业道："您以复兴天子的权力为名义，就应当统率大军大张旗鼓地前进，直接奔向东都洛阳，那么天下人都会知道您是以救援天子为志向的，这样一来，四面八方都会云集响应。"薛仲璋说："金陵有着帝王的气象，况且又有长江天险可以凭借，足可以固守，不如先夺取常、润二州，作为奠定霸业的基础，然后再向北图谋夺取中原，这样就可以进则取胜，退而有归宿，这可是最佳策略。"魏思温说："崤山以东的豪杰仁人因为武氏的专政，愤慨惋惜，心中不平，听说您起事的消息，都自愿蒸麦饭为干粮，举锄头为武器，用以等待南军的到来。不借此大好形势建功立业，反而畏畏缩缩，而图谋建立自己的巢穴，那么远近的人知道了，怎么会不人心离散的？"徐敬业并没有依从他的主张，而是派唐之奇据守江都，自己则领兵渡过长江，攻讨润州。魏思温对杜求仁说："兵力合在一起就会强大无比，分散就会被削弱。徐敬业不合并兵力渡过淮河，收集崤山以东的兵力以夺取洛阳，失败很快就要来临了！"

徐敬业很快攻陷润州，生擒刺史李思文，让李宗臣取代他做了刺史。李思文是徐敬业的叔父，得知徐敬业的阴谋后，事先派遣使者从小道急速奔向朝廷报告了即将发生的叛乱，被徐敬业进攻后，拒守了好久，终因力竭而被攻陷。魏思温请求将他斩首示众，徐敬业不同意，对李思文说："叔父对武氏阿谀逢迎，应当改姓武。"润州司马刘延嗣拒不投降，徐敬业打算杀掉他，被魏思温给救下了，才幸免一死，和李思文一同被关进大牢。刘延嗣是刘审礼的堂弟。曲阿令河间人尹元贞领兵援救润州，结果却遭到失败，被徐敬业擒获，徐敬业拿着锋利的刺刀威胁他。他仍然不肯屈从，因而被杀死。

丁酉，朝廷追削徐敬业祖父和父亲的官职封爵，掘墓斫棺，恢复其本姓徐氏。

徐敬业听说李孝逸率军即将到达，便从润州回军进行抵御，在高邮境内的下阿溪屯兵；并派徐敬猷率兵紧逼淮阴，别将韦超、尉迟昭率军屯驻在都梁山。

[原文]

李孝逸军至临淮，偏将雷仁智与敬业战，不利，孝逸惧，按兵不进。监军殿中侍御史魏元忠谓孝逸曰："天下安危，在兹一举①。四方承平日久②，忽闻狂狡③，注心倾耳以俟其诛。今大军

[注释]

①兹：此，这。

②四方承平：天下太平。

③狂狡：有人阴谋叛乱。

④自固：坚守，据守。
⑤骑：骑兵。
⑥覆：捣毁，攻占。
⑦人情：指军心。
⑧驻马：立即，马上。
⑨遽攻：急于进攻。

久留不进，远近失望，万一朝廷更命它将以代将军，将军何辞以逃逗挠之罪乎！"孝逸乃引军而前。壬寅，马敬臣击斩尉迟昭于都梁山。

十一月，辛亥，以左鹰扬大将军黑齿常之为江南道大总管，讨敬业。

韦超拥众据都梁山，诸将皆曰："超凭险自固④，士无所施其勇，骑无所展其足⑤；且穷寇死战，攻之多杀士卒，不如分兵守之，大军直趣江都，覆其巢穴⑥。"支度使薛克构曰："超虽据险，其众非多。今多留兵则前军势分，少留兵则终为后患，不如先击之，其势必举，举都梁，则淮阴、高邮望风瓦解矣。"魏元忠请先击徐敬猷，诸将曰："不如先攻敬业，敬业败，则敬猷不战自擒矣。若击敬猷，则敬业引兵救之，是腹背受敌也。"元忠曰："不然。贼之精兵，尽在下阿，乌合而来，利在一决，万一失利，大事去矣！敬猷出于博徒，不习军事，其众单弱，人情易摇⑦，大军临之，驻马可克⑧。敬业虽欲救之，计程必不能及。我克敬猷，乘胜而进，虽有韩、白不能当其锋矣。今不先取弱者而遽攻其强⑨，非计也。"孝逸从之，引兵击超，超夜遁；进击敬猷，敬猷脱身走。

[译文]

李孝逸率军抵达临淮，偏将雷仁智与徐敬业率先展开战争，形势极为不利，这让李孝逸很是恐惧，随即按兵不动。监军殿中侍御史魏元忠对李孝逸说："天下安危，在此一举。天下太平已久，如今忽然听说有人阴谋叛乱，人人都注心倾耳以等待诛杀叛贼的消息。可是现在将军却停滞不前，天下远近民众会因此失望，万一朝廷再让其他将军来替代将军您，那么您如何能够逃脱得了罪责呢？"李孝逸随即率兵前进。壬寅，马敬臣在都梁山将尉迟昭杀掉。

十一月初四，朝廷让左鹰扬大将军黑齿常之担任江南道大总管，征讨徐敬业。

韦超率领部众占据都梁山，唐军将领都说："韦超凭借天险而据守，我军兵士不能施展勇力，骑兵不能展足驰骋；况且与穷寇死战，对他们施行强攻，会给自己的兵力造成很大伤亡，不如分兵进行围困，大军直趋江都，捣毁他们的老窝。"支度使薛克扬说："韦超虽然据守险要，但是他的兵力并不多。如今多留兵围困，那么前军的兵力就会分散，少留兵则终归会造成后患，倒不如先进攻他，只要强攻一定能将其攻下。攻下了都梁山，那么淮阴、高邮的敌人都会望风而自行瓦解了！"魏元忠请求先出击徐敬猷，诸将说："不如先进攻徐敬业，徐敬业一旦失败，那么徐敬猷就可以不战而擒。假如进攻徐敬猷，那么徐敬业就会发兵援救他，到时我们将会腹背受敌。"魏元忠说："不对。贼寇的精兵都集中在下阿，对待他们这群乌合之众，关键在一次决战，一旦我军失利，大事便没有挽回的余地！徐敬猷出身于赌徒，不熟悉军事，他的兵力又很薄弱，军心很容易动摇，现在只要大军进逼，立即可以攻克。到时尽管徐敬业想救他，但从路程来看根本来不及。等我军攻克了徐敬猷，再乘胜前进，即使韩信、白起在世恐怕也抵挡不了我们。现在不先攻讨弱者而急于进攻强者，这并非上策。"李孝逸依从了他的主张，率军进击韦超，韦超连夜逃窜；接着向徐敬猷进攻，徐敬猷也落荒而逃。

【原文】

庚申，敬业勒兵阻溪拒守，后军总管苏孝祥夜将五千人，以小舟渡溪先击之，兵败，孝祥死，士卒赴溪溺死者过半。左豹韬卫果毅渔阳成三朗为敬业所擒。唐之奇绐其众曰[①]："此李孝逸也！"将斩之，三朗大呼曰："我果毅成三朗，非李将军也。官军今大至矣，尔曹破在朝夕[②]。我死，妻子受荣，尔死，妻子籍没，尔终不及我！"遂斩之。

孝逸等诸军继至，战数不利[③]。孝逸惧，欲引退，魏元忠与行军管记刘知柔言于孝逸曰："风顺荻干，此火攻之利。"固请决战。敬业置阵既久，士卒多疲倦顾望，阵不能整；孝逸进击之，

【注释】

① 绐：哄骗。

② 尔曹：你们。破：灭亡。

③ 战数：多次交战。

④ 因：借着，凭借。

因风纵火④，敬业大败，斩首七千级，溺死者不可胜计。敬业等轻骑走入江都，挈妻子奔润州，将入海奔高丽；孝逸进屯江都，分遣诸将追之。乙丑，敬业至海陵界，阻风。其将王那相斩敬业、敬猷及骆宾王首来降。徐党唐之奇、魏思温皆捕得，传首神都，扬、润、楚三州平。

【译文】

十一月十三日，徐敬业率军凭借下阿溪的天险固守，后军总管苏孝祥趁着夜色率领五千名士兵，乘小船渡过溪水先行发起进攻，结果兵败身死，士卒渡过溪水时淹死的超过一半。左豹韬卫果毅渔阳人成三朗被徐敬业生擒，唐之奇欺骗他的部众说道："这就是李孝逸！"即将斩首，成三朗大声呼喊："我是果毅成三郎，并不是李将军。官军如今已经大批到达，你们马上就要灭亡了。我死后，妻子儿女都会因此蒙受荣耀；而你们死后，妻子儿女都将被籍没为奴婢，你们最终还是不如我。"他随即被斩首示众。

李孝逸等将领相继率军抵达，多次交战均遭失利。李孝逸心生恐惧，打算撤军，魏元忠与行军管记刘知柔对他说："现在正是顺风向，芦荻也都很干燥，正是利用火攻的好机会。"他们坚持请求决战。徐敬业的军阵已经布置了很长时间了，士卒多疲倦观望，战阵一时不能整肃；李孝逸趁机进击，借着风势纵火，徐敬业顿时大败，士兵被斩首七千人，淹死的更是不计其数。徐敬业等人轻装骑马逃到了江都，携带妻子儿女投奔润州，企图从海路逃往高丽；李孝逸率军屯驻江都，分别派将领对徐敬业进行追击。十月十八日，徐敬业一行抵达海陵地界，被大风所困。他的部将王那相砍下徐敬业、徐敬猷和骆宾王的头颅去向官军投降。剩下的唐之奇、魏思温也都悉数被抓获。斩首后，他们的头颅都被运往神都，扬、润、楚三州的叛乱随即得到平定。

黄巢起义

【原文】

唐僖宗乾符二年（乙未，公元875年）

王仙芝及其党尚君长攻陷濮州、曹州，众至数万。天平节度使薛崇出兵击之，为仙芝所败。

冤句人黄巢亦聚众数千人应仙芝。巢少与仙芝皆以贩私盐为事，巢善骑射。喜任侠，粗涉书传，屡举进士不第。遂为盗。与仙芝攻剽州县①，横行山东②，民之困于重敛者争归之，数月之间，众至数万。

三年，王仙芝攻蕲州。蕲州刺史裴偓，王铎知举时所擢进士也。王镣在贼中，为仙芝以书说偓。偓与仙芝约，敛兵不战，许为之奏官；镣亦说仙芝许以如约。偓乃开城延仙芝及黄巢辈三十余人入城，置酒，大陈货贿以赠之，表陈其状。诸宰相多言："先帝不赦庞勋，期年卒诛之。今仙芝小贼，非庞勋之比，赦罪除官，益长奸宄③。"王铎固请，许之。乃以仙芝为左神策军押牙兼监察御史，遣中使以告身即蕲州授之④。

【注释】

① 剽：抢劫。
② 山东：古时多指崤山以东。
③ 宄：犯法作乱的人，坏人。
④ 告身：委任官职的凭证。

【译文】

唐僖宗乾符二年（乙未，公元875年）

王仙芝和他的党羽尚君长率领起义军先后攻陷濮州、曹州，其队伍迅速壮大至数万人。唐天平军节度使薛崇奉命出兵讨伐，结果被王仙芝大败。

冤句人黄巢这时也聚集了数千人响应王仙芝。黄巢年少时与王仙芝都以贩卖私盐为谋生之道，他善于骑马射箭，性格豪放任侠，虽然涉猎了经史子集，但屡次参加进士科都以落第告终，随即落草为寇，参与到王仙芝攻略州、县的行动中去，在崤山以东纵横行走。百姓因为苦于官府的横征暴敛而无法生存，于是争相前去投奔黄巢，几个月的时间，起义军的队伍就发展壮大到数万人之多。

王仙芝领兵进攻蕲州。蕲州刺史裴偓是王铎主持科举考试时所选取的进士。王铎被起义军俘虏后，在贼军军营里，为王仙芝写信招降裴偓，使得裴偓与王仙芝达成协约，将军队收敛起来，不再与之交战，并答应替王仙芝向朝廷谋求一个官爵。王镣也劝说王仙芝答应裴偓的和约请求。于是裴偓大开蕲州城门请王仙芝及黄巢等三十余人入城，置办酒宴，并拿出大量的财宝馈赠给王仙芝等人，借以表明他约和的诚意。朝廷的众多宰相都以为这样做不妥，说："先帝唐懿宗并没有赦免庞勋的罪责，当年就诛杀了庞勋，如今王仙芝不过是一个草莽小贼，他的势力根本无法和庞勋相匹敌，赦免他的罪责并给予他官爵，只能更加助长奸贼的反叛气焰。"只有王铎还坚持请求招降王仙芝，唐僖宗听信了王铎的话，答应了招降一事；随即任命王仙芝为左神策军押牙兼监察御史，派遣宦官中使将委任状送到蕲州，当面授予王仙芝。

【注释】

①以：因为。官：封官。
②因殴：竟然殴打。
③惊：搜刮，掠夺。
④从：由……率领；跟随。
⑤方：当时。
⑥帅：率领。
⑦元：年号。
⑧署：设署。
⑨就：前往。
⑩陷：攻陷。

【原文】

仙芝得之甚喜，镣、偓皆贺。未退，黄巢以官不及已①，大怒曰："始者共立大誓，横行天下，今独取官赴左军，使此五千余众安所归乎！"因殴仙芝②，伤其首，其众喧噪不已。仙芝畏众怒，遂不受命。大惊蕲州③，城中之人，半驱半杀，焚其庐舍。偓奔鄂州，敕使奔襄州，镣为贼所拘。贼乃分其军三千余人从仙芝及尚君长④，二千余人从巢，各分道归去。

四年，曾元裕奏大破王仙芝于黄梅，杀五万余人，追斩仙芝，传首，余党散去。

黄巢方攻亳州未下⑤，尚让帅仙芝余众归之⑥，推巢为主，号冲天大将军，改元王霸⑦，署官属⑧。巢袭陷沂州、濮州。既而屡为官军所败，乃遗天平节度使张裼书，请奏之。诏以巢为右卫将军，令就郓州解甲⑨。巢竟不至。

广明元年，丁卯，黄巢陷东都①，留守刘允章率百官迎谒；巢入城，劳问而已，闾里晏然。允章，迺之曾孙也。田令孜奏募坊市人数千以补两军。

【译文】

王仙芝得到委任状以后很喜悦，王镣、裴渥都前来向他道贺。王仙芝等当时还没有退出蕲州，黄巢因为朝廷没有给自己封官爵，勃然大怒，对王仙芝说道："我刚开始曾与你共同立下誓言，打算横行天下，如今你独自获取朝廷的官爵而要赶赴长安担任禁军左军军官，让我们这五千多个弟兄怎么办？安身何处？"愤怒之余，黄巢竟然动手殴打王仙芝，王仙芝的头被打伤，其余的部众当时喧闹不已。王仙芝因为畏惧部众的怒气，于是拒不接受朝廷的委任状。在蕲州大肆搜掠，城中的百姓，有一半被驱逐出城，一半被屠戮，并且纵火烧毁了居民的房屋。蕲州刺史裴渥仓皇逃往鄂州，宦官中使也赶紧逃往襄州，王镣则被贼军拘禁了起来。随后贼军兵分两路，一路三千余人跟随着王仙芝及尚君长，一路二千余人由黄巢率领着一起北上。

公元878年，曾元裕上奏朝廷，宣称在黄梅大破王仙芝率领的贼军，杀死贼兵五万余人，并一路追击王仙芝，将其斩杀，现在把他的头颅送往京师，王仙芝的党羽得知消息后，大都溃散而去。

黄巢当时正率军久攻亳州不下，尚让率领王仙芝的余部前来投奔，于是他们合力攻城，众人一致推举黄巢为盟主，号称"冲天大将军"，改年号为王霸，设置官僚行署。接着黄巢又率领义军攻陷沂州、濮州。可是随后多次为唐朝官军所败。于是黄巢便给唐天平节度使张裼写了一封请降书，请求他代替自己向朝廷奏请。唐僖宗得到奏文后立即下诏任命黄巢为右卫将军，命令黄巢率部众前往郓州解除武装。黄巢竟然没有遵命，根本没有到郓州去。

公元880年十一月十七日，黄巢军攻陷了东都洛阳，唐东都留守刘允章率领百官出来迎拜；黄巢军得以入城，对城中百姓慰劳问候罢了，其他坊里一切照旧，人民生活安定如初。刘允章是刘遇的曾孙。田令孜上表请求征募长安坊市居民数千人以充斥左、右神策军。

【注释】

①悉力：尽全力。

②寅：早上。申：晚上。

③变服：即"便服"。

④从子：侄子。

⑤布路：夺路。

⑥奉：护卫。

⑦晡（bū）时：申时，午后三时至五时。

⑧肩舆：轿子。

【原文】

辛巳，贼急攻潼关，承范悉力拒之①，自寅及申②，关上矢尽，投石以击之。关外有天堑，贼驱民千余人入其中，掘土填之，须臾，即平，引兵而度。夜，纵火焚关楼俱尽。承范分兵八百人，使王师会守禁坑，比至，贼已入矣。壬午旦，贼夹攻潼关，关上兵皆溃，师会自杀，承范变服帅余众脱走③。至野狐泉，遇奉天援兵二千继至，承范曰："汝来晚矣！"博野、凤翔军还至渭桥，见所募新军衣裘温鲜，怒曰："此辈何功而然，我曹反冻馁！"遂掠之，更为贼乡导，以趣长安。

田令孜闻黄巢已入关，恐天子责己，乃归罪于携而贬之，荐徽、澈为相。是夕，携饮药死，澈，休之从子也④。

百官退朝，闻乱兵入城，布路窜匿⑤，田令孜帅神策兵五百奉帝自金光门出⑥，惟福、穆、泽、寿四王及妃嫔数人从行，百官皆莫知之。上奔驰昼夜不息，从官多不能及。车驾既去，军士及坊市民竞入府库盗金帛。

晡时⑦，黄巢前锋将柴存入长安，金吾大将军张直方帅文武数十人迎巢于灞上。巢乘金装肩舆⑧，其徒皆被发，约以红缯，衣锦绣，执兵以从，甲骑如流，辎重塞涂，千里络绎不绝。

【译文】

十二月初二，黄巢军向潼关发起猛攻，张承范竭尽全力抗击黄巢军。从早上一直交战到晚上，关上官军的弓箭已没有矢可以射，不得已开始用石头投击黄巢军，潼关外有壕沟，黄巢军驱遣千余名当地百姓来到壕中，让他们掘土将壕沟填平。没过多久，壕沟就被填平了，黄巢军随即渡过壕沟。到了晚上，他们放火将关楼焚烧得一干二净。张承范于是分出八百兵力，交给王师会，让他带领这八百人坚守禁坑，等到王师会率军赶到禁坑时，黄巢军已经通过了那里。初三早上，黄巢军分兵前后夹攻潼关，使得关上的唐朝守军全都溃散，王师会引颈自杀，张承范身穿便服率领残兵败将仓皇逃回了长安，等到官兵逃到野狐泉的时候，迎面碰上了相继到来的奉天援兵两千人，张承范对他们说："你们来晚了！"于是这些救援的官兵只得退回。博野镇和凤翔镇的军队退到渭桥，看见田令孜征募的新军个个身着新衣皮裘，大为愤怒，说道："这帮人究竟有何功劳竟然能穿上这么好的衣服，我们殊死激战却反倒落得个受冻挨饿的下场！"随即纷纷抢劫新军，并为黄巢军当向导，一路向长安进军。

田令孜得知黄巢率军已经入关的消息，深恐皇上追究他的罪责，于是把所有罪责都归咎于卢携，继而将他贬官，举荐王徽、裴澈为宰相。这天傍晚，卢携服毒自杀。裴澈是裴休的侄子。

文武百官退出朝堂后，听说黄巢军已经进入长安城，随即纷纷夺路逃窜。田令孜带领神策军士兵五百人护卫着唐僖宗从金光门逃出城去，唯独福王、穆王、泽王、寿王等四王以及几个妃嫔得以随銮驾逃走，文武百官竟然都不知道这件事，也就更无从知道皇帝的去向。唐僖宗一行日夜兼程，随从的官员几乎都赶不上。得到唐僖宗的车驾已经远去的消息后，长安城中的军士以及坊市百姓都开始争先恐后地闯入皇家府库盗取金帛。

将近傍晚时分，黄巢军前锋将柴存已经先行率军进入长安城，唐金吾大将军张直方率领文武官员数十人前往霸上迎接黄巢。只见黄巢坐着用黄金装饰的轿子，他的部下全部披头散发，穿着红丝锦绣的衣裳，手持兵器跟随其后，身穿盔甲的骑兵犹如流水一样向前行进，辎重车辆塞满了沿途道路，大军首尾延绵千里，络绎不绝。

【注释】

① 市肆：市中的店铺。

② 画：装饰。皂缯：黑色的丝织品。衮衣：古代帝王或公侯穿的绣龙的礼服。

③ 符瑞：吉祥的征兆。多指帝王受命的征兆。

④ 邠（bīn）：崔邠，唐代名臣，玄宗末至宪宗朝在世。

【原文】

民夹道聚观，尚让历谕之曰："黄王起兵，本为百姓，非如李氏不爱汝曹，汝曹但安居毋恐。"巢馆于田令孜第，其徒为盗久，不胜富，见贫者，往往施与之。居数日，各出大掠，焚市肆①，杀人满街，巢不能禁。尤憎官吏，得者皆杀之。

庚寅，黄巢杀唐宗室在长安者无遗类。辛卯，巢始入宫。壬辰，巢即皇帝位于含元殿，画皂缯为衮衣②，击战鼓数百以代金石之乐。登丹凤楼，下赦书。国号大齐，改元金统。谓广明之号，去唐下体而著黄家日月，以为己符瑞③。唐官三品以上悉停任，四品以下位如故。以妻曹氏为皇后。以尚让为太尉兼中书令，赵璋兼侍中，崔璆、杨希古并同平章事，孟楷、盖洪为左右仆射、知左右军事，费传古为枢密使。以太常博士皮日休为翰林学士。璆，郎之子也④，时罢浙东观察使，在长安，巢得而相之。

【译文】

一时间，长安军民夹道聚观。尚让挨个向军民宣传谕说："我们黄王起兵，原本就是为了百姓的利益！并非像唐朝李氏皇帝那样不怜爱你们。你们尽管安居乐业，不要有丝毫恐慌。"黄巢起居都在田令孜的府第，他的手下都已经做了很长时间的盗贼，突然富有起来，见到穷苦的百姓，往往会上前施舍以财物。但没过几天，却又各自出来大肆抢掠，到处焚烧坊市，随便杀人，死尸遍布街道。黄巢根本无法加以制止。黄巢的部下尤其憎恶唐朝的官吏，只要被他们抓到，就会被杀掉。

十二月十一日，黄巢将留在长安的唐朝宗室全都赶尽杀绝，一个不留。十二日。黄巢移居禁宫。十三日，黄巢在含元殿即位称帝，做天子礼服，叩击数百只战鼓代替金石音乐。作为登基的大礼。黄巢登上丹凤楼，颁发赦书：定国号为大齐。改年号为金统。宣称当朝年号"广明"是"唐"字去掉下面的部分而留"广"，"广"字加"黄"字，再合并日、月成"明"字，意思是黄家的日月，认为这正是自己将要称帝的符瑞。黄巢颁发诏令，凡是唐朝三品以上的官员悉数被停任，四品以下的官员仍然保留官位如故。并册立他的妻子曹氏为皇后。让尚让出任太尉兼中书令，赵璋兼任侍中，崔璆、杨希古并为同平章事，孟楷、盖洪分别担任左右仆射、知左右军事，费传古担任枢密使一职。又任太常博士皮日休担任翰林学士。崔璆就是崔郾的儿子，当时正好罢去浙东观察使的职务，在长安居住，被黄巢擒获后委任宰相一职。

后梁纪

叔侄之争

【原文】

后梁太祖开平二年（戊辰，公元908年）

晋王疽发于首①，病笃②。周德威等退屯乱柳。晋王命其弟内外蕃汉都知兵马使、振武节度使克宁、监军张承业、大将李存璋、吴珙，掌书记卢质立其子晋州刺史存勖为嗣，曰："此子志气远大，必能成吾事，尔曹善教导之！"辛卯，晋王谓存勖曰："嗣昭厄于重围③，吾不及见矣。俟葬毕，汝与德威辈速竭力救之！"又谓克宁等曰："以亚子累汝④！"亚子，存勖小名也。言终而卒。克宁纲纪军府，中外无敢喧哗。

克宁久总兵柄，有次立之势，时上党围未解，军中以存勖年少，多窃议者，人情恼恼⑤。存勖惧，以位让克宁。克宁曰："汝家嗣也，且有先王之命，谁敢违之！"将吏欲谒见存勖，存勖方哀哭未出。张承业入谓存勖曰："大孝在不坠基业，多哭何为！"因扶存勖出，袭位为河东节度使、晋王。李克宁首帅诸将拜贺，王悉以军府事委之。

以李存璋为河东军城使、马步都虞候。先王之时，多宠借胡人及军士，侵扰市肆，存璋既领职，执其尤暴横者戮之，旬月间城中肃然。

【注释】

① 疽：痈疽，毒疮。
② 笃：十分严重。
③ 厄：困厄，被困。
④ 以亚子累汝：即"累汝以亚子"，麻烦你们照顾亚子了。
⑤ 恼恼：喧扰不安、纷扰不宁的样子。

【译文】

后梁太祖开平二年（戊辰，公元908年）

晋王李克用头上长了个毒疮，病情十分严重。周德威等撤退到乱柳屯驻。晋王李克用下令他的弟弟内外蕃汉都知兵马使、振武节度使李克宁、监军张承业、大将李存璋、吴珙、掌书记卢质等人拥立他的儿子晋州刺史李存勖为嗣，并说："这个孩子从小志向远大，定能完成我的事业，你们可要好好教导他啊！"十九日，晋王对李存勖说："李嗣昭被困在重围中，我来不及见到他了。等到丧葬完毕，你与周德威等立即竭尽全力援救他！"又对李克宁等人说道："我就烦劳你们替我照看亚子了！"亚子是李存勖的小名。李克用说完就死了。李克宁治理军府极为严谨，因此内外没有人敢大声喧哗。

李克宁长时间总领兵权，很有兄死弟立的势头，当时上党的围困尚没有解除，军中大都认为李存勖年少，所以多在私下里悄悄议论，一时间，人心惶惶。李存勖甚感恐惧，打算将王位让给李克宁。李克宁说："你是嫡长子，更何况有先王的遗命，谁敢违抗！"将吏们想要谒见李存勖，可是李存勖正在里边悲伤哭泣，一时没有出来。张承业于是就进去对李存勖说道："大孝在于不失去基业，哭泣再多又有什么用！"随即将李存勖搀扶出来，继位做了河东节度使、晋王。李克宁首先率领诸将前来朝拜道贺，晋王李存勖于是把军府所有的事务全都委托给了李克宁。

晋王李存勖让李存璋出任河东军城使、马步都虞候。先王李克用在世的时候，对胡人及军士非常宠信，致使他们经常侵犯扰乱街市店铺。李存璋就职以后，将其中尤其残暴霸道的抓起来斩首示众，仅仅一个月的时间，城中就变得秩序井然。

【注释】

①与：给予，赐予，授予。

②相失：不和。

③诮（qiào）：责备。

【原文】

初，晋王克用多养军中壮士为子，宠遇如真子。及晋王存勖立，诸假子皆年长握兵，心怏怏不服，或托疾不出，或见新王不拜。李克宁权位既重，人情多向之。假子李存颢阴说克宁曰："兄终弟及，自古有之。以叔拜侄，于理安乎！天与不取①，后悔无及！"克宁曰："吾家世以慈孝闻天下，先王之业苟有所归，吾复何求！汝勿妄言，我且斩汝！"克宁妻孟氏，素刚悍，诸假子各遣其妻入说孟氏，孟氏以为然，且虑语泄及祸，数以迫克宁。克宁性怯，朝夕惑于众言，心不能无动；又与张承业、李存璋相失②，数诮让之③；又因事擅杀都虞候李存质；又求领大同节度使，以蔚、朔、应州为巡属。晋王皆听之。

【译文】

　　起初，晋王李克用在军中收养了许多壮士作为养子，对他们的宠信待遇犹如亲生儿子一样。等到晋王李存勖继位后，诸位养子都已经年长并掌握了一定的兵权，因此心里都怏怏不服，有的干脆托病不出来晋见新王，有的虽然出来晋见但不叩拜。李克宁的权力地位这时显得尤其重要，人情大多倾向于他。养子李存颢私下里劝说李克宁道："哥哥死了。弟弟继位，自古就有这样的例子。以叔叔的身份去向低自己一辈的侄子叩拜，怎能心安理得呢？现在正是上天授予的机会，如果您不接受，恐怕以后后悔都来不及了！"李克宁说："我家世代都以父慈子孝而闻名天下，先王的基业如今已经有了归属。我又有什么谋求呢！你再敢胡说，我就将你杀掉！"李克宁的妻子孟氏，平素刚强野蛮，诸位养子分别派他们的妻子到内室去劝说孟氏，孟氏认为她们的话很有道理，并担心这些话会泄露出去为自己带来祸患，因此多次逼迫李克宁。李克宁生性怯懦，每天从早到晚都能听到众人的蛊惑之语，怎能无动于衷？再加上他又与张承业、李存璋不和，多次责备他们；又因故擅自杀死了都虞候李存质；又要求兼任大同节度使，以蔚州、朔州、应州为巡属。晋王李存勖都悉数依从了他。

【原文】

　　李存颢等为克宁谋，因晋王过其第，杀承业、存璋，奉克宁为节度使，举河东九州附于梁，执晋王及太夫人曹氏送大梁。太原人史敬镕，少事晋王克用，居帐下，见亲信，克宁欲知府中阴事，召敬镕，密以谋告之。敬镕阴许之，入告太夫人，太夫人大骇，召张承业，指晋王谓之曰："先王把此儿臂授公等，如闻外间籧欲负之，但置吾母子有地，勿送大梁，自它不以累公。"承业惶恐曰："老奴以死奉先王之命，此何言也！"晋王以克宁之谋告，且曰："至亲不可自相鱼肉，吾苟避位，则乱不作矣。"承业曰："克宁欲投大王母子于虎口，不除之岂有全理！"乃召李存

【注释】

① 雠（chóu）：通"仇"。仇恨，仇怨。

璋、吴珙及假子李存敬、长直军使朱守殷,使阴为之备。壬戌,置酒会诸将于府舍,伏甲执克宁、存颢于座。晋王流涕数之曰:"儿郎勋以军府让叔父,叔父不取。今事已定,奈何复为此谋,忍以吾母子遗仇雠乎①!"克宁曰:"此皆谗人交构,夫复何言!"是日,杀克宁及存颢。

【译文】

李存颢等人替李克宁出谋划策,让他趁晋王到李克宁的家里探望的机会,斩杀张承业、李存璋,拥奉李克宁为节度使,率河东所辖的九个州一并归附后梁,逮捕晋王李存勖以及太夫人曹氏押送到大梁去。太原人史敬熔,年轻时曾经侍奉晋王李克用,居于晋王帐下,深受晋王宠信,李克宁想知道晋王府中的隐秘事情,于是召见史敬熔,秘密地将自己的计划告诉了他。史敬熔当时假装答应了他的要求,随后悄悄地到晋王府当面向太夫人报告,太夫人听后极为惊骇,随即召见张承业,指着晋王李存勖对他说:"当初先王拉着此儿的胳膊托付给您等的时候,说如果得知外边图谋想要背弃他的消息,就只求能有地方安置我们母子,千万不要送往大梁,其他就不连累您。"张承业诚惶诚恐地说:"老奴以死奉先王的遗命,夫人这话是什么意思呢!"晋王李存勖于是把李克宁等人的阴谋告诉了张承业,并且说:"亲人不能够互相残杀,假如我让位于叔父,那么就不会发生什么祸乱了。"张承业说:"李克宁图谋将大王母子投入虎口,如果不将他除掉,怎么会有安全可言呢!"随即召见李存璋、吴珙以及养子李存敬、长直军使朱守殷,让他们于暗地里做好防备工作。二十一日,在晋王府大摆酒席宴饮诸将,一旁埋伏的甲兵从座位上将李克宁、李存颢等人逮捕。晋王李存勖泪流满面地对李克宁说道:"孩儿过去曾把节度使府让给叔父,可是叔父拒不接受。如今大局已定,怎么能再有这样的图谋,忍心将我们母子送到仇人那里去呢?"李克宁说:"这些都是那些奸佞小人从中搬弄是非,我又有什么话好说呢!"这一天,李克宁和李存颢都被处死。

承业进谏

【原文】

后梁均王贞明三年（丁丑，公元917年）

晋王还晋阳。王连岁出征，凡军府政事一委监军使张承业①，承业劝课农桑，畜积金谷，收市兵马，征租行法不宽贵戚，由是军城肃清②，馈饷不乏。王或时须钱捕博及给赐伶人，而承业靳之③，钱不可得。王乃置酒钱库，令其子继岌为承业舞，承业以宝带及币马赠之。王指钱积呼继岌小名谓承业曰："和哥乏钱，七哥宜以钱一积与之，带马未为厚也。"承业曰："郎君缠头皆出承业俸禄，此钱，大王所以养战士也，承业不敢以公物为私礼。"王不悦，凭酒以语侵之，承业怒曰："仆老敕使耳！非为子孙计，惜此库钱，所以佐王成霸业也，不然，王自取用之，何问仆为！不过财尽民散，一无所成耳。"

【注释】

①一委：全权委托。

②由是：于是，所以。

③靳：吝惜。

【译文】

后梁均王贞明三年（丁丑，公元917年）

晋王返还晋阳。由于晋王常年带兵出征，所以把所有军府政事全权委托给了监军使张承业代理，张承业大力倡导农业桑蚕，积蓄钱粮，厉兵秣马，合理征收捐税，从严执法，对权贵亲戚从不宽容，于是，晋阳城内肃然清静，军队粮饷向来都不会短缺。晋王有时候想要拿钱去博戏或者赏赐给乐官和伶人，张承业总是很吝啬，舍不得给他，晋王因此就拿不到钱。于是晋王就会在钱库里置办酒席，让他的儿子李继岌为张承业跳舞，张承业便用饰有珍宝的带子和币马馈赠给李继岌。晋王指着库里高高堆积的钱物大声叫着李继岌的小名对张承业说："和哥缺钱花，七哥您应当赏赐给他一堆积钱，宝带、币马不值几个钱的。"张承业说："我赠送给少爷的礼物，都是要从我的俸禄里扣除的，而钱库里的这些钱是让大王拿去供养士兵用的,我不敢挪用公款去作为个人的私礼。"晋王听了心里不太高兴,便趁着酒话讥讽他,张承业愤怒地说:"我是大王的老臣,我并非是为自己的子孙后代考虑,我之所以会吝惜这库里的钱,是为了辅佐大王成就霸业,否则,大王自己可以随意取用,何必还要征询我的意见呢?不过等到钱财散尽,百姓也都会远离您,到那时大王您的事业将一无所成。"

【注释】

① 踣:向前扑倒,倒下。
② 自容:苟且偷生。
③ 失忤:冒犯。
④ 卮(zhī):古代盛酒的器皿。
⑤ 笞:责打,鞭打。
⑥ 衔:通"嫌",怀恨在心。

【原文】

王怒,顾李绍荣索剑,承业起,挽王衣泣曰:"仆受先王顾托之命,誓为国家诛汴贼,若以惜库物死于王手,仆下见先王无愧矣。今日就王请死!"阎宝从旁解承业手令退,承业奋拳殴宝踣地①,骂曰:"阎宝,朱温之党,受晋大恩,曾不尽忠为报,顾欲以谄媚自容邪②!"曹太夫人闻之,遽令召王,王惶恐叩头,谢承业曰:"吾以酒失忤七哥③,必且得罪于太夫人,七哥为吾痛饮以分其过。"王连饮四卮④,承业竟不肯饮。王入宫,太夫人使人谢承业曰:"小儿忤特进,适已笞之矣⑤。"明日,太夫人与王俱至承业第谢之。未几。承制授承业开府仪同三司、左卫上将军、燕国公。承业固辞不受。但称唐官以至终身。

掌书记卢质,嗜酒轻傲,尝呼王诸弟为豚犬,王衔之⑥。承业恐其及祸,乘间言曰:"卢质数无礼,请为大王杀之。"王曰:"吾方招纳贤才以就功业,七哥何言之过也!"承业起立贺曰:"王能如此,何忧不得天下!"质由是获免。

【译文】

晋王勃然大怒,回过头去向李绍荣要剑,张承业赶紧站起身,扯住晋王的衣襟,哭泣着说:"我受先王临终所托,发誓为国家诛灭汴梁朱贼,假如因为吝惜库存的财物而就这样死在大王的手里,那么我到地府之后见到先王也可以问心无愧了。今日就请大王将我处死好了!"阎宝慌忙从旁边拉开张承业的手,让他先退下。张承业气愤地使劲用拳头将阎宝打翻在地，还骂道："阎宝，你是朱温的党羽，降晋后受到晋国的大恩大德，却不思报效国家，反而图谋用谄媚的手段苟且偷生吗？"曹太夫人听说了这件事后，火速派人前去召晋王来见，晋王吓得不住地叩头，向张承业谢罪，说道："我刚刚因为喝醉了酒而冒犯了七哥，这肯定得罪了太夫人，就请七哥痛饮几杯也好减轻我的罪过。"于是晋王连着喝了四杯酒，而张承业连一杯也不肯喝。晋王入宫后，曹太夫人派人前去向张承业道歉，说道："小儿冒犯了您。刚刚我已经责打了他。"第二天，曹太夫人和晋王一起到张承业的府第当面向他赔礼道歉。没过多久，遵照先王的遗诏，授予了张承业开府仪同三司、左卫上将军、燕国公等官衔。张承业一再推辞拒绝，不肯接受，一直到他去世都只称唐官。

掌书记卢质生性嗜酒如命，而且轻狂傲慢，曾经将晋王的弟弟们称作猪狗，晋王因此怀恨在心。张承业恐怕他因此会招致祸患，于是就趁机对晋王说："卢质曾经多次无礼，请允许我为大王除掉他。"晋王说："我正在招贤纳士以便完成我的伟大功业，七哥为何要说出这样过分的话呢？"张承业听罢当即站起来向他祝贺道："大王果真能够如此，那还担忧什么得不到天下呢？"卢质的祸患就这样被免除了。

后 唐 纪

巧谏庄宗

[原文]

后唐庄宗同光元年（癸未，公元923年）

帝幼善音律，故伶人多有宠，常侍左右；帝或时自傅粉墨，与优人共戏于庭，以悦刘夫人，优名谓之"李天下"。尝因为优^①，自呼曰："李天下，李天下！"优人敬新磨遽前批其颊^②。帝失色，群优亦骇愕，新磨徐曰："理天下者只有一人，尚谁呼邪！"帝悦，厚赐之。

帝尝畋于中牟，践民稼，中牟令当马前谏曰："陛下为民父母，奈何毁其所食，使转死沟壑乎！"帝怒，叱去，将杀之。敬新磨迫擒至马前，责之曰："汝为县令，独不知吾天子好猎邪？奈何纵民耕种，以妨吾天子之驰骋乎！汝罪当死！"因请行刑，帝笑而释之。

诸伶出入宫掖^③，侮弄缙绅，群臣愤嫉，莫能出气；亦反有相附托以希恩泽者，四方藩镇争以货赂结之。其尤蠹政害人者^④，景进为之首。进好采闾阎鄙细事闻于上^⑤，上亦欲知外间事，遂委进以耳目。进每奏事，常屏左右问之，由是进得施其谗慝，干预政事。自将相大臣皆惮之，孔岩常以兄事之。

[注释]

① 为优：演戏。优，杂戏歌舞表演。
② 批：（用手）击。
③ 宫掖：宫中的旁舍，嫔妃居住的地方，借指宫中。
④ 蠹(dù)：损害。
⑤ 闾阎：指平民。

[译文]

后唐庄宗同光元年（癸未，公元923年）

后唐庄宗自幼就擅长音律，因此伶人深得他的宠爱，常常陪侍在他身边。后唐帝有时就自己在脸上涂上一些粉墨，和伶人一起在宫廷里嬉闹。以此来讨得刘夫人的欢心，他还为自己取了个艺名叫"李天下"。有一次他演戏的时候，自己喊自己"李天下，李天下"，这时一个叫敬新磨的戏子突然上前打了他一耳光。后唐帝顿时脸色大变，众戏子因此都惊骇不已。只听敬新磨慢条斯理地说："治理天下的人只有一个，你还在那儿呼谁呢？"后唐帝随即转怒为喜，厚厚地封赏了敬新磨。后唐帝曾经在中牟打猎，践踏了当地百姓的庄稼，中牟县令站在他的马前进谏道："陛下身为老百姓的父母，怎么可以毁坏他们的口中之食呢？难道是想让他们被饿死后抛尸到山沟里去吗？"后唐帝听后大怒，大声呵斥他走开，想要将他杀死。敬新磨快马追上了他，并将他抓到后唐帝的马前，责骂他说："你身为县令，难道就不知道我们的天子喜好打猎吗？你为何还要放纵百姓任意耕种，来妨碍我们的天子驰骋打猎呢？你所犯的罪责应当被处死。"因此请求后唐帝就地行刑，将他斩杀，后唐帝听后笑了笑，让人把他给放了。

伶人们时常出入皇宫，捉弄欺侮士大夫，惹得大臣们愤怒嫉恨，可只是敢怒不敢言；反而还有人依附或拜托他们来求得后唐帝的恩泽，四面八方的藩镇官员们也都争相贿赂、巴结伶人。这其中，荼毒国政、残害人民最为严重的，景进为首。景进喜欢搜集一些民间的琐碎小事说给后唐帝听，后唐帝也很想知道有关外面的事情，于是就把景进当成自己的耳目。景进每逢去向后唐帝奏报事情，后唐帝都要先屏退左右然后才问他，这样一来，景进就会乘机说一些别人的坏话，干预朝政。因此，从将相大臣以下的官员们都对他十分惧怕，孔岩常将他视作兄长来对待。

【注释】

① 为：被。
② 乞：求，希望。
③ 所与：应当封赏。
④ 以是：所以。行：执行。

【原文】

二年，初，胡柳之役，伶人周匝为梁所得①，帝每思之；入汴之日，匝谒见于马前，帝甚喜。匝涕泣言曰："臣之所以得生全者，皆梁教坊使陈俊、内园栽接使储德源之力也，愿就陛下乞二州以报之②。"帝许之。郭崇韬曰："陛下所与共取天下者③，皆英豪忠勇之士。今大功始就，封赏未及一人，而先以伶人为刺史，恐失天下心。"以是不行④。逾年，伶人屡以为言，帝谓崇韬曰："吾已许周匝矣，使吾惭见此三人。公言虽正，当为我屈意行之。"五月，壬寅，以俊为景州刺史，德源为宪州刺史。时亲军有从帝百战未得刺史者，莫不愤叹。

【译文】

公元924年，当初在胡柳战役中，伶人周匝被梁人生擒，后唐帝常常思念他；等到后唐军攻入汴梁的那一天，周匝在马前谒见后唐帝，后唐帝万分喜悦。周匝在后唐帝面前哭诉道："臣之所以能够得以保全到今天，全仰仗梁教坊使陈俊、内园栽接使储德源的鼎力相助，希望陛下能够封赏给他们两个州，用以回报他们对我的恩情。"后唐帝当即答应了他的请求。郭崇韬在一旁劝说后唐帝道："陛下应当封赏那些与您共同夺取天下的人，这些人全都是英豪忠勇之士。如今大功刚刚告成，这些人中尚没有一个得到封赏，而现在要首先任命一个伶人担任刺史，恐怕陛下会就此失掉天下人的心。"于是周匝的建议没有被执行。过了一年后，伶人还时常提起这件事，后唐帝因此对郭崇韬说："我已经答应了周匝，我感到见这三个人有点惭愧。你所说的都对，但还是应当看在我的面子上委屈地执行一下。"五月初五，后唐帝任命陈俊为景州刺史，储德源为宪州刺史。当时亲军中有跟从后唐帝南征北战而没有被封得刺史的人无不对此愤慨叹息。

从珂遭诬

【注释】

①衔:怀在心里,特指怀恨,怨恨。

②敬事:恭敬地侍奉。

③矫:假传君命,诈称。

④勒兵:统领军队。此处指派人。

⑤讽:以委婉的言辞暗示。

⑥小校:古代低级武官名,也指小卒。

⑦自赡:自己供养自己。

⑧曾:竟然。

⑨籍:核查,登记。

【原文】

后唐明宗长兴元年(庚寅,公元930年)

初,帝在真定,李从珂与安重海饮酒争言,从珂殴重海,重海走免;既醒,悔谢,重海终衔之①。至是,重海用事,自皇子从荣、从厚皆敬事不暇②。时从珂为河中节度使、同平章事,重海屡短之于帝,帝不听。重海乃矫以帝命谕河东牙内指挥使杨彦温使逐之③。是日,从珂出城阅马,彦温勒兵闭门拒之④,从珂使人扣门诘之曰:"吾将汝厚,何为如是?"对曰:"彦温非敢负恩,受枢密院宣耳。请公入朝。"从珂止于虞乡,遣使以状闻。使者至,壬寅,帝问重海曰:"彦温安得此言?"对曰:"此奸人妄言耳,宜速讨之。"帝疑之,欲诱致彦温讯其事,除彦温绛州刺史。重海固请发兵击之,乃命西都留守索自通、步军都指挥使药彦稠将兵讨之。帝令彦稠必生致彦温,吾欲面讯之。召从珂诣洛阳。从珂知为重海所构,驰入自明。

李从珂至洛阳,上责之使归第,绝朝请。

辛亥,索自通等拔河中,斩杨彦温,癸丑,传首来献。上怒药彦稠不生致,深责之。安重海讽冯道、赵凤奏从珂失守⑤,宜加罪。上曰:"吾儿为奸党所倾,未明曲直,公辈何为发此言,意不欲置之人间邪?此皆非公辈之意也。"二人惶恐而退。它日,赵凤又言之,上不应。明日,重海自言之,上曰:"朕昔为小校⑥,家贫,赖此小儿拾马粪自赡⑦,以至今日为天子,曾不能庇之邪⑧!卿欲如何处之于卿为便?"重海曰:"陛下父子之间,臣何敢言!惟陛下裁之!"上曰:"使闲居私第亦可矣,何复言!"丙辰,以索自通为河中节度使。自通至镇,承重海旨,籍军府甲仗数上之⑨,以为从珂私造,赖王德妃居中保护,从珂由是得免。士人夫不敢与从珂往来;惟礼部郎中史馆修撰吕琦居相近,时往见之,从珂每月奏请,皆咨琦而后行。

【译文】

后唐明宗长兴元年(庚寅,公元930年)

起初,后唐明宗镇守真定的时候,他的养子李从珂与安重诲曾经在喝酒的时候发生争执,李从珂出手殴打安重诲,安重诲及时逃走,才得以免遭殴打;等到已经酒醒后,李从珂向安重诲悔过谢罪,可是安重诲在心里始终记恨着他。等到后来,安重诲得以在朝中掌权用事,皇子李从荣、李从厚都对他尊敬有加,不敢有些微怠慢。当时李从珂正担任河中节度使、同平章事,安重诲先后多次在明宗面前诬陷他,明宗不听。于是安重诲便假传明宗意旨,谕令河中牙内指挥使杨彦温将李从珂驱逐出城。这一天,李从珂出城检阅战马,杨彦温便率兵将城门关上,将李从珂拒之门外。李从珂随即令人开门,并责问杨彦温道:"我待你不薄,你怎能做出这样的事情呢?"杨彦温回答道:"我杨彦温并不敢辜负您的大恩,可我是受枢密院的宣示,请您入朝。"李从珂暂时在虞乡驻扎了下来,并派出使者向朝廷如实报告所发生的事情。使者抵达朝廷后,初九,明宗问安重诲道:"杨彦温为何要这样说呢?"安重诲回答道:"这肯定是坏人杨彦温在那里胡说,应当迅速派兵讨伐他。"明宗于是便开始怀疑此事,打算将杨彦温引诱来讯问具体情况,于是便将杨彦温调任为绛州刺史。可是安重诲坚决请求让朝廷出兵攻打杨彦温,朝廷随即便命令西都留守索自通、步军都指挥使药彦稠率军前去征讨他。明宗叮嘱药彦稠一定要生擒杨彦温,要当面审讯他,并召唤李从珂前往京城洛阳来。李从珂明白自己遭到了安重诲的陷害,于是快马加鞭地入朝去辩明自己的清白。

李从珂抵达洛阳,明宗责令他回到自己的府第,拒绝让他入朝谒见。

四月十八日,索自通等攻克了河中,并将杨彦温给斩杀了,二十日,把他的头颅传送到洛阳来献报朝廷。明宗大为恼怒,不住埋怨药彦稠不把他生擒了来，因此对药彦稠进行严厉的责备。安重诲暗中指使冯道、赵凤上表奏疏李从珂失职，应当罪加一等。明宗说："我的儿子为奸臣所诬陷，如今是非曲直尚未分清楚。你们二位何出此言，是不是想置他于死地？这些其实并非你们二位的意思吧？"冯、杨二人吓得惶恐而退。又过了些日子，赵凤又一次奏谈这件事，明宗仍然不表态。第二天，安重诲自己也奏言这件事，明宗说："我以前做小校，家境贫寒，依赖这个孩子拣拾马粪得以养家，以至于如今我做了天子，难道就不能庇护他吗？你想要如何处置他才合乎你的心意？"安重诲说："陛下父子之间的事情，为臣哪里敢乱说！唯有听凭陛下自行裁决！"明宗说："让他闲居在自己家里也就可以了，为何还要再提这件事！"

二十三日，明宗让索自通担任河中节度使。索自通抵达镇所，秉承安重诲的意旨，登记点收军库中盔甲兵器的数量向朝廷上报，然后说成是李从珂私自制造。凭着有王德妃在内部保护，李从珂才得以免罪。士大夫们从此再也不敢与李从珂有来往，唯独礼部郎中、史馆修撰吕琦和他是邻居，有时会去看望他，李从珂每月向皇上上表奏疏，都是在征询了吕琦的意见之后才施行的。

后晋纪

德钧之死

【注释】

①阴:暗地里。异志:二心。
②踵:绕到。
③钞:偷袭。
④领:担任。
⑤志趣:意图。
⑥结束:整理行装。
⑦玩寇邀君:轻视贼寇,拦击君王。玩,忽视、轻慢。邀,拦击,堵截。

【原文】

后晋高祖天福元年（丙申,公元936年）

初,赵德钧阴蓄异志①,欲因乱取中原,自请救晋安寨;唐主命自飞狐踵契丹后②,钞其部落③,德钧请将银鞍契丹直三千骑,由土门路西入,帝许之。赵州刺史、北面行营都指挥使刘在明先将兵戍易州,德钧过易州,命在明以其众自随。在明,幽州人也。

德钧至镇州,以董温琪领招讨副使④,邀与偕行,又表称兵少,须合泽潞兵;乃自吴儿谷趣潞州,癸酉,至乱柳。时范延光受诏将部兵二万屯辽州,德钧又请与魏博军合;延光知德钧合诸军,志趣难测⑤,表称魏博兵已入贼境,无容南行数百里与德钧合,乃止。

契丹主虽军柳林,其辎重老弱皆在虎北口,每日暝辄结束⑥,以备仓猝遁逃,而赵德钧欲倚契丹取中国,至团柏逾月,按兵不战,去晋安才百里,声问不能相通。德钧累表为延寿求成德节度使,曰:"臣今远征,幽州势孤,欲使延寿在镇州,左右便于应接。"唐主曰:"延寿方击贼,何暇往镇州!俟贼平,当如所请。"德钧求之不已,唐主怒曰:"赵氏父子坚欲得镇州,何意也?苟能却胡寇,虽欲代吾位,吾亦甘心,若玩寇邀君⑦,但恐犬兔俱毙耳。"德钧闻之,不悦。

【译文】

后晋高祖天福元年（丙申,公元936年）

当初,赵德钧暗地里存有二心,企图趁着动乱之机一举夺取中原,随即向朝廷请求前去救援晋安寨。后唐末帝于是命令他从飞狐道出代州,绕到契丹之后,偷袭契丹部落,赵德钧乘机请求将他在幽州用契丹降卒设置的银鞍契丹直三千骑兵，从土门路向西进发，末帝答应了他的请求。赵州刺史、北面行营都指挥使刘在明早先领兵戍守在易州，赵德钧率军经过易州的时候，下令刘在明带领所部跟随他向前进军。刘在明是幽州人。

赵德钧一行抵达镇州，让董温琪担任招讨副使，也邀请他参与到他的行动中。同时又上表奏请朝廷称自己的兵力薄弱，需要让泽潞的兵力前来会合；于是便从吴儿谷向潞州进发，十月十八日，行至乱柳。当时范延光接受末帝的诏命统率所部士兵二万人在辽州屯驻，赵德钧又奏请与魏博军合兵；范延光知道赵德钧挖空心思地合拢诸军，意图难以预测，随即上表朝廷声称魏博所部已经进入了贼境，无法再向南行军数百里去与赵德钧会合，于是就这样停止下来。

契丹主尽管将军队屯驻在柳林，但是他们的辎重和老弱士兵都在虎北口，每当太阳落山的时候他们便会整理行装，时刻做着仓皇逃跑的准备。而赵德钧企图借助契丹的力量夺取中原，所以到达团柏一个多月，依然按兵不动，距离晋安仅仅百里之遥，却不能互通消息。赵德钧先后多次上表请求委任他的儿子赵延寿为成德节度使，他说："臣如今远征在外，幽州形势孤弱，想让延寿在镇州戍守，这样向左向右都方便接应。"后唐末帝说："延寿正在抗击贼兵，怎么会有闲暇去往镇州？等待贼兵被平定以后，自然会依从你的请求去办理。"赵德钧于是就不厌其烦地请求，后唐主随即发怒道："赵氏父子坚持想要得到镇州，他们有什么企图？假如能够驱走胡寇，就是他们想要取代我的位置，我也会甘心愿意，假如想要玩弄寇兵来胁求君主，恐怕会落得个犬兔都被烹煮的下场了。"赵德钧听说这番话后，心中很不悦。

【原文】

闰月，赵延寿献契丹主所赐诏及甲马弓剑，诈云德钧遣使致

【注释】

① 山北诸州：指太行山北

的云、应、寰、朔各州。

②不忠不信：指赵德钧父子对后唐不忠，对契丹无信。

③渝前约：改变以前的约定。

④二三其命：或二或三，没有定准。比喻三心二意。

书于契丹主，为唐结好，说令引兵归国；其实别为密书，厚以金帛赂契丹主，云："若立己为帝，请即以见兵南平洛阳，与契丹为兄弟之国；仍许石氏常镇河东。"契丹主自以深入敌境，晋安未下，德钧兵尚强，范延光在其东，又恐山北诸州邀其归路①，欲许德钧之请。

帝闻之，大惧，亟使桑维翰契丹主，说之曰："大国举义兵以救孤危，一战而唐兵瓦解，退守一栅，食尽力穷。赵北平父子不忠不信②，畏大国之强，且素蓄异志，按兵观变，非以死徇国之人，何足可畏，而信其诞妄之辞，贪豪末之利，弃垂成之功乎！且使晋得天下，将竭中国之财以奉大国，岂此小利之比乎！"契丹主曰："尔见捕鼠者乎，不备之，犹或啮伤其手，况大敌乎！"对曰："今大国已扼其喉，安能啮人乎！"契丹主曰："吾非有渝前约也③，但兵家权谋不得不尔。"对曰："皇家以信义救人之急，四海之人俱属耳目，奈何二三其命④，使大义不终！臣窃为皇帝不取也。"跪于帐前，自旦至暮，涕泣争之。契丹主乃从之，指帐前石谓德钧使者曰："我已许石郎，此石烂，可改矣。"

[译文]

闰十一月，赵延寿向朝廷献出契丹主所赐的诏书以及盔甲、马匹、弓矢、刀剑等，假称赵德钧派的使者送信给契丹主，为后唐向契丹求结和好，劝说契丹国让他们引兵归附后唐；其实他又另外准备了秘密书信，并用丰厚的金宝绢帛贿赂契丹主，还说："假如拥立自己为皇帝，请求就用现有兵马立即向南平定洛阳，与契丹国约为兄弟之国；仍然准许石敬瑭常镇河东。"契丹主自认为深入敌境，晋安没能攻下，赵德钧的兵力很强大，范延光又在他的东面，更生怕太行山以北的诸州阻断他的归路，所以就想答应赵德钧的请求。

后晋帝听说后深感恐惧，急忙派桑维翰去见契丹主耶律德光，劝说他道："您大国大举义兵前来救援孤危，仅仅一次交战就将唐兵瓦解，退守到一栅之后，粮食已经吃光，力量也已经穷竭。赵德钧父子不忠于唐，不信于契丹，只是畏惧大国的强盛，况且向来心存二心，按兵不动，是想借以窥测变化，他们并不是以死殉国的人，何足挂齿？您怎么能就此相信他们的荒诞之辞，贪图蝇头小利，而抛弃即将完成的功业呢？而且假如让晋国拥有了天下，那么我将会倾尽一国之财用以贡奉给大国，岂是这些小利可以比得上的？"契丹主说："你见过捕鼠的人吗？不加以防备老鼠，还有可能被咬伤了手，更何况是大敌呢！"桑维翰回答道："如今大国已经扼住了它的喉咙，哪里还能再咬人啊！"契丹主说："我并非想要毁掉以前的约定，只是兵家的权谋不能不这样。"桑维翰回答道："皇帝用信义解救了别人的急难，全天下人的耳目都会注意到这件事，怎么能三心二意，变化多端，致使大义不能贯穿始终呢？臣私下里认为皇帝真的不能这样做啊！"说罢。就长跪在帐前不起，从早上一直到晚上，痛哭流涕地争辩不止。契丹主后来只得依从了他，指着帐前的石头对赵德钧的使者说："我已经答应了石郎，除非这块石头烂了，我才能改变主意。"

【原文】

赵德钧、赵延寿南奔潞州，唐败兵稍稍从之①，其将时赛帅卢龙轻骑东还渔阳。帝先遣昭义节度使高行周还具食，至城下，见德钧父子在城上，行周曰："仆与大王乡曲②，敢不忠告！城中无斗粟可守，不若速迎车驾。"甲戌，帝与契丹主至潞州，德钧父子迎谒于高河，契丹主慰谕之，父子拜帝于马首，进曰："别后安否？"帝不顾③，亦不与之言。契丹主问德钧曰："汝在幽州所置银鞍契丹直何在？"德钧指示之，契丹主命尽杀之于西郊，凡三千人。遂琐德钧、延寿④，送归其国。

德钧见述律太后，悉以所赍宝货并籍其田宅献之，太后问

【注释】

① 稍稍：有的，一少部分。从：跟随。
② 乡曲：家乡。
③ 顾：看。
④ 琐：通"锁"，枷锁。
⑤ 从：向。

曰:"汝近者何为往太原?"德钧曰:"奉唐主之命。"太后指天曰:"汝从吾儿求为天子㉟,何妄语邪!"又自指其心曰:"此不可欺也。"又曰:"吾儿将行,吾戒之云:赵大王若引兵北向渝关,亟须引归,太原不可救也。汝欲为天子,何不先击退吾儿,徐图亦未晚。汝为人臣,既负其主,不能击敌,又欲乘乱邀利,所为如此,何面目复求生乎?"德钧俯首不能对。又问:"器玩在此,田宅何住?"德钧曰:"在幽州。"太后曰:"幽州今属谁?"曰:"属太后。"太后曰:"然则又何献焉?"德钧益惭。自是郁郁不多食,逾年而卒。

【译文】

　　赵德钧、赵延寿南逃到潞州,后唐败兵有的跟随着他们,其将领时赛率领卢龙的轻骑兵向东返还渔阳。后晋高祖先派遣昭义节度使高行周回到潞州准备粮草,抵达城下,看见赵德钧父子在城上,高行周便喊话道:"我与您是同乡,怎敢不向您提出忠告呢?城中没有一斗粟米可以作为固守的资本,还不如火速前去迎接晋帝的车驾。"十九日,后晋高祖与契丹主一起抵达潞州,赵德钧父子在高河迎接并谒见,于是契丹主好言劝慰他们,赵氏父子于马前拜见后晋高祖,又走到后晋高祖的身边说道:"分别以后您是否安康?"后晋高祖看也不看他们一眼,也不跟他们说话。契丹主问赵德钧说:"你在幽州所设置的银鞍契丹兵如今在什么地方?"赵德钧于是指给他看,契丹主因此下令在西郊将这些人全都杀死了,总共有三千人。随即又令人给赵德钧、赵延寿戴上镣铐,押回契丹国去。

　　赵德钧拜见契丹主的母亲述律太后,把自己所带来的所有珍宝以及没收得来的田宅统统都献出来作为贡物,太后问道:"你近来为什么到太原去?"赵德钧说:"我是奉唐主的命令。"太后指着天说道:"你向我儿请求拥立你当天子,为什么还要说谎话呢?"说着又指指自己的心说:"这里是不可以欺骗的。"又说:"我儿即将出行时,我告诫他说:赵大王假如率军北上渝关,就火速率领部众返还，太原不必去救它。你既然想要当天子，可为什么不先将我儿击退，再慢慢图谋也不晚。你身为人臣，既辜负了自己的君主，又不能攻击敌人，还想借着纷乱之时图谋自己的利益，你做出这样的事情，活着还有什么面目呢？"赵德钧低着头无言以对。太后又问道："你所进献的器物玩好都在这里，可你所进献的田宅又在哪里呢？"赵德钧说："在幽州。"太后说："幽州如今是属于谁的？"他回答道："属于太后。"太后说："那你为何还要进献呢！"赵德钧随即越发羞愧。从此以后，郁郁寡欢，不能多吃食物，一年之后就死去了。

儿皇敬瑭

【注释】

①闲使：负有见机行事使命的使者。
②捷：成功。
③无及：来不及。
④比：近来。
⑤使：派遣。

【原文】

后晋高祖天福元年（丙申，公元936年）

石敬瑭遣闲使求救于契丹①，令桑维翰草表称臣于契丹主，且请以父礼事之，约事捷之日②，割卢龙一道及雁门关以北诸州与之。刘知远谏曰："称臣可矣，以父事之太过。厚以金帛赂之，自足致其兵，不必许以土田，恐异日大为中国之患，悔之无及③。"敬瑭不从。表至契丹，契丹主大喜，白其母曰："儿比梦石郎遣使来④，今果然，此天意也。"乃为复书，许俟仲秋倾国赴援。

张敬达筑长围以攻晋阳。石敬瑭以刘知远为马步都指挥使，安重荣、张万迪降兵皆隶焉。知远用法无私，抚之如一，由是人无贰心。敬瑭亲乘城，坐卧矢石下，知远曰："观敬达辈高垒深堑，欲为持久之计，无他奇策，不足虑也。愿明公四出间使，经略外事。守城至易，知远独能办之。"敬瑭执知远手，抚其背而赏之。

唐主使端明殿学士吕琦至河东行营犒军⑤，杨光远谓琦曰："愿附奏陛下，幸宽宵旰。贼若无援，旦夕当平；若引契丹，当纵之令人，可一战破也。"帝甚悦。帝闻契丹许石敬瑭以仲秋赴援，屡督张敬达急攻晋阳，不能下。每有营构，多值风雨，长围夏为水潦所坏，竟不能合，晋阳城中日窘，粮储浸乏。

【译文】

后晋高祖天福元年（丙申，公元936年）

石敬瑭派使者从僻路去契丹请求救援，让桑维翰草拟表章向契丹主称臣，并且请求用对待父亲那样的礼节来侍奉契丹主，相约等事情成功的那一天，将卢龙一道以及雁门关以北诸州全都划割给契丹。刘知远劝谏他道："称臣就可以了，再用父亲的礼节侍奉他那就实在太过分了。用丰厚的金银绢帛贿赂他，自然足够促使他发兵救援了，没有必要再许诺割给他土地，那样的话，恐怕以后就会成为中原的大患，到那时后悔可就来不及了。"石敬瑭却不听劝。依然派人将表章送到了契丹，契丹主耶律德光看后大喜过望，告诉他的母亲说道："孩儿我近来梦见石郎派使者前来，如今果然来了，这真是天意啊！"随即便给石敬瑭写了回信，许诺等到中秋时节，就会倾尽全国兵马前来救援他。

张敬达修筑很长的包围工事用以进攻晋阳。石敬瑭让刘知远担任马步都指挥使，把安重荣、张万迪的降兵都交付他统领。刘知远依法办事，从不徇私舞弊，对待军民抚恤一视同仁。因此他手下的人都没有二心。石敬瑭亲自登临城上视察兵力部署，坐卧在敌人的矢石投射之下。刘知远说："察看张敬达这些人修筑高垒深沟，是想做持久的打算，他们根本没有什么奇策，是不值得顾虑的。请您向四面派出走僻路的使者，多多经办对外事务。守城的事其实很容易，就交给我知远一个人就行了。"石敬瑭因此握着刘知远的手，抚拍他的脊背而对他大加赞赏。

后唐主派遣端明殿学士吕琦到河东行营去犒劳军队，杨光远对吕琦说："请您附带着上奏陛下，希望主上不要为此太过操劳。贼兵假如没有援兵，那么用不了多久就会被平定；假如他勾结契丹前来进犯，那么就故意放他进来，一次战斗就可以将他打败。"后唐末帝听后甚是喜悦。末帝得知契丹答应石敬瑭等到中秋时节发兵前来支援他的消息后，就连着好几次督促张敬达火速攻打晋阳，却都没能攻下。每逢对包围工事有所营建，往往会遭遇风雨天气，这样一来，很长的包围工事就又被水浸泡破坏，竟然不能合拢。晋阳城中越来越窘迫，粮食储备都因遭到浸泡而短缺。

【原文】

九月，契丹主将五万骑，号三十万[1]，自扬武谷而南，旌旗不绝五十余里。代州刺史张朗、忻州刺史丁审琦婴城自守，虏骑

【注释】

[1]号：号称。

[2]轻：轻敌。

③被：通"披"。
④羸：势单力薄。
⑤保：退守。
⑥是夕：这天晚上。
⑦必济：必定达到。
⑧亟战而胜：速战速决。
⑨叹伏：叹服。

过城下，亦不诱胁。审琦，沼州人也。辛丑，契丹主至晋阳，陈于汾北之虎北口。先遣人谓敬瑭曰："吾欲今日即破贼，可乎？"敬瑭遣人驰告曰："南军甚厚，不可轻②，请俟明日议战未晚也。"使者未至，契丹已与唐骑将高行周、符彦卿合战，敬瑭乃遣刘知远出兵助之。张敬达、杨光远、安审琦以步兵陈于城西北山下，契丹遣轻骑三千，不被甲③，直犯其陈。唐兵见其羸④，争逐之，至汾曲，契丹涉水而去。唐兵循岸而进，契丹伏兵自东北起，冲唐兵断而为二，涉兵在北都多为契丹所杀，骑兵在南者引归晋安寨。契丹纵兵乘之，唐兵大败，步兵死者近万人，骑兵独全。敬达等收馀众保晋安⑤，契丹亦引兵归虎北口。敬瑭得唐降兵千余人，刘知远劝敬瑭尽杀之。

是夕⑥，敬瑭出北门见契丹主，契丹主执敬瑭手，恨相见之晚。敬瑭问曰："皇帝远来，士马疲倦，遽与唐战而大胜，何也？"契丹主曰："始吾自北来，谓唐必断雁门诸路，伏兵险要，则吾不可得进矣。使人侦视，皆无之。吾是以长驱深入，知大事必济也⑦。兵既相接，我气方锐，彼气方沮，若不乘此急击之，旷日持久，则胜负未可知矣。此吾所以亟战而胜⑧，不可以劳逸常理论也。"敬瑭甚叹伏⑨。

[译文]

九月，契丹主耶律德光亲自统领五万骑兵，号称是三十万，从代州扬武谷一路向南进发，旌旗连绵不断长达五十多里。代州刺史张朗、忻州刺史丁审琦孤城自守，契丹骑兵路过城下时，竟然也没有诱降威胁他。丁审琦是洺州人。十五日，契丹主一行抵达晋阳，将兵马设列在汾北的虎北口。先派人对石敬瑭说："我准备今天动手讨伐贼兵，你觉得怎么样？"石敬瑭派人驰马告诉他道："南军兵力非常雄厚，不可以轻敌，请等到明天议论好后再出战也不迟。"使者还未抵达契丹军营，契丹兵就已经同后唐骑将高行周、符彦卿等人开始交战，石敬瑭随即派刘知远出兵援助他们。张敬达、杨光远、安审琦用步兵在城西北山下布阵。契丹派三千轻骑兵，不披盔甲，直接冲突到唐兵的阵列中。唐兵见契丹兵势单力薄，便争相对他们进行驱赶，等到了汾水转弯处，契丹兵涉水而去。唐兵沿着河岸一路向北进军，这时契丹的伏兵从东北蜂拥而出，冲击唐兵，将唐兵分成了两部分，位于北面的步兵大多都被契丹所杀，位于南面的骑兵则撤回了晋安营寨。契丹任由兵马趁乱出击，唐兵随即大败，步兵死亡人数将近万人，骑兵却得以保全。张敬达等人集中剩余兵力退守晋安，契丹也率领其兵士返回到虎北口屯驻。石敬瑭俘虏了后唐降兵一千多人，刘知远劝说石敬瑭将他们全都杀掉。

这天晚上，石敬瑭从北门出去，谒见契丹主。契丹主拉着石敬瑭的手，大有相见恨晚的意味。石敬瑭问道："皇帝远道而来，兵疲马倦，急切与唐兵交战结果却还能大获全胜，这是何原因呢？"契丹主说："刚开始我从北面过来的时候，想到唐兵肯定会切断雁门的各条道路，在险要之地派兵设伏，那样的话，我就不可能顺利前行了。于是我就派人前去侦察，结果并没有发现断路和伏兵，这样才让我得以长驱直入，知道事情已经胜利在望了。等到兵马相接以后，我军的气势正盛，彼军的气势却很沮丧，假如不趁此机会急速追击他们，那么等到时间拖得长了，到时谁胜谁负就不可预测了。这正是我之所以能够速战速决的道理，是不能用谁劳谁逸的通常情理来加以衡量的。"石敬瑭听后非常叹服。

【原文】

壬寅，敬瑭引兵会契丹围晋安寨，置营于晋安之南^①，长百余里，厚五十里^②，多设铃索吠犬，人跬步不能过^③。敬达等士卒犹五万人，马万匹，四顾无所之^④。甲辰，敬达遣使告败于唐，自是声问不复通。唐主大惧，遣彰圣都指挥使符彦饶将洛阳步骑兵屯河阳，诏天雄节度使兼中书令范延光将魏州二万由青山趣榆次，卢龙节度使、东北面招讨使兼中书令北平王赵德钧将幽州兵由飞狐出契丹军后，耀州防御使潘环纠合西路戍兵由晋、绛两乳岭出慈、隰，共救晋安寨。契丹主移帐于柳林，游骑过石会关，

【注释】

① 置营：安营扎寨。

② 厚：宽。

③ 跬（kuǐ）步：半步。

④ 之：通"至"，到。

⑤ 赴难：赶来解决危难。

⑥ 与：给。

⑦ 制改：更改年号。

不见唐兵。

契丹主谓石敬瑭曰："吾三千里赴难⑤，必有成功。观汝气貌识量，真中原之主也。吾欲立汝为天子。"敬瑭辞让数四，将吏复劝进，乃许之。契丹主作册书，命敬瑭为大晋皇帝，自解衣冠授之，筑坛于柳林。是日，即皇帝位。割幽、蓟、瀛、莫、涿、檀、顺、新、妫、儒、武、云、应、寰、朔、蔚十六州以与契丹⑥，仍许岁输帛三十万匹。己亥，制改长兴七年为天福元年⑦，大赦；敕命法制，皆遵明宗之旧。

【译文】

十六日，石敬瑭率领兵马会合契丹兵马将晋安寨包围了起来，并在晋安的南面安营扎寨，长达一百多里，宽约五十里，遍布带铃索的吠犬，人们根本连半步都休想过去。这时张敬达等人的士兵尚有五万人，马有万匹，四面张望着，却不知道往哪里去好。十八日，张敬达派使者向后唐朝廷奏报打了败仗，之后便再也没有任何音讯了。后唐主深感恐惧，派遣彰圣都指挥使符彦饶统领洛阳步兵、骑兵在河阳屯驻，末帝还诏令天雄节度使兼中书令范延光率领魏州的两万兵马从邢州青山奔赴榆次，卢龙节度使、东北面招讨使兼中书令北平王赵德钧统率幽州兵悄悄地从契丹军阵之后突击，耀州防御使潘环纠会合西路戍守的兵士从晋州、绛州间的两乳岭出兵向慈州、隰州共同援救晋安寨。契丹主把军帐移到了柳林，游骑过了石会关，竟然还没有遇见唐兵。

契丹主对石敬瑭说："我从三千里以外赶来为你解决危难，肯定会成功。我察看你的器宇容貌和见识气量，真的很有中原国主的风范啊！我打算拥立你做天子。"石敬瑭推辞谦让了好多次，将吏们也都反复劝说他进大位，因此他才答应了。契丹主令人制作册封的文书，命令石敬瑭做大晋皇帝，自己解下衣服冠冕亲自授予他，在柳林搭台筑坛。当天，就让石敬瑭登上了皇帝的宝座。石敬瑭答应割让了幽、蓟、瀛、莫、涿、檀、顺、新、妫、儒、武、云、应、寰、朔、蔚十六个州给契丹，并且仍然许诺每年输送三十万匹绢帛给契丹。十一月十四日，后晋高祖皇帝石敬瑭下令，更改年号长兴七年为天福元年，大赦天下；敕命各种法制都继续遵循明宗时的旧规。

【原文】

以节度判官赵莹为翰林学士承旨、户部侍郎、知河东军府事①，掌书记桑维翰为翰林学士、礼部侍郎、权知枢密使事，观察判官薛融为侍御史知杂事，节度推官白水窦贞固为翰林学士，军城都巡检使刘知远为侍卫军都指挥使，客将景延广为步军都指挥使。延广，陕州人也。立晋国长公主为皇后。

三年，八月，帝上尊号于契丹主及太后，戊寅，以冯道为太后册礼使，左仆射刘煦为契丹主册礼使，备卤薄、仪仗、车辂，诣契丹行礼；契丹主大悦。帝事契丹甚谨，奉表称臣②，谓契丹主为"父皇帝"；每契丹使至，帝于别殿拜受诏敕。岁输金帛三十万之外，吉凶庆吊，岁时赠遗，玩好珍异，相继于道③。乃至应天太后、元帅太子、伟王、南、北二王、韩延徽、赵延寿等诸大臣皆有赂遗。小不如意④，辄来责让，帝常卑辞谢之⑤。晋使者至契丹，契丹骄倨，多不逊语。使者还，以闻，朝野咸以为耻，而帝事之曾无倦意，以是终帝之世与契丹无隙⑥。然所输金帛不过数县租赋，往往托以民困⑦，不能满数。其后契丹主屡止帝上表称臣，但令为书称"儿皇帝"，如家人礼。

【注释】

①为：担任。

②奉：上奏。

③相继于道：在道路上络绎不绝。

④小：稍微。

⑤卑辞谢之：用谦卑的言辞谢罪。

⑥隙：摩擦。

⑦托：推脱，托词。

【译文】

让节度判官赵莹担任翰林学士承旨、户部侍郎、知河东军府事，掌书记桑维翰担任翰林学士、礼部侍郎、权知枢密使事，观察判官薛融担任侍御史知杂事，节度推官白水人窦贞固担任翰林学士，军城都巡检使刘知远担任侍卫马军都指挥使，客将景延广担任步军都指挥使。景延广是陕州人。立晋国长公主为皇后。

八月，后晋高祖为契丹国主耶律德光及述律太后上尊号，让冯道担任太后册礼使，左仆射刘煦担任契丹主册礼使，配备卤簿、仪仗、车辂，送到契丹行礼；契丹主万分喜悦。后晋高祖对契丹的侍奉恭谨有加，上奏表称臣，称契丹主为"父皇帝"；每当契丹的使者前来，后晋高祖都会特意在别殿拜接契丹的诏书和敕令。每年除了要输送金帛三十万给契丹外，还有各种吉凶庆吊、季节馈赠、玩好珍异，运送的车马在道路上络绎不绝。甚至于对述律太后、元帅太子、伟王、南王、北王、韩延徽、赵延寿等诸大臣都分别有贿赠；他们稍微有不满意的地方，便会前来责备、索取，后晋高祖常常用谦卑的言辞谢罪。晋朝的使者去到契丹，契丹往往骄傲倨慢，出言不逊。使者回到朝廷后，向后晋高祖据实报告，朝廷内外都以此感到羞耻，而后晋高祖依然对待契丹卑躬屈膝，从来不敢有丝毫的怠慢。因此，在后晋高祖的有生之年，和契丹国没有发生过任何摩擦。然而所输送的金帛，只不过是几个县的田租赋税。常常托词说民间困乏，不能够全额送到。后来，契丹主屡次制止后晋高祖，不让他再上表称臣，只让他在写信的时候自称"儿皇帝"就可以了，犹如家人之间相互行礼一样。

后 汉 纪

麻荅被逐

【注释】

①抉：挖出。
②具：指用来披面、抉目、断腕、焚炙的刑具。
③黄衣：古人蜡祭时穿的衣服。
④牒：公文，文书，助词。
⑤客贷：宽恕，饶恕。
⑥婴城：环绕着城。
⑦废省：精简，减少。

【原文】

后汉高祖天福十二年（丁未，公元947年）

麻荅贪猾残忍，民间有珍货、美妇女，必夺取之。又捕村民，诬以为盗，披面、抉目①，断腕、焚炙而杀之，欲以威众。常以其具自随②，左右前后悬人肝、胆、手、足，饮食起居于其间，语笑自若。出入或被黄衣③，用乘舆，服御物，曰："兹事汉人以为不可，吾国无忌也。"又以宰相员不足，乃牒冯道判弘文馆④，李崧判史馆，和凝判集贤，刘昫判中书，其僭妄如此。然契丹或犯法，无所容贷⑤，故市肆不扰。常恐汉人亡去，谓门者曰："汉有窥门者，即断其首以来。"

麻荅遣使督运于沼州，沼州防御使薛怀让闻帝入大梁，杀其使者，举州降。帝遣郭从义将兵万人会怀让攻刘铎于邢州，不克，铎请兵于麻荅，麻荅遣其将杨安及前义武节度使李殷将千骑攻怀让于沼州。怀让婴城自守⑥，安等纵兵大掠于邢、沼之境。契丹所留兵不满二千，麻荅令所司给万四千人食，收其余以自入。麻荅常疑汉兵，且以为无用，稍稍废省⑦，又损其食以饲胡兵。众心怨愤，闻帝入大梁，皆有南归之志。前颖州防御使何福进，控鹤指挥使太原李荣，潜结军中壮士数十人谋攻契丹，然畏契丹尚强，犹豫未发。会杨衮、杨安等军出，契丹留恒州者才八百人，福进等遂决计，约以击佛寺钟为号。

【译文】

后汉高祖天福十二年（丁未，公元947年）

麻荅生性贪婪，狡猾残忍。只要民间有的珍奇宝物、美丽妇女，他都一定要夺为己有。他还逮捕村民，诬陷他们为强盗，剥皮、挖眼、断手，用火活活将其烧死，企图用这些酷刑来威慑百姓。他常常随身携带一些刑具，在居室的四周悬挂着人的肝、胆、手、脚，而他在其中饮食起居，谈笑自若。出入有时身穿黄袍，乘坐天子的车驾，使用御用物品，他说："这些事，在汉人看来认为不可以，可是在我国是毫无忌讳的。"他又嫌宰相人员不足，随即用牒文命冯道兼判弘文馆，命李崧兼判史馆，命和凝兼判集贤馆，命刘兼判中书，他的恣意妄为竟然到了如此地步。然而还规定，契丹人如果有人犯法，必不能宽免，因此街市店铺从来不会受到滋扰。他常常恐怕城中的汉人偷偷逃走，所以就对把守城门的人说："只要有汉人前来窥探城门的，就立即砍掉他的头颅来见我！"

麻荅派遣使者到洺州去督运粮草，洺州防御使薛怀让得知后汉高祖已进入大梁城的消息，就将使者杀掉，然后率全州军民归降后汉高祖。后汉高祖派郭从义领兵一万会同薛怀让攻打邢州的刘铎，没能攻克。刘铎随即向麻荅请求援救，麻荅便派将领杨安和前义武节度使李殷率领一千骑兵前去进攻洺州的薛怀让。薛怀让率领士兵绕城固守，杨安等人于是纵兵大肆抢掠邢州、洺州一带。契丹军留在恒州的兵丁不足两千人，麻荅却让有关司衙发给他们一万四千人的粮饷，他把多出的粮饷全都收入到自己的腰包。麻荅时常怀疑汉人将士，认为他们毫无用处，便逐渐地将其兵员削弱，并减少其粮食供给，而用来供给契丹兵，众汉兵因此心里怨恨愤怒。听到后汉高祖进入大梁的消息，就产生了向南投奔的想法。前颍州防御使何福进、控鹤指挥使太原李荣暗中联结军中的数十名壮士，图谋突袭契丹人，然而又畏惧契丹兵力还很强大，所以还在犹豫不决。恰逢杨衮、杨安等人率军外出作战，契丹军留在恒州城内的士兵只有八百人，何福进等人随即决定，约定以佛寺的敲钟声为起事暗号。

【原文】

辛巳，契丹主兀欲遣骑至恒州，召前威胜节度使兼中书令冯道、枢密使李崧、左仆射和凝等①，会葬契丹主德光于木叶山②。

【注释】

① 使：率领。

② 会：会同。

③因：接着。
④授：分发。
⑤引：抓住。
⑥恐事不济：怕起事不成。
⑦会：适逢。
⑧北遁：向北逃跑。

道等未行，食时，钟声发。汉兵夺契丹守门者兵，击契丹，杀十余人，因突入府中③。李荣先据甲库，悉召汉兵及市人，以铠仗授之④。焚牙门，与契丹战。荣召诸将并力，护圣左厢都指挥使、恩州团练使白再荣狐疑，匿于别室，军吏以佩刀决幕，引其臂⑤，再荣不得已而行。诸将继至，烟火四起，鼓噪震地。麻荅等大惊，载宝货家属，走保北城。而汉兵无所统壹，贪狡者乘乱剽掠，懦者窜匿。八月，壬午朔，契丹自北门入，势复振，汉民死者二千余人。前磁州刺史李谷恐事不济⑥，请冯道、李崧、和凝至战所慰勉士卒，士卒见道等至，争自奋。会日暮⑦，有村民数千噪于城外，欲夺契丹宝货、妇女，契丹惧而北遁⑧。麻荅、刘晞、崔廷勋皆舞定州，与义武节度使耶律忠合。忠，即郎五也。

【译文】

七月二十九日，契丹主兀欲派骑兵抵达恒州，召前威胜节度使兼中书令冯道、枢密使李崧、左仆射和凝等人，会同安葬契丹先帝耶律德光于木叶山。冯道等人还没有出发，正在吃饭的时候，寺庙的钟声突然响起。汉兵随即夺过契丹守门兵士的兵器向契丹人发起进攻，杀死了十多人，接着又冲入府衙中。李荣率先占据武器库，号召汉人士兵和市民，将兵器盔甲分发给他们，纵火烧了牙门，与契丹兵奋力厮杀。李荣召唤汉将通力合作起事。可是护圣左厢都指挥使、恩州团练使白再荣犹疑不定，躲藏到其他房子的帐幕后；起事汉兵用佩刀将帐幕砍掉，一把抓住他的胳膊，白再荣不得已便和他们一起走出去。其他汉军将领也相继抵达，四面烟火冲天，鼓噪喊杀声惊天动地。麻荅等人大为惊惧，装载着钱财宝物和家属，一起逃往北城拒守。而汉兵因为没有统一的指挥行动，有些贪婪狡诈之徒趁乱剽窃抢掠，有些胆小怕事的则干脆鼠窜藏匿。八月初一，契丹军队从北门进入恒州城，于是契丹的势头重新又振作起来，汉民有二千多人被杀死。前磁州刺史李谷生怕起事不成，于是就请冯道、李崧、和凝前来阵前慰问劝勉士兵，士兵见到冯道等人前来，更是争先奋勇杀敌。适逢傍晚，有数千村民在城外鼓噪呐喊，准备抢夺契丹人的珍奇宝物和妇女，契丹人由于害怕，于是便向北逃去。麻苔、刘晞、崔廷勋也全都逃往定州，前去与义武节度使耶律忠会合，耶律忠就是耶律郎五。

[原文]

冯道等四出安抚兵民，众推道为节度使。道曰："我书生也，当奏事而已，宜择诸将为留后。"时李荣功最多，而白再荣位在上，乃以再荣权知留后，具以状闻，且请援兵，帝遣左飞龙使李彦从将兵赴之。白再荣贪昧①，猜忌诸将。奉国厢主华池王饶恐为再荣所并，诈称足疾，据东门楼，严兵自卫。司天监赵延父善于二人，往来谕释，始得解。再荣以李崧、和凝久为相，家富，遣军士围其第求赏给，崧、凝各以家财与之，又欲杀崧、凝以灭口。李谷往见再荣，责之曰："国亡主辱，公辈握兵不救。今仅能逐一虏将②，镇民死者近三千人，岂独公之力邪！才得脱死，遽欲杀宰相，新天子若诘公专杀之罪，公何辞以对？"再荣惧而止。又欲率民财以给军，谷力争之，乃止。汉人尝事麻苔者，再荣皆拘之以取其财，恒人以其贪虐，谓之"白麻苔"。

[注释]

①贪昧：即"贪冒"，贪图财利。

②虏：对敌人的蔑称。

[译文]

冯道等人四出巡察安抚士兵和百姓，大家一致推举冯道为节度使。冯道说："我本一介书生，只能向朝廷奏报事情而已，应当从诸位将领中挑选留后。"当时数李荣的功劳最大，而白再荣的官位在他的上面，所以就让白再荣代理主持留后事务，并写成奏表上报，还请求增派援兵。后汉高祖随即派左飞龙使李彦从率军前去。白再荣生性贪婪愚昧，经常猜忌诸位将领。奉国厢主华池人王饶深恐为白再荣所吞并，于是谎称脚有病，得以占据东门楼，严加戒防守卫。司天监赵延父向来和王、白二人交往密切，于是便从中解劝，才使两人和解。白再荣认为李崧、和凝等人做了很长时间的宰相，家境肯定十分殷富，随即派人将二人的住宅给包围了，请求发给赏钱，李崧、和凝分别拿出家财散给他们；可是白再荣又打算将二人杀掉灭口。李谷前往会见白再荣，斥责他道："国家灭亡、君主蒙辱，你们手握兵权却不去解救。如今刚刚驱赶走了一个胡虏将领，镇州百姓死了近三千人，难道仅仅是你的力量？刚刚得以脱离死境，就想诛杀宰相，新天子假如诘问你擅杀大臣的罪过，你将何以应答？"白再荣随即因害怕而罢手。他又想搜掠百姓的钱财以供给军队，李谷又极力抗争，才将其阻止。汉人中曾经有给麻答供事的，白再荣就都把他们抓起来向他们索要财物。恒州人因为他的贪婪暴虐，都将他称作"白麻答"。